UNIVERSITY OF NORTH CAROLINA
STUDIES IN THE ROMANCE LANGUAGES
AND LITERATURES

André Delattre

Répertoire chronologique
des
LETTRES DE VOLTAIRE

NON RECUEILLIES DANS LES ÉDITIONS

DE SA CORRESPONDANCE GÉNÉRALE

C H A P E L   H I L L

NUMBER SEVENTEEN   1952

Introduction

Les éditions de la correspondance générale de Voltaire nous offrent un texte qui n'a jamais été très sûr et qui est aujourd'hui très incomplet: il y manque près d'un tiers des lettres du grand épistolier, éparpillées dans des centaines d'ouvrages, de brochures et de périodiques imprimés dans vingt pays divers. Ces publications sont souvent malaisées à obtenir ou ne se trouvent plus du tout dans le commerce. Si l'on veut, par exemple, connaître les différends qui s'élevèrent entre Voltaire et Hirschel, à Potsdam, dans l'hiver 1750-1751, on sera fort mal renseigné par la vieille édition de la *Correspondance Générale* que Louis Moland publia en 1886 chez Garnier. D'importants textes inédits ont paru en 1901 dans une brochure de Wilhelm Mangold (voir le N° 166 de notre bibliographie) ; dans les *Transactions of the Glasgow Archaeological Society* de 1910 (bibliog. N° 227) ; dans un autre ouvrage de Mangold publié à Berlin en 1905, maintenant épuisé (N° 167) ; dans un rarissime ouvrage d'Ebert (N° 96) ; enfin dans l'édition de la correspondance de Voltaire avec Frédéric II publiée par Koser et Droysen (N° 140).

Qui veut lire la correspondance de Voltaire avec ses éditeurs genevois Gabriel et Philibert Cramer devra consulter le *Nain Jaune* de 1863 (que nous avons trouvé seulement à la Bibliothèque Nationale), la *Revue de Paris* de 1909, le *Correspondant* de 1911, la *Revue d'Histoire Littéraire* de 1915, le *Bulletin du Bibliophile* de 1906, la *Revue d'Histoire Vaudoise* de 1894, *Gand artistique* de 1930, le *Cabinet de l'Amateur* de 1863, les ouvrages de Perey et Maugras, de Bengesco, de P. A. Sayous, la *Romanic Review* de 1939 et 1940[1]. Il arrive même, pour certaines années de la vie de Voltaire, que les lettres publiées dans la correspondance générale soient en moins grand nombre que celles qui ont été publiées depuis: si l'on cherche des renseignements sur le séjour de Voltaire en Angleterre, plus de vingt lettres datées de l'année 1728 ont paru depuis soixante ans, alors que Moland n'en donne que cinq.

---

[1] Voir aussi le *Bulletin du Bibliophile* de 1950. Sauf pour quelques indications ajoutées en corrigeant les épreuves, nous nous sommes arrêté à la date de janvier 1950 dans le dépouillement des périodiques.

Nous avons tenté de faire le recensement de toutes ces lettres dispersées. Notre ouvrage reste indubitablement incomplet: nous espérons que le lecteur voudra bien prendre la peine de nous signaler toute indication supplémentaire dont il aurait connaissance.

La première édition de la correspondance générale, parue en 1785, par les soins de Beaumarchais, donnait 4.491 lettres. L'édition de Beuchot, en 1834, en donnait 7.473. L'édition de Moland, en 1886, la dernière en date, en donne 10.465. (On le voit, une nouvelle édition a semblé nécessaire tous les cinquante ans.) Par petits ou par gros paquets, des lettres inédites ont continué à venir au jour après 1886, et nous avons retrouvé près de 4.000 lettres publiées depuis cette date. Nous avons retrouvé, en outre, quelques centaines de lettres qui avaient été négligées par Moland—et, aussi bien, par tous les éditeurs de la correspondance générale qui le précédèrent, car la publication de quelques-unes d'entre elles remonte au XVIIIe siècle: 48 lettres échangées entre Voltaire et le comte Algarotti parues à Venise en 1794 n'ont jamais été imprimées depuis, pas plus que d'autres lettres parues du vivant même de Voltaire que l'on trouvera indiquées plus loin.

C'est pourvoir au plus urgent que de donner ce répertoire, sans fournir les textes. Le seul vrai remède ne peut être qu'une nouvelle édition de la correspondance générale, et nous y travaillons; mais une tâche aussi considérable ne pourra pas se terminer avant de très longues années et sera d'ailleurs, nous l'espérons, le résultat d'une entreprise collective.

Les lettres de Voltaire publiées depuis 1886 possèdent un trait commun: elles ont le mérite de nous donner les transcriptions les plus soigneusement faites. On le sait, les lettres parues au XVIIIe siècle et dans la première moitié du XIXe siècle sont loin de fournir des textes uniformément fidèles. Le rang de certains personnages nécessitait des ménagements. La censure royale avait ses exigences. Et la censure impériale ne fut pas moins sévère. Quelques éditeurs ne se gênèrent pas pour retrancher et ajouter, et même pour fondre plusieurs lettres en une seule. Il en résulte que, lisant une lettre de l'édition Moland (qui est l'édition classique), on se demande si le texte est véritablement un écrit de

Voltaire ou bien plutôt un de ces incroyables remaniements contre lesquels à tour de rôle Advielle, Courtat, Bengesco et, plus récemment, Charrot se sont élevés[1]. A considérer l'ensemble de la correspondance, ce sont les lettres parues au cours des soixante dernières années qui nous offrent les textes les plus sûrs.

En fait, plusieurs ouvrages de notre répertoire donnent une édition critique nouvelle de textes qui avaient été publiés de façon par trop défectueuse ou incomplète. Ce n'est plus dans Moland qu'il faut chercher les lettres de la période 1726-1729, mais dans l'édition publiée par Lucien Foulet en 1913. Cet ouvrage constitue à notre avis la meilleure édition critique qui ait paru d'une des portions de la correspondance de Voltaire; il nous offre le modèle des éditions à venir. Ce n'est pas dans Moland non plus qu'il faut consulter désormais la correspondance échangée entre Voltaire et Frédéric II, mais dans les trois volumes de Koser et Droysen (1908-1911) et dans le supplément Caussy-Droysen de 1917[2].

Il peut arriver que les imprimés tombés dans l'oubli constituent de véritables inédits sur lesquels il importe de jeter de nouveau la lumière. Quelques-uns des documents relevés dans ce répertoire sont restés si vainement enfouis dans les tomes des Mémoires de la *Société d'Emulation de Montbéliard*, du *Neophilologus* de Groningue ou des *Travaux de la Bibliothèque Publique de l'Etat à Odessa* que d'excellents érudits ont publié comme inédites des lettres déjà imprimées à deux ou trois reprises. Nous nous permettons de signaler que les cent lettres de la duchesse de Saxe-Gotha à Voltaire[3] qui parurent en 1893-1894 n'ont été utilisées par aucun biographe: on y trouve des données fort intéressantes sur les relations entre Voltaire et Frédéric II après 1753, car la duchesse servait parfois d'intermédiaire entre eux, et c'est le roi de Prusse qu'elle désigne dans leur code secret sous le nom de Mlle Perdrizet. D'ailleurs, à l'exception de Gustave Desnoiresterres[4], dont l'ouvrage, quatre-vingts ans après sa

---

[1] Ch. Charrot, "Quelques notes sur la correspondance de Voltaire," *Revue d'Histoire Littéraire*, 1912-1913.

[2] Il faut dire pourtant que ce magistral ouvrage brille par son appareil critique et non par l'établissement du texte. Les erreurs de transcription y sont nombreuses.

[3] Comme l'a fait Moland avant nous, nous donnons les lettres adressées à Voltaire, et parfois certaines lettres à son sujet qui paraissent d'un intérêt exceptionnel, aussi bien que les lettres qu'il écrivit.

[4] *Voltaire et la société française au XVIIIe siècle*, Paris, Didier, 1875, 8 volumes.

publication, reste de loin la meilleure étude d'ensemble, les biographes s'arrêtent en général à 1753 dans l'étude des rapports de Voltaire avec Frédéric II, comme si l'épisode de Francfort avait mis un point final à leurs relations. Pourtant Pierre Calmettes, le duc de Broglie, Fernand Baldensperger et quelques autres nous offrent des documents passionnants sur les négociations diplomatiques menées par le monarque et l'écrivain après 1756, et sur leurs échanges d'idées après 1764, les plus importants, nous semble-t-il, de toute leur correspondance: vieillis, assagis, sans illusion l'un sur l'autre, invinciblement ramenés, en dépit de toutes les rancoeurs anciennes, à reprendre leur dialogue, ils font le bilan d'un monde qu'ils ont transformé, et les espoirs du philosophe s'efforcent de battre en brèche le scepticisme de son ancien disciple.

Les lettres échangées avec la duchesse de Saxe-Gotha font partie de tout un ensemble de nouveaux documents sur les relations de Voltaire avec les petits princes allemands. En 1885 parut sa correspondance avec Frédéric de Hesse Cassel; en 1887, avec l'électeur palatin; en 1896, avec la comtesse de Bentinck; en 1908, avec le duc de Wurtemberg.

Les activités de Voltaire en Suisse sont maintenant beaucoup mieux éclairées.[1] Les inédits publiés par le *Bulletin de la Société d'Histoire et d'Archéologie de Genève* et par la *Revue d'Histoire Vaudoise* nous renseignent sur le rôle joué par l'écrivain pendant les troubles politiques de Genève, ainsi que sur les efforts qu'il déploya pour amener le protestantisme à faire cause commune avec le mouvement philosophique. La correspondance avec le docteur Théodore Tronchin, le conseiller François Tronchin et avec Jean-Robert Tronchin, son banquier, est beaucoup plus considérable qu'on ne le croyait jusqu'ici: il semble maintenant que le principal correspondant de Voltaire dans les années 1755-1759 n'ait pas été d'Argental comme Moland l'indique, mais Jean-Robert Tronchin.

La correspondance échangée entre Voltaire et Thiriot mérite beaucoup de retenir l'attention. Elle a été publiée par Fernand Caussy, à qui l'on doit la découverte de tant de lettres inédites.

On ne connaît toujours que quelques minces fragments des

---

[1] Au moment de mettre sous presse nous prenons connaissance de l'excellent ouvrage de M. Roulet, *Voltaire et les Bernois*, La Baconnière, Neuchâtel, 1950.

lettres de Voltaire à Mme du Châtelet. Au témoignage d'un contemporain, l'abbé de Voisenon, les manuscrits en formaient pourtant plusieurs volumes.

La correspondance de Voltaire, d'une si constante abondance après 1754, est étonnamment creuse à l'époque du séjour qu'il fit chez l'électeur palatin en juillet-août 1758. Notons cependant qu'un marchand d'autographes offrait en février 1936 les manuscrits de douze lettres de Voltaire écrites à Mme Denis entre le 2 juillet et le 17 août 1758 (vente Cornuau).

Quatre-vingt-cinq des lettres que Gustave Desnoiresterres a citées dans les huit volumes de sa biographie ne se retrouvent pas dans Moland; nous les avons donc recueillies. Malheureusement, ce sont le plus souvent des passages fragmentaires. On verra plus loin qu'avec la date, le destinataire et l'indication de la provenance, nous donnons dans la présente publication les premiers mots de chaque lettre que nous signalons. Comme nous ne connaissons pas toujours le début des lettres de Desnoiresterres, les passages que nous en citons pourront prêter à confusion. Ils nous ont cependant permis d'identifier quelques-unes de ces lettres avec les originaux qui se trouvent actuellement à la Library Company de Philadelphie. Desnoiresterres avait eu recours à des manuscrits qui, depuis, ont été apparemment dispersés. Les références que nous donnons, si fragmentaires qu'elles soient, permettront peut-être de retrouver encore d'autres lettres originales.

Au cours de ses voyages en Suisse à la fin du siècle dernier, le général John Meredith Read réunit une fort belle collection de documents autographes. Au lieu de publier les lettres manuscrites de Voltaire qu'il avait acquises, il jugea bon de les traduire. Il y a donc dans son ouvrage (*Historic Studies in Vaud, Berne and Savoy*, Londres, Chatto and Windus, 1897, 2 volumes) une cinquantaine de lettres de Voltaire dont on ne connaît malheureusement le texte que dans une traduction anglaise d'ailleurs assez médiocre. C'est également le sort des lettres que publie Mrs Aubrey Le Blond (bibliogr. N° 147). Nous regrettons qu'une lettre publiée par Georg Horn (bibliogr. N° 130) ne soit, elle aussi, connue que dans une traduction allemande.

M. Henri Tronchin a publié deux études biographiques sur ses ancêtres du XVIIIe siècle. Il avait en sa possession les lettres originales que Voltaire leur adressa, et il en cite un grand nombre. Parce qu'il en donne un texte dont nous nous bornerons à dire qu'il est très défectueux, nous indiquons une seule de ces lettres, celle dont nous n'avons pas retrouvé l'original dans les manuscrits maintenant déposés à la bibliothèque de Genève. Nous préparons une édition de cette correspondance qui s'imprimera cette année; faute de pouvoir fournir les renvois aux pages, nous renvoyons seulement à l'ordre chronologique de ces sept cent vingt-deux lettres[1].

M. Vézinet a publié une étude sur les relations de Voltaire avec Balleidier[2] pour laquelle il a utilisé une soixantaine de billets inédits. Il n'a pas publié ces billets intégralement. Il les commente plutôt, tout en citant de nombreux passages. Nous avons essayé de faire rentrer ces fragments dans le cadre de notre liste chronologique, mais la tâche était ingrate, et les résultats ne peuvent être qu'approximatifs.

Nous devons plus que nous ne saurions dire aux ouvrages bibliographiques de Mary Margaret Barr, du vicomte Charles du Peloux et surtout de Georges Bengesco.

Notre travail a été facilité par les fonds d'un "Research Grant" de l'Université de Pennsylvanie, et nous en sommes vivement reconnaissant. Ces mêmes fonds nous ont permis d'obtenir des reproductions photographiques de toutes les publications donnant les lettres de Voltaire que la bibliothèque de l'Université ne possédait pas. Qu'on nous permette de le dire, la collection de la correspondance imprimée de Voltaire qui s'est ainsi formée est à notre connaissance la plus complète qui soit.

Nous tenons à exprimer ici notre gratitude à Charles W. David, bibliothécaire de l'Université de Pennsylvanie; à Flora Deibert et à Elliott Morse, de la bibliothèque de l'Université; à nos collègues Andrew Morehouse de Yale et Norman Torrey de Columbia qui nous ont obligeamment aidé de leurs conseils; aux étudiants de notre "Seminar" sur Voltaire de 1946, avec lesquels nous avons assemblé les premières fiches de ce travail; à Mme Suzanne Nèves, à Mlles Gloria Rebecchi, Carol-Joyce Howell, Evelyn Hodge, Denise Gonthiez, à MM. Alvin Olsen et William Anders, pour avoir collaboré à une entreprise souvent fastidieuse avec tant de bonne grâce et d'empressement.

Box Tree Farm, 15 mars 1950.

---

[1] Cet ouvrage a paru en novembre 1950. Voir le N° 83 de la bibliographie.
[2] *Autour de Voltaire*, Paris, Champion, 1925.

LISTE DES ABREVIATIONS

Acad Tarn-Garonne: Recueil de l'Académie des sciences, belles-lettres et arts de Tarn et Garonne.

Advielle: Cf. bibliographie No. 1.

Alexeyeff: Cf. bibliographie No. 2

L'Am d'autogr: L'Amateur d'autographes.

Annales Acad Mâcon: Annales de l'Académie de Mâcon. Société des arts, sciences, belles-lettres, et d'agriculture.

Annales de l'Ain: Annales de la société d'émulation et d'agriculture de l'Ain.

Archiv: Archiv für das Studium der Neueren Sprachen und Literaturen.

Archives Russes: Rousski Arkhiv (Archives russes imprimées à la bibliothèque Tcherkov).

BBB: Bulletin du Bibliophile.

Beaune, *V au collège:* Cf. bibliographie No. 15.

Beffroy de Reigny: Cf. bibliographie No. 17.

Bengesco, *Bibl:* Cf. bibliographie No. 19.

Bengesco, *Lettres:* Cf. bibliographie No. 18.

Broglie: Cf. bibliographie No. 30.

Broglie, *Voltaire. . .:* Cf. bibliographie No. 31.

Bull Hist Phil: Bulletin historique et philologique du comité des travaux historiques et scientifiques.

Bull S H Pr Fr: Bulletin de la société d'histoire du protestantisme français.

Bull S H Arch G: Bulletin de la société d'histoire et d'archéologie de Genève.

Cabanès. Cf. bibliographie No. 32.

Calmettes. Cf. bibliographie No. 33.

Carnet hist: Carnet historique et littéraire.

Caussy. Cf. bibliographie No. 34.

Cayrol et François. Cf. bibliographie No. 55.

Chaponnière: Cf. bibliographie No. 57.

Collini: Cf. bibliographie No. 67.

Coquerel: Cf. bibliographie No. 69.

Cornuaud: Cf. bibliographie No. 63.

Corr d'Alembert: Cf. bibliographie No. 126.

Correspondant: Le Correspondant.

Corr Garrick: Cf. bibliographie No. 107.

Corr JBR-Brossette: Cf. bibliographie No. 23.

Corr J J R: Cf. bibliographie No. 91.

Corr W Pitt: Cf. bibliographie No. 197.

Countess Bentinck: Cf. bibliographie No. 147.

Deffand: Cf. bibliographie No. 79.

Delort: Cf. bibliographie No. 86.

Desnoiresterres: Cf. bibliographie No. 87.
Dorat: Cf. bibliographie No. 88.
DR: Deutsche Revue.
Droysen et Caussy: Cf. bibliographie No. 89.
Dupont: Cf. bibliographie No. 94.

Ebert: Cf. bibliographie No. 96.

Festgabe Crecelius: Cf. bibliographie No. 128.
Figaro: Le Figaro, Supplément littéraire.
Foisset: Cf. bibliographie No. 100.
Foulet: Cf. bibliographie No. 101.

Gastineau: Cf. bibliographie No. 108.
Genava: Genava. Bulletin du musée d'art et d'histoire de Genève.
Golowkin: Cf. bibliographie No. 113.
Graffigny: Cf. bibliographie No. 6.
Grande R: La Grande Revue.

Hénault: Cf. bibliographie No. 160.
Hennin: Cf. bibliographie No. 125.
Hist Acad Lyon: Cf. bibliographie No. 93.
Horn: Cf. bibliographie No. 130.
H Tr, *Fr Tr:* Cf. bibliographie No. 231.

Intermédiaire: L'Intermédiaire des chercheurs et curieux
Ivernois: Cf. bibliographie No. 133.

Jacquart: Cf. bibliographie No. 134.
Jahrb Gesch Oldenburg: Cf. bibliographie No. 217.
Janin: Cf. bibliographie No. 137.
J Genève: Journal de Genève.
J Savants: Journal des Savants.

K et D: Cf. bibliographie No. 140.

Lachèvre: Cf. bibliographie No. 141.
La Place: Cf. bibliographie No. 80.
L d'Alsace: Cf. bibliographie No. 8.
Letters Chesterfield: Cf. bibliographie No. 64.
Lettre à M Norberg: Cf. bibliographie No. 153.
Lettres Châtelet: Cf. bibliographie No. 5.
Lettres Marville: Cf. bibliographie No. 22.
L Prusse: Cf. bibliographie No. 159.
Lewis, *H. Walpole Corr:* Cf. bibliographie No. 241.

Malahide Castle papers: Cf. bibliographie No. 222.
Mangold, *VR:* Cf. bibliographie No. 167.
Mélanges Lanson: Cf. bibliographie No. 237.
Mélanges S de Grave: Cf. bibliographie No. 234.

Mém Acad Caen: Mémoires de l'Académie nationale des sciences, arts et belles-lettres de Caen.

Mém Acad Montpellier: Académie des sciences et lettres de Montpellier, Mémoires de la section des lettres.

Mém Acad Stanislas: Mémoires de l'Académie de Stanislas.

Mém Lekain: Cf. bibliographie No. 150.

Mém Luynes: Cf. bibliographie No. 95.

Mercure: Mercure de France.

MLN: Modern Language Notes.

MP: Modern Philology.

Mss Valenciennes: Catalogue descriptif et raisonné des manuscrits de la bibliothèque de Valenciennes.

Nain Jaune: Le Nain Jaune.

Neu Mitt: Neuphilologische Mitteilungen.

Nisard: Cf. bibliographie No. 182.

N Litt: Les Nouvelles Littéraires.

Nouv Rev Rétr: Nouvelle Revue Rétrospective.

Nouv Revue: La Nouvelle Revue.

Oeuvres Le Brun: Cf. bibliographie No. 148.

Oeuvres Marmontel: Cf. bibliographie No. 169.

Oeuvres Villette: Cf. bibliographie No. 66.

Opere Algarotti: Cf. bibliographie No. 3.

Pays lorrain: Le Pays Lorrain et Le Pays Messin.

Marc Peter: Cf. bibliographie No. 192.

Phillimore: Cf. bibliographie N. 193.

Portefeuille Dupin: Cf. bibliographie No. 239.

C Rabaud, *Sirven:* Cf. bibliographie No. 199.

Paul Rabaut, *Lettres à Divers:* Cf. bibliographie No. 77.

RBPH: Revue belge de philologie et d'histoire.

R des Soc Savantes: Revue des Sociétés Savantes.

RDM: Revue des deux mondes.

J M Read: Cf. bibliographie No. 200.

Revue Hist: Revue Historique.

R Gascogne: Revue de Gascogne.

RHL: Revue d'histoire littéraire de la France.

RHV: Revue historique vaudoise.

RLC: Revue de la littérature comparée.

R Palais: La Revue du Palais.

R Paris: Revue de Paris.

RPL: Revue politique et littéraire, ou Revue Bleue.

RR: Romanic Review.

R Rétrospective: Revue Rétrospective.

R Sav: Revue Savoisienne.

R Universitaire: Revue Universitaire.

R XVIIIe S: Revue du dix-huitième siècle.

Sakmann: Cf. bibliographie No. 219.

P A Sayous: Cf. bibliographie No. 221.

S Em M: Mémoires de la Société d'émulation de Montbéliard.

Soc Em Côtes-du-Nord: Mémoires de la Société d'émulation des Côtes-du-Nord.

Soc Valenciennes: Compte Rendu, Société d'agriculture, sciences, et arts de Valenciennes.

Studi Critici Cesareo: Cf. bibliographie No. 183.

Taulès: Cf. bibliographie No. 228.

Tr Glasgow Arch Soc: Transactions of the Glasgow archaeological Society.

V aux Tronchin: Cf. bibliographie No. 83.

V et JJR: Cf. bibliographie No. 173.

V et la police: Cf. bibliographie No. 152.

V et le cardinal Quirini: Cf. bibliographie No. 127.

V Ferney: Cf. bibliographie No. 189.

Vézinet: Cf. bibliographie No. 236.

Voltairiana inedita: Cf. bibliographie No. 166.

Würt Gesch: Württembergische Vierteljahreshefte für Landesgeschichte.

ZFSL: Zeitschrift für französische Sprache und Litteratur.

ZGOb: Zeitschrift für die Geschichte des Oberrheins.

1. [1712 ?]. J.-B. Rousseau à V. " . . . On ne voit point que ni les Corneilles, ni les Racines, ni les Depréaux aient jamais travaillé pour les prix." Desnoiresterres I:81

2. 16 mai 1717. Le duc d'Orléans à M. de la Vrillière. "L'intention de S.A.R. est que le sieur Arouet fils soit arrêté" Desnoiresterres I:120

3. [décembre 1718]. V. à J.-B. Rousseau. " . . . J'ai été si malheureux sous le nom d'Arouet que j'en ai pris un autre" RHL 9:551-552. 1902

4. 25 mars 1719. J.-B. Rousseau à V. "Malgré l'éloignement qui nous sépare" Corr JBR-Brossette 1:181-185

5. 2 avril 1719. Stair au ministère anglais. "I hope ye King will make my little poet ye Author of "Oedipus" a present, he's ye best poet maybe ever was in France" RLC 9:30. 1929

6. 24 avril 1719. Stair au ministère anglais. "Je vous remercie du présent que le Roi veut bien faire à Arrouet" RLC 9:30. 1929

7. 3 mai 1719. Caumartin de Boissy à ? "Autre grande querelle plus sérieuse" Desnoiresterres 1:176-177

8. 20 juin 1719. V. à Stair. "Milord, Je ne puis" RLC 9:268-269. 1931

9. [1719]. V. à J.-B. Rousseau. "Je renoue" Correspondant 244:650-651. 1911

10. 11 mai 1722. J.-B. Rousseau à V. "C'est bien mal" RHL 9:555-556. 1902

11. [août 1722]. V. à Thiriot. "Je pars" RPL 47, 2:418. 1909

12. 8 sept [1722]. V. à Thiriot. "Je vous ai écrit" RPL 47,2:418. 1909

13. [1723]. V. à Thiriot. "Allez vous faire" RPL 47,2:418. 1909

14. [août 1724]. V. à Thiriot. "Je ne sais, mon cher" RPL 47,2:418. 1909

15. 31 mai 1725. Desfontaines à V. "Je n'oublierai" Desnoiresterres 1:327-328

16. 5 février 1726. Maurepas à Hérault. "Monsieur, S.A.S. m'a ordonné" Foulet I-2

17. [23 mars 1726]. Maurepas à Hérault. "Monsieur, S.A.S. est informée que M. le chevalier" Foulet 3

18. 28 mars 1726. Maurepas à Hérault. "Monsieur, Je vous adresse" Foulet 3-5

19. [début d'avril 1726]. V. à Mme de Bernières. "J'ai été à l'extrémité; je n'attends que ma convalescence" Foulet 6-7

20. 16 avril 1726. Hérault à Maurepas. "Je viens d'être informé par voie sûre que le sieur de V" Foulet 7-8

21. [18 avril 1726]. Hérault à Maurepas. "Le sieur de Voltaire a été arrêté la nuit précédente" Foulet 9

22. [18-21 avril 1726]. V. à Maurepas. "Monseigneur, Je remontre très humblement" Foulet 9-11

23. 21 avril 1726. Maurepas à de Launay. "Vous ne m'avés pas mandé, Monsieur, l'entrée" Foulet 11-12

24. 24 avril 1726. V. à Hérault. "Je vous suplie" Foulet 13-15

25. [29 avril 1726]. Maurepas à Hérault. "Monsieur, Je vous adresse les ordres du Roy pour la liberté" Foulet 18-19

26. [30 avril 1726]. V. à Thiriot. "On doit me conduire demain" Foulet 19

27. [30] avril 1726. V. à Mme de Bernières. "On doit me conduire demain, ou après-demain" Foulet 19-20

28. Avril 1726. V. à Thiriot. "J'ai été accoutumé à tous les malheurs, mais pas" Foulet 17-18

29. Avril 1726. [Un ecclésiastique] à Hérault. "Vous venez de mettre à la Bastille un homme" Foulet 15-17

30. 1er mai 1726. Hérault à de Launay. "Lorsque j'ai permis, Monsieur, à M. de Voltaire" Foulet 21

31. [1er mai 1726]. V. à Hérault. "Je vous suplie, Monsieur, de ne pas changer" Foulet 22-24

32. 2 mai 1726. Hérault à de Launay. "Je viens de charger, Monsieur, le sieur Condé" Foulet 25-26

33. 2 mai 1726. Hérault à de Launay. "Je vous supplie, Monsieur, de laisser voir M. Pallu" Foulet 24-25

34. 5 mai 1726. V. à Thiriot. "Mon cher Thieriot, je n'ai que le temps de vous dire" Foulet 28-29

35. 5 mai 1726. V. à Hérault. "J'arrive à Calais" Foulet 26-28

36. 6 mai 1726. V. à Madame de Ferriol. "N'auriez-vous" Foulet 30-34

37. [début de mai ? 1726]. V. à Dumas d'Aigueberre. ". . . Je ne dois pas être plus fortuné" Foulet 35

38. 7 mai 1726. Daumart à Hérault. "Monsieur, Je crains" Foulet 36-37

39. 29 mai 1726. Walpole à Dodington. "Dear Sir, Mr Voltaire" Foulet 37-40

40. 29 mai 1726. Walpole à Newcastle. "My Lord, My dispatch" Foulet 41-42

41. 12 août 1726. V. à Thiriot. "J'ai reçu bien tard" Foulet 43-47

42. 16 août 1726. Thiriot à V. ". . . Ce scélérat d'abbé" Foulet 48-49

43. 15 octobre 1726. V. à Mlle Bessières. "Je reçois" Foulet 51-53

44. [26 octobre 1726]. V. à Thiriot. ". . . I intend to send" Foulet 53-64

45. [27 octobre 1726]. V. à Mme de Bernières. "Je n'ay receu" Foulet 67-70

46. [8 novembre ? 1726]. V. à Pope. "Sir, I hear this moment" Foulet
    70-72

1727

47. [13 février 1727]. V. à Thiriot. "J'ay receu hier" Foulet 73-85
48. 3 mars 1727. M. de Broglie à M. de Morville. "Monsieur, Le S. de
    Voltaire, que vous m'avez fait" Foulet 86-88
49. [11] mars 1727. V. à Thiriot. "Je vous envoye" Foulet 88-90
50. 18 avril 1727. V. à Maurepas. "Monseigneur, J'ai receü" Foulet
    91-92
51. 18 avril 1727. Le commissaire Labbé à Hérault. "Ce mémoire"
    Foulet 92-93
52. 27 mai 1727. V. à Thiriot. "Mon cher Thieriot, j'ai" Foulet 93-99
53. 14 juin 1727. V. à Dunoquet. "Il y a trés" RLC 11:269-270. 1931
54. [27 juin 1727]. V. à Swift. "Sir I send you" Foulet 101-103
55. [27 juin 1727]. V. au comte de Morville. "Monseigneur, Je me
    suis contenté jusqu'icy d'admirer" Foulet 104-107
56. [29 juin 1727]. Maurepas à V. "M. de Voltaire, Poete. Je vous
    envoye, Monsieur, la permission" Foulet 108
57. [25 décembre 1727]. V. à Swift. "Sir, you will be surprised in
    receiving an English essay" Foulet 109-112

1728

58. [29 janvier 1728]. V. à Coderc. "Je soussigné donne" Foulet
    117-118
59. [Janvier 1728 ?]. V. à Towne. "Sir, I have received" Foulet
    113-114
60. [Janvier 1728 ?]. V. au comte d'Oxford. "My Lord, Tho I am"
    Foulet 114-116
61. [31 mars 1728]. V. au rédacteur du Daily Post. "I having yester-
    day seen in the Daily Post" Foulet 126-128
62. [Mars 1728]. V. à Swift. "Sr, I sent the other day" Foulet 122-125
    (En raison d'une erreur typographique, le texte donne la date:
    [mars 1729], alors que les notes établissent qu'il s'agit de mars
    1728.)
63. [Mars 1728]. V. à la reine d'Angleterre. "To the Queen, Madam, It
    is the fate" Foulet 118-121
64. [Mars 1728]. V. à [la reine de Prusse]. "To the Queen, Madam, It
    is the fate" MLN 42:394-395. 1927
65. [1er avril 1728]. Prévost au rédacteur du Daily Post. "As the
    author, in the Daily Post of yesterday" Foulet 129-130
66. [2 avril 1728]. V. au rédacteur du Daily Post. "I solemnly declare
    that having trusted" Foulet 131-132
67. [11 avril 1728]. V. à ? [des Alleurs? Dussol?]. "Dear Sir, I re-
    ceived lately two letters of your's," Foulet 134-140
68. [Avril-mai 1728 ?]. V. à Desmaizeaux. "Sir, I hear Prevost hath
    a mind to bring you" Foulet 150-151. Bengesco, Bibl. 3:317-318
69. [2 mai 1728]. V. à Thiriot. "My dear Tiriot, I write to you in
    English for the same" Foulet 142-147

70. 25 mai 1728. Veyssière de La Croze à V. "Monsieur, J'ai l'honneur de vous écrire par ordre" *MLN* 42:394-395. 1927

71. [7 juin 1728]. V. et Prevost au public. "Whereas several advertisements have been published" Foulet 152-153

72. [25 juin 1728]. V. à Thiriot. "I have received, by" Foulet 154-161

73. 22 juillet 1728. V. à Veyssière de La Croze. "Monsieur, J'ai reçu votre obligeante lettre" Foulet 163-165

74. [Juillet-août 1728 ?]. V. à John Brinsden. "Sir, I wish" Foulet 165-167

75. [7 août 1728]. V. à Towne. "Dear Sir, I received yesterday" Foulet 168-172

76. 15 août 1728. V. à Thiriot. "Voici qui vous surprendra" Foulet 173-177

77. [25 novembre 1728]. Lord Peterborough à Towne. "Your friend" Foulet 177-179

78. [Décembre ?] 1728. Falkener à V. ". . . Je suis ici" Foulet 180-181

79. [1728 ?]. V. à Brinsden. "Sir, I wish you" Bengesco, *Bibl* 3:303

1729

80. [Février ?] 1729. V. à Thiriot. "Gratissima nobis fuit" Foulet 182-186

81. 10 mars 1729. V. à Thiriot. "Noli amico tuo" Foulet 188

82. 25 mars 1729. V. à Thiriot. "If you can forget" Foulet 189

83. [31 mars 1729]. V. à Thiriot. "Mon cher Tiriot, vous me faittes songer" Foulet 191-193

84. [31] mars [1729]. V. à Thiriot. "Ecce nunc tempus" Foulet 190

85. 1er avril 1729. V. à Thiriot. "I saw last night" Foulet 194-195

86. 2 [avril] 1729. V. à Thiriot. "We fall out for ever" Foulet 196-201

87. 4 avril 1729. V. à Thiriot. "J'ai, mon cher Thieriot" Foulet 204

88. [7 avril 1729]. V. à Thiriot. "Je ne peux pas résister" Foulet 205-206

89. 9 [avril 1729]. Maurepas à V. "M. de Voltaire, vous pouvés, Mr, aller à Paris" Foulet 206-207

90. [16 avril 1729]. V. à Thiriot. "Enfin je suis" Foulet 207-208

91. 18 avril 1729. V. à Mrs Clayton. "Madam, Tho I am out of London" Foulet 209

92. [Juillet 1729]. V. à Thiriot. "Savez-vous que pour votre lavage de thé" *RPL* 47,2:418-419. 1909

1731

93. 24 février 1731. Brossette à V. "Il y a plus d'un mois, monsieur" *Corr JBR-Brossette* 2:27-28

94. [fin mars ?] 1731. V. à Cideville. "A l'hostel de M(antes) je gîte,- soit disant de M(antes) l'hostel" *Grande R* 135:451. 1931

95. 30 juin 1731. V. à M. de la Roque. "Je n'ai jamais jusqu'à présent répondu" Bengesco, *Bibl* 3:341-342

1732

96. [février 1732]. V. à Brossette. "Il n'y a personne, monsieur, à qui je fasse" *Corr JBR-Brossette* 2:91-92

97. 1er mars 1732. Brossette à V. "S'il est vrai" *Corr JBR-Brossette* 2:92-93

98. 20 mars 1732. Brossette à V. "Depuis la lettre" *Corr JBR-Brossette* 2:93-95

99. 14 avril 1732. V. à Brossette. "Je suis bien flatté de plaire à un homme comme vous" *Corr JBR-Brossette* 2:96-97

100. [30 octobre 1732]. V. à Maupertuis : mémoire. "Si le même pouvoir fait graviter les corps" *RPL* 46,1:514. 1908

101. [Décembre 1732]. V. à Rameau. "Je vous ai déjà dû convaincre, mon cher Rameau" *Correspondant* 244:652-653. 1911

102. [1732 ?]. J.-B. Rousseau à ?. "Ne soyés point surpris, et soyés encore moins fâché" *Mss Valenciennes* 20:670

103. [1732 ?]. J.-B. Rousseau à ? "Vous jugés parfaitement bien, Monsieur, du mérite de Voltaire" *Mss Valenciennes* 20:670-671

104. [Paris, 1732]. V. à Maupertuis. "Soyez toujours mon maître" *RPL* 46,1:514. 1908

1733

105. 27 juillet 1733. V. à Thiriot. "Par ma dernière" *RPL* 47,2:419. 1909

106. [28 septembre 1733]. V. à Maupertuis. "Mais, illustre ami, c'est demain" *RPL* 46,1:514-515. 1908

107. 20 novembre 1733. V. à Brossette. "Je regarde, monsieur, comme un de mes devoirs" *Corr JBR-Brossette* 2:163-165

108. 28 décembre 1733. Brossette à V. "Il aurait été" *Corr JBR-Brossette,* 2:165-168

1734

109. [fin juin 1734]. [V. ?] à J.-B. Rousseau (Lettre anonyme attribuée à V.) "Coquin, On dit que vous avez écrit" *Correspondant* 244:652. 1911

110. [Septembre-octobre 1734 ?]. V. à Germain-Louis de Chauvelin. "M. Il est bien cruel et bien douloureux pour moy" *R Paris* 11,4:372-373. 1904

111. 7 octobre 1734. Germain-Louis de Chauvelin à Guillaume-François Joly de Fleury. "Mme la duchesse de Richelieu" *R Paris* 11,4:373. 1904

112. 8 octobre 1734. [Guillaume-François Joly de Fleury à Germain-Louis de Chauvelin]. "Ecr. au G. d. sceaux : Il est vray que Mme la duchesse de Richelieu" *R. Paris* 11,4:374-378. 1904

113. 27 [décembre 1734]. V. à M. de Formont. "Si ceux qui me font l'honneur de me persécuter" *MLN* 39:1-2. 1924

114. [1734]. V. au cardinal Fleury. "Monseigneur, La bonté et l'attention étonnante" *Intermédiaire* 68:854. 30 décembre 1913

1735

115. [9 janvier 1735]. Guillaume-François Joly de Fleury à Germain-Louis de Chauvelin. "Il est bien cruel" *R Paris* 11,4:381. 1904

1736

116. 22 janvier 1736. V. à Baculard d'Arnaud. "Le goût que vous avez pour la poësie, Monsieur, vous fait" *L'Am d'autogr* 20

117. [10 février 1736]. V. à Thiriot. "Leur nouveauté" *RPL* 47,2:419-420. 1909

118. [16 avril 1736]. V. à Maupertuis. "J'ai deux choses à vous dire" *RPL* 46, 1:515. 1908

119. 5 août [1736]. V. à [Mme de Graffigny]. "Je ne scai Madame ce qui m'a le plus flatté" *Pays lorrain* 4:193. 1911

120. 8 août 1736. Frédéric, P.R. de Prusse à V. "Monsieur, quoique je n'aie pas la satisfaction" K et D 1:1-4

121. Août [1736]. V. à Mme du Châtelet. ". . . Voici des fleurs et des épines que je vous envoie" (fragment) *Lettres Châtelet* 100-101

122. [Septembre 1736]. V. à Frédéric, P. R. de Prusse. "Monseigneur, il faudrait être insensible pour n'être" K et D 1:4-7

123. Octobre 1736. V. à Frédéric, P. R. de Prusse. "Prince, il est peu de rois que les Muses instruisent" K et D 1:7-10

124. 4 novembre 1736. Frédéric, P. R. de Prusse à V. "Monsieur, c'est une épreuve bien difficile" K et D 1:10-17

125. 7 novembre 1736. Frédéric, P.R. de Prusse à V. "Monsieur, je suis infiniment sensible à l'honneur" K et D 1:17

126. 13 novembre 1736. Frédéric, P.R. de Prusse à V. "Voltaire, ce n'est point le rang et la puissance" K et D 1:18-19

127. 13 novembre 1736. Frédéric, P.R. de Prusse à V. "Monsieur, vous savez sans doute que le caractère" K et D 1:19-20

128. [Novembre 1736 ?]. Mme du Châtelet à d'Argental. "Enfin, votre lettre vient de me rendre la vie" Nisard 118-121

129. 3 décembre 1736. Frédéric, P.R. de Prusse à V. "Monsieur, j'ai été agréablement surpris en recevant" K et D 1:20-22

130. 7 [décembre 1736]. V. à Baculard d'Arnaud. "Vous me ferez plaisir de me mander" *Correspondant* 244:653-654. 1911

131. [1736 ?]. V. à Mme Dupin. "Puisque la beauté" *Portefeuille Dupin* 309

1737

132. [Commencement de janvier 1737]. Frédéric, P.R. de Prusse à V. "Monsieur, je vous avoue que j'ai ressenti" K et D 1:24-27

133. [16 janvier 1737]. Frédéric, P.R. de Prusse à V. "Monsieur, non, je ne vous ai point envoyé mon portrait" K et D 1:29-32

134. [23 janvier 1737]. Frédéric, P.R. de Prusse à V. "Monsieur, j'ai reçu avec beaucoup de plaisir" K et D 1:32-33

135. [Janvier 1737]. V. à Frédéric, P.R. de Prusse. "Monseigneur, j'ai versé des larmes de joie en lisant" K et D 1:22-24

136. Janvier 1737. V. à Frédéric, P.R. de Prusse. "Monseigneur, si j'étais malheureux, je serais bientôt" K et D 1:28-29

137. 8 février 1737. Frédéric, P.R. de Prusse à V. "Monsieur, ne vous embarrassez nullement du bruit" K et D 1:33-36

138. Février 1737. V. à Frédéric, P.R. de Prusse. "Les lauriers d'Apollon se fanaient sur la terre" K et D 1:36-38

139. [6 mars 1737]. Frédéric, P.R. de Prusse à V. "Monsieur, j'ai été agréablement surpris par les vers" K et D 1:41-44

140. Mars 1737. V. à Frédéric, P.R. de Prusse. "Deliciae humani generis, ce titre vous est plus cher" K et D 1:44-47

141. Mars 1737. V. à Frédéric, P.R. de Prusse. "Monseigneur, je ne sais pas" K et D 1:38-41

142. 4 avril 1737. J.-B. Rousseau à Desfontaines. "Il y aurait de quoi vous faire un volume" RHL 9:573. 1902

143. 7 avril 1737. Frédéric, P.R. de Prusse à V. "Monsieur, il n'y a pas jusques à votre manière" K et D 1:47-51

144. [Avril 1737]. V. à Frédéric, P.R. de Prusse. "Voilà, monseigneur, les réflexions que vous m'avez ordonné" K et D 1:51-55

145. 8 mai 1737. Frédéric, P.R. de Prusse à V. "Monsieur, je viens de recevoir votre lettre" K et D 1:55-56

146. 14 mai 1737. Frédéric, P.R. de Prusse à V. "Monsieur, je vous demande excuse de l'injustice" K et D 1:56-60

147. 25 mai 1737. Frédéric, P.R. de Prusse à V. "Monsieur, je viens de munir mon cher Césarion" K et D 1:60-61

148. 27 mai 1737. V. à Frédéric, P.R. de Prusse. "C'est sans doute un héros, c'est un sage, un grand homme" K et D 1:61-64

149. [Mai] 1737. V. à Frédéric, P.R. de Prusse. "J'ai reçu la lettre du prince philosophe du 14 mai" K et D 1:64-67

150. 6 juillet 1737. Frédéric, P.R. de Prusse à V. "Monsieur, si j'étais né poëte" K et D 1:67-73

151. Juillet 1737. V. à Frédéric, P.R. de Prusse. "Monseigneur, je suis entouré de vos bienfaits" K et D 1:73-75

152. 16 août 1737. Frédéric, P.R. de Prusse à V. "Quoi ! sans cesse ajoutant merveilles sur merveilles" K et D: 75-80

153. 27 août 1737. Frédéric, P.R. de Prusse à V. "Monsieur, Césarion m'a transporté en esprit à Cirey" K et D 1:80-81

154. 21 septembre 1737. Frédéric, P.R. de Prusse à V. "Monsieur, si j'écrivais à un ingrat, je serais obligé" K et D 1:81-85

155. 24 octobre 1737. V. à Frédéric, P.R. de Prusse. "Monseigneur, l'admiration, le respect, la reconnaissance" K et D 1:101-102

156. Octobre 1737. V. à Frédéric, P.R. de Prusse. "Monseigneur, il est bien douloureux que Cirey soit si loin" K et D 1:85-87

157. Octobre 1737. V. à Frédéric, P.R. de Prusse. "Monseigneur, j'ai reçu la dernière lettre" K et D 1:88-100

158. 13 novembre 1737. Frédéric, P.R. de Prusse à V. "Monsieur, je vous avoue qu'il n'est rien de plus trompeur" K et D 1:102-104

159. 19 novembre 1737. Frédéric, P.R. de Prusse à V. "Monsieur, je n'ai pas été le dernier à m'apercevoir" K et D 1:104-108

160. 26 novembre 1737. Frédéric, P.R. de Prusse à V. "Dis-nous, divin Voltaire, où ton esprit sublime" K et D 1:108-111

161. 6 décembre 1737. Frédéric, P.R. de Prusse à V. "Monsieur, misérable inconstance humaine ! s'écrierait" K et D 1:111-113

162. 20 décembre 1737. V. à Frédéric, P.R. de Prusse. "Monseigneur, j'ai reçu, le 12 du présent mois, la lettre" K et D 1:113-116

163. 25 décembre 1737. Frédéric, P.R. de Prusse à V. "Monsieur, j'ai été richement dédommagé aujourd'hui" K et D 1:116-122

1738

164. 14 janvier [1738]. Frédéric, P.R. de Prusse à V. "Monsieur, vous me faites la plus jolie galanterie du monde" K et D 1:122-123

165. 19 janvier 1738. Frédéric, P.R. de Prusse à V. "Monsieur, j'espère que vous aurez reçu à présent" K et D 1:126-130

166. [22 janvier 1738]. V. à Frédéric, P.R. de Prusse. "Monseigneur, Votre Altesse Royale a dû recevoir" K et D 1:132-134

167. 23 janvier 1738. V. à Frédéric, P.R. de Prusse. "Je reçois de Berlin une lettre du 26 décembre" K et D 1:134-139

168. Janvier 1738. V. à Frédéric, P.R. de Prusse. "Monseigneur, je reçois à la fois les plus agréables étrennes" K et D 1:123-126

169. Janvier 1738. Frédéric, P.R. de Prusse à V. "Cette tragédie est d'un goût tout nouveau" K et D 1:130-131

170. 1er février 1738. Frédéric, P.R. de Prusse à V. "Monsieur, je suis bien fâché que l'histoire du Czar" K et D 1:139-143

171. 2 février 1738. V. à Algarotti. "Filosofo, poeta e amante, ecco le vostre qualità" *Opere Algarotti* 16:65-68

172. 5 février 1738. V. à Frédéric, P.R. de Prusse. "Prince, cet anneau magnifique" K et D 1:143-144

173. 17 février 1738. Linant à V. ". . . Les trois premiers actes, à son avis et par conséquent au mien" Desnoiresterres 2:149

174. 19 février 1738. Frédéric, P.R. de Prusse à V. "Monsieur, je viens de recevoir la lettre du 22 de janvier" K et D 1:145-146

175. 19 février 1738. Frédéric, P.R. de Prusse à V. "Monsieur, on vient de me rendre votre lettre du 23" K et D 1:146-154

176. 27 février 1738. Frédéric, P.R. de Prusse à V. "Monsieur, vos ouvrages n'ont" K et D 1:154-156

177. Février 1738. V. à Frédéric, P.R. de Prusse. "Monseigneur, une maladie qui a fait le tour de la France" K et D 1:156-157

178. 8 mars 1738. V. à Thiriot. "Mon cher Thieriot, je reçois votre lettre" *RPL* 47,2:420. 1909

179. 8 mars 1738. V. à Frédéric, P.R. de Prusse. "Monseigneur, le plus zélé de vos admirateurs" K et D 1:158-163

180. 16 mars 1738. Frédéric, P.R. de Prusse à V. "S'il y a des fautes et de (sic) ratures, vous voudrez bien" K et D 1:163

181. 28 mars 1738. Frédéric, P.R. de Prusse à V. "Monsieur, j'ai reçu votre lettre du 8 de ce mois" K et D 1:163-167

182. 31 mars 1738. Frédéric, P.R. de Prusse à V. "Monsieur, je suis obligé de vous avertir que j'ai reçu" K et D 1:167-170

183. 19 avril 1738. Frédéric, P.R. de Prusse à V. "Monsieur, j'y perds de toutes les façons" K et D 1:170-177

184. Avril 1738. V. à Frédéric, P.R. de Prusse. "Monseigneur, j'ai reçu de nouveaux bienfaits" K et D 1:177-179

185. 12 mai 1738. V. à Algarotti. "Permettez qu'un Emilien, qui est aussi un des plus tendres Algarottiens" *Opere Algarotti* 16:72-73

186. 20 mai 1738. V. à Frédéric, P.R. de Prusse. "Monseigneur, vos jours de poste sont comme les jours" K et D 1:179-182

187. [Cirey, le 25 mai 1738]. V. à Maupertuis. "J'ai corrigé, Monsieur, bien des fautes" *RPL* 46,1:515. 1908

188. [Cirey, le 15 juin 1738]. V. à Maupertuis. "En vous remerciant de vos leçons" *RPL* 46,1:515. 1908

189. 17 juin 1738. Frédéric, P.R. de Prusse à V. "Mon cher ami, c'est la marque d'un génie supérieur" K et D 1:185-189

190. [Juin 1738]. Frédéric, P.R. de Prusse à V. "Mon cher ami, ce titre vous est dû" K et D 1:182-185

191. Juin 1738. V. à Frédéric, P.R. de Prusse. "Monseigneur, j'ai reçu une partie des nouvelles faveurs" K et D 1:189-191

192. Juin 1738. V. à Frédéric, P.R. de Prusse. "Monseigneur, quand j'ai reçu le nouveau bienfait" K et D 1:192-193

193. 5 juillet [1738]. V. à Thiriot. "Je suis, mon cher" *RPL* 47,2:459. 1909

194. 12 juillet [1738]. V. à Thiriot. "Ma mauvaise santé" *RPL* 47,2:459. 1909

195. 24 juillet 1738. Frédéric, P.R. de Prusse à V. "Mon cher ami, me voilà rapproché" K et D 1:194-196

196. 25 juillet 1738. V. à Marville. "Monsieur, je me donnerai" Delort 2:38-39. (Date improbable. Marville fut lieutenant de police du 3 janvier 1740 au 21 mai 1747.)

197. 5 août 1738. V. à Frédéric, P.R. de Prusse. "Monseigneur, j'ai reçu la plus belle et la plus solide" K et D 1:196-201

198. 6 août 1738. Frédéric, P.R. de Prusse à V. "Mon cher ami, je vous reconnais, je reconnais mon sang" K et D 1:201-203

199. 8 août 1738. V. à Thiriot. "Mon cher ami, voici une lettre très importante" *RPL* 47,2:460. 1909

200. [8] août 1738. V. à Frédéric, P.R. de Prusse. "Monseigneur, Votre Altesse Royale me reproche" K et D 1:204-205

201. Août 1738. V. à Frédéric, P.R. de Prusse. "Je suis presque ressuscité" K et D 1:205-207

202. 11 septembre 1738. Frédéric, P.R. de Prusse à V. "Mon cher ami, un voyage assez long, assez fatigant" K et D 1:207-211

203. 11 septembre 1738. Keyserling à V. "*L'Epitre sur l'Homme*, inimitable précepteur" K et D 1:210

204. 11 septembre 1738. Jordan à V. "Monsieur ! Je profite" K et D 1:211

205. 14 septembre 1738. Frédéric, P.R. de Prusse à V. "Mon cher ami, je viens de recevoir dans ce moment" K et D 1:211-213

206. 30 septembre 1738. Frédéric, P.R. de Prusse à V. "Quoi ! des bords du Sombre Elysée" K et D 1:214-216

207. 18 octobre 1738. V. à Frédéric, P.R. de Prusse. "Prince, vous
ordonnez que Tiriot vous dise" K et D 1:217-220

208. [Novembre] 1738. V. à Frédéric, P.R. de Prusse. "Monseigneur,
que Votre Altesse Royale pardonne" K et D 1:223-224

209. 9 novembre 1738. Frédéric, P.R. de Prusse à V. "Mon cher ami,
je viens de recevoir une lettre" K et D 1:220-222

210. 22 novembre 1738. Frédéric, P.R. de Prusse à V. "Mon cher ami,
il faut avouer que vous êtes un débiteur" K et D 1:224-227

211. 29 novembre 1738. V. à Thiriot. "Enfin Mme de Chambonin est
partie" RPL 47,2:460. 1909

212. [Décembre 1738]. Frédéric, P.R. de Prusse à V. "Voici une instruction pastorale" K et D 1:227-228

213. 4 décembre 1738. Mme de Graffigny à Devaux. "Tu sautes de joie
à la date de cette lettre" Graffigny 1-6

214. [5 décembre 1738]. Mme de Graffigny à Devaux. "Dieu ! que
vais-je lui dire, et par où commencer ?" Graffigny 7-11

215. [6 décembre 1738]. Mme de Graffigny à Devaux. "J'en étais donc
à ce désir de paraître intelligente" Graffigny 11-31

216. [9 décembre 1738]. Mme de Graffigny à Devaux. "J'ai eu envie de
t'écrire, cher Panpan, depuis" Graffigny 32-38

217. [9 décembre 1738] mardi soir. Mme de Graffigny à Devaux. "Je
ne saurais y tenir, mon ami, il faut" Graffigny 42-46

218. [10 décembre 1738] Ce mercredi matin. Mme de Graffigny à Devaux.
"Et moi aussi je me suis couchée" Graffigny 38-41

219. [11 décembre 1738] Ce jeudi matin. Mme de Graffigny à Devaux.
"Bonjour, mon Pampichon" Graffigny 46-52

220. [12 décembre 1738]. Mme de Graffigny à Devaux. "Puisque je
n'ai pas grand'chose à te conter" Graffigny 53-62

221. [13 décembre 1738]. Mme de Graffigny à Devaux. "Bonsoir, la
poste va arriver ; Dieu ! je l'attends" Graffigny 62-67

222. [14 décembre 1738]. Mme de Graffigny à Devaux. "Je profiterai
de tous les moyens que j'aurai" Graffigny 68-79

223. [15 décembre 1738]. Mme de Graffigny à Devaux. "Ajoute à ta
clef Nicomède pour Voltaire, et Dorothée pour sa bergère"
Graffigny 79-82

224. [16 décembre 1738]. Mme de Graffigny à Devaux. "Je sors des
marionnettes" Graffigny 83-87

225. [17 décembre 1738]. Mme de Graffigny à Devaux. "Panpan ! mon
cher Panpan, aujourd'hui" Graffigny 87-88

226. [18 décembre 1738]. Mme de Graffigny à Devaux. "Je n'ai pu
t'écrire que cela hier soir" Graffigny 88-94

227. [18 décembre 1738] jeudi soir. Mme de Graffigny à Devaux. "Non,
les dialogues de M. Algarotti ne peuvent être" Graffigny 94-97

228. [21 décembre 1738 ?]. Mme de Graffigny à Devaux. "Mon Dieu !
comme tu as pris garde à la petite" Graffigny 98-104

229. [22 décembre 1738] lundi soir. Mme de Graffigny à Devaux. "Je
viens d'expédier" Graffigny 105-112

230. [23 décembre 1738]. Mme de Graffigny à Devaux. "Bonsoir, mon ami, je ne t'écrirai guère, car voilà" Graffigny 113-116

231. 25 décembre 1738. Frédéric, P.R. de Prusse à V. "Mon cher ami, j'ai lu ces jours passés" K et D 1:228-229

232. [25 décembre 1738]. Mme de Graffigny à Devaux. "Je ne t'écrivis pas hier, mon ami, parce que j'eus" Graffigny 116-124

233. [26 décembre 1738]. Mme de Graffigny à Devaux. "Je t'écris pour t'écrire, mon cher Panpan" Graffigny 125-127

234. [27 décembre 1738]. Mme de Graffigny à Devaux. "Bonsoir, mon ami, ton *idole* se porte bien aujourd'hui" Graffigny 127-132

235. 29 décembre 1738. V. à Thiriot. "Mon cher Thieriot, encore une fois, vous devez" *RPL* 47,2:460-461. 1909

236. [29 décembre 1738]. Mme de Graffigny à Devaux. "Je ne t'écrivis pas hier, mon ami, par une raison" Graffigny 133-144

237. 30 décembre 1738. V. à Josse. "Monsieur, je vous supplie d'excuser le mauvais état de ma fortune" *Lettre à M Norberg* 14-16

238. [Décembre 1738 ? Janvier 1739 ?]. V. à [un avocat]. Mémoire. ". . . Peut-on assigner Jean-Baptiste Rousseau" *RHL* 9:578. 1902

1739

239. 1er janvier 1739. Mme de Graffigny à Devaux. "J'ai été un peu malade ces jours passés" Graffigny 145-148

240. 3 janvier [1739]. Mme de Graffigny à Devaux. "Ce n'est pas d'aujourd'hui que tout me tourne à mal" Graffigny 149

241. 5 janvier [1739]. Mme de Graffigny à Devaux. "Je viens de recevoir votre lettre du jeudi" Graffigny 150-154

242. Ce 8 [janvier 1739 ?]. V. à la comtesse de Neuville. "Charmante et respectable amie" *RHL* 13:333-334. 1906

243. 8 janvier 1739. Frédéric, P.R. de Prusse à V. "Mon cher ami, je m'étais bien flatté" K et D 1:232-235

244. 8 janvier [1739]. Mme de Graffigny à Devaux. "J'ai reçu hier, mon cher ami, votre lettre du 3 janvier" Graffigny 155-157

245. 10 janvier 1739. Le marquis du Châtelet à Thiriot. ". . . Je suis persuadé que vous ne balancerez pas" Desnoiresterres 2:184

246. 10 janvier [1739]. Mme de Graffigny à Devaux. "Je ne sais" Graffigny 158-159

247. 12 janvier 1739. Mme de Graffigny à Devaux. "Je viens" Graffigny 160-165

248. 15 janvier [1739]. Mme de Graffigny à Devaux. "J'ai reçu" Graffigny 166

249. 17 janvier [1739]. Mme de Graffigny à Devaux. "Voilà" Graffigny 173-176

250. 18 janvier 1739. V. à Frédéric, P.R. de Prusse. "Monseigneur, Votre Altesse Royale est" K et D 1:235-237

251. 19 janvier [1739]. Mme de Graffigny à Devaux. "Je viens de recevoir deux lettres de Desmarets décachetées" Graffigny 177-180

252. 20 janvier 1739. Frédéric, P.R. de Prusse à V. "Quelque démon malicieux" K et D 1:237-245

253. 22 janvier 1739. Trublet à V. "J'ai en horreur" Jacquart 1-3
254. 22 janvier [1739]. Mme de Graffigny à Devaux. "Je n'ai point reçu hier de vos nouvelles" Graffigny 181
255. 24 janvier [1739]. Mme de Graffigny à Devaux. "Mes yeux" Graffigny 182
256. 26 janvier [1739]. Mme de Graffigny à Devaux. "Ma patience" Graffigny 186-188
257. 27 janvier 1739. Frédéric, P.R. de Prusse à V. "Subitement d'un vol rapide" K et D 1:245-248
258. 29 janvier [1739]. Mme de Graffigny à Devaux. "Je reçus hier deux de vos lettres, mon cher Panpan" Graffigny 189-194
259. 31 janvier [1739]. Mme de Graffigny à Devaux. "Il est" Graffigny 195
260. 2 février [1739]. Mme de Graffigny à Devaux. "Desmarets arriva hier à onze heures du matin" Graffigny 200-201
261. 3 février 1739. Frédéric, P.R. de Prusse à V. "Mon cher ami, vous recevez mes ouvrages avec" K et D 1:248-251
262. [Premiers jours de] février [1739]. Mme de Graffigny à Devaux. "Je n'ai pas encore trouvé un moment pour t'écrire" Graffigny 231-232
263. 5 février [1739]. Mme de Graffigny à Devaux. "J'avais oublié lundi de vous mander, mon cher" Graffigny 202-204
264. [7 février 1739]. Mme de Graffigny à Devaux. "Quelque tard et quelque fatiguée que je sois, mon ami" Graffigny 205-206
265. 8 février 1739. Richelieu à V. "Ce livre est bien ridicule et bien plat" Desnoiresterres 1:45-46
266. [8 février 1739]. Mme de Graffigny à Devaux. "J'ai la tête si troublée de comédies" Graffigny 232-233
267. [9 février 1739]. Mme de Graffigny à Devaux. "Je saisis un moment où Madame du Châtelet" Graffigny 207-210
268. 15 février 1739. V. à Frédéric, P.R. de Prusse. "Monseigneur, j'ai reçu les étrennes" K et D 1:251-253
269. 26 février 1739. V. à Frédéric, P.R. de Prusse. "O nouvelle effroyable ! ô tristesse profonde !" K et D 1:253-256
270. 28 février 1739. V. à Frédéric, P.R. de Prusse. "Monseigneur, je reçois la lettre de Votre Altesse Royale" K et D 1:256-257
271. Février 1739. Mme de Graffigny à Devaux. "Jusqu'ici, mon cher ami, je n'ai osé laisser sortir" Graffigny 211-231
272. 8 mars 1739. Frédéric, P.R. de Prusse à V. "Mon cher ami, depuis la dernière lettre" K et D 1:257-260
273. 22 mars 1739. Frédéric, P.R. de Prusse à V. "Mon cher ami, je me suis précipité furieusement" K et D 1:260-261
274. 1er avril 1739. Algarotti à V. "Me voilà à Londres après avoir été bien près du pôle" Opere Algarotti 16:73-75
275. 15 avril 1739. Frédéric, P.R. de Prusse à V. "J'ai été sensiblement attendri du récit touchant" K et D 1:261-263
276. 15 avril 1739. Frédéric, P.R. de Prusse à V. "Quel monstre" K et D 1:263-264

277. 15 avril 1739. V. à Frédéric, P.R. de Prusse. "Monseigneur, en attendant votre *Nisus et Euryale*" K et D 1:264-268

278. 25 avril 1739. V. à Frédéric, P.R. de Prusse. "Monseigneur, j'ai donc l'honneur d'envoyer" K et D 1:268-270

279. [début mai 1739 ?] ce samedi. V. à [la comtesse de Neuville]. "Me voilà encore, Madame, très près" *RHL* 13:335. 1906

280. 11 mai 1739. Thiriot à Frédéric, P.R. de Prusse. "Monseigneur, Depuis que j'ai eu l'honneur" Mangold, *Voltairiana inedita* 82-85

281. 16 mai 1739. Frédéric, P.R. de Prusse à V. "Mon cher ami, j'ai reçu deux de vos lettres" K et D 1:270-273

282. 30 mai [1739]. V. à Frédéric, P.R. de Prusse. "Monseigneur, en partant de Bruxelles, j'ai reçu" K et D 1:273-274

283. [Le 1er juin 1739]. Frédéric, P.R. de Prusse à V. "Mon cher ami, je n'ai qu'un moment à moi" K et D 1:274-275

284. 20 juin 1739. Marquis d'Argenson à V. "J'ay reçü, monsieur, votre lettre du 4 de ce mois" Nisard 128-131

285. 26 juin 1739. Frédéric, P.R. de Prusse à V. "Mon cher ami, je souhaiterais beaucoup" K et D 1:277-280

286. 26 juin 1739. Keyserling à V. "Vous sentez bien" K et D 1:280

287. [Juin 1739]. V. à Frédéric, P.R. de Prusse. "Monseigneur, en revenant de ces tristes terres" K et D 1:276-277

288. 7 juillet 1739. Frédéric, P.R. de Prusse à V. "Mon cher ami, j'ai reçu l'ingénieux *Voyage du baron*" K et D 1:280-282

289. 7 juillet 1739. Marquis d'Argenson à V. "Quelque chose me dit, monsieur, qu'il y a actuellement" Nisard 135-138

290. 27 juillet 1739. Frédéric, P.R. de Prusse à V. "Mon cher ami, nous voici enfin arrivés" K et D 1:284-285

291. [Juillet 1739]. V. à Frédéric, P.R. de Prusse. "Monseigneur, Emilie et moi, chétif, nous avons reçu" K et D 1:282-284

292. 9 août 1739. Frédéric, P.R. de Prusse à V. "Sublime auteur, ami charmant" K et D 1:287-290

293. 12 août 1739. V. à Frédéric, P.R. de Prusse. "Monseigneur, j'ai pris la liberté d'envoyer" K et D 1:290-292

294. 15 août 1739. Frédéric, P.R. de Prusse à V. "Enfin, hors du piége trompeur" K et D 1:292-294

295. [Août 1739]. V. à Frédéric, P.R. de Prusse. "Ce nectar jaune de Hongrie" K et D 1:286-287

296. 9 septembre 1739. Frédéric, P.R. de Prusse à V. "Mon cher ami, j'ai reçu deux de vos lettres à la fois" K et D 1:294-300

297. Septembre 1739. V. à Frédéric, P.R. de Prusse. "Monseigneur, j'ai reçu à Paris" K et D 1:300-302

298. 10 octobre 1739. Frédéric, P.R. de Prusse à V. "Mon cher ami, j'avais cru avec le public" K et D 1:302-305

299. 10 octobre 1739. Keyserling à V. "Quoique rien ne saurait être ajouté aux sentiments" K et D 1:305

300. 18 octobre 1739. V. à Frédéric, P.R. de Prusse, "Monseigneur, je renvoie à Votre Altesse Royale" K et D 1:306-307

301. 6 novembre 1739. Frédéric, P.R. de Prusse à V. "Mon cher ami, j'ai été aussi mortifié" K et D 1:310-311
302. [Novembre 1739]. V. à Frédéric, P.R. de Prusse. "Votre Altesse Royale prend" K et D 1:312
303. Novembre 1739. V. à Frédéric, P.R. de Prusse. "Brûlez votre vaisseau" K et D 1:308-310
304. 4 décembre 1739. Frédéric, P.R. de Prusse à V. "Mon cher ami, vous me promettez" K et D 1:313-315
305. 28 décembre 1739. V. à Frédéric, P.R. de Prusse. "Monseigneur, que souhaiter à Votre Altesse Royale" K et D 1:316-317
306. Ce 10 [1739 ?]. V. à [la comtesse de Neuville]. "Je suis inconsolable, Madame" *RHL* 13:334. 1906
307. Ce mercredi [1739 ?]. V. à [la comtesse de Neuville]. "La première chose que je voudrais" *RHL* 13:334-335. 1906
308. [1739]. V. à Hérault. " . . .Encore une fois, il faut que je vous importune" *V et la police* 183. Bengesco, *Bibl* 3:334

1740

309. 6 janvier 1740. Frédéric, P.R. de Prusse à V. "Mon cher Voltaire, j'ai différé à vous écrire" K et D 1:317-319
310. 10 janvier 1740. Frédéric, P.R. de Prusse à V. "Pour avoir illustré la France" K et D 1:319-323
311. 26 janvier 1740. V. à Frédéric, P.R. de Prusse. "Monseigneur, j'ai reçu vos chapitres de l'*Antimachiavel*" K et D 1:323-326
312. 3 février 1740. Frédéric, P.R. de Prusse à V. "Mon cher ami, je vous aurais répondu plus tôt" K et D 1:326-327
313. 23 février 1740. V. à Frédéric, P.R. de Prusse. "Monseigneur, je ne reçus que le 20 le paquet" K et D 1:327-329
314. 26 février 1740. Frédéric, P.R. de Prusse à V. "Mon cher Voltaire, je ne puis répondre" K et D 1:330-331
315. 29 février 1740. V. à S'Gravesande. "Je n'ay reçu, Monsieur, qu'à mon dernier voiage" *RHL* 14:553-554. 1907
316. 10 mars 1740. V. à Frédéric, P.R. de Prusse. "Quoi ! tout prêt à tenir les rênes d'un empire" K et D 1:331-333
317. 18 mars 1740. Frédéric, P.R. de Prusse à V. "Mon cher Voltaire, vous m'avez obligé véritablement" K et D 1:334-335
318. 23 mars 1740. Frédéric, P.R. de Prusse à V. "Ne crains point que les dieux, ni le sort, ni l'empire" K et D 1:335-338
319. [Mars 1740]. V. à Frédéric, P.R. de Prusse. "Monseigneur, il nous arrive dans le moment" K et D 1:333
320. 6 avril 1740. V. à Frédéric, P.R. de Prusse. "Monseigneur, j'ai reçu le paquet du 18 mars" K et D 1:338-340
321. 15 avril 1740. Frédéric, P.R. de Prusse à V. "Mon cher Voltaire, votre *Dévote* est venue" K et D 1:340-341
322. 26 avril 1740. Frédéric, P.R. de Prusse à V. "Mon cher Voltaire, j'ai reçu les galions de Bruxelles" K et D 1:344
323. [Avril 1740]. V. à Frédéric, P.R. de Prusse. "Monseigneur, votre idée" K et D 1:341-344. Droysen et Caussy 47-49

324. 3 mai 1740. Frédéric, P.R. de Prusse à V. "Mon cher Voltaire, il faut avouer que vos rêves" K et D 1:345-348

325. 18 mai 1740. Frédéric, P.R. de Prusse à V. "Je ne décide point" K et D 1:351-355

326. [Mai 1740]. V. à Frédéric, P.R. de Prusse. "Monseigneur, On vous dit" K et D 1:348-351

327. 1er juin [1740]. V. à Frédéric, P.R. de Prusse. "Monseigneur, ma destinée est de devoir à Votre Altesse" K et D 1:355-357

328. 6 juin 1740. Frédéric II à V. "Mon cher ami, mon sort a changé, et j'ai assisté" K et D 2:1

329. [12 ? juin 1740]. V. à Frédéric II. "Enfin voici le jour" K et D 2:2-3

330. 12 juin 1740. Frédéric II à V. "Non, ce n'est plus" K et D 2:3-4

331. 18 juin 1740. V. à Frédéric II. "Sire, si votre sort" K et D 2:5-7

332. 21 juin 1740. Frédéric II à V. "Mon cher ami, celui qui vous rendra cette lettre" K et D 2:7-8

333. 27 juin 1740. Frédéric II à V. "Mon cher Voltaire, vos lettres me font toujours un plaisir" K et D 2:8-11

334. [Juin 1740]. V. à Frédéric II. "Lorsque autrefois" K et D 1:357-361

335. 20 juillet 1740. V. à Frédéric II. "Tandis que" K et D 2:16-18

336. 29 juillet 1740. Frédéric II à V. "Mon cher ami, des voyageurs qui reviennent" K et D 2:19-21

337. [Juillet 1740]. V. à Frédéric II. "Sire, dans cette troisième lettre, je demande" K et D 2:18-19

338. [Juillet 1740]. V. à Frédéric II. "Sire, Hier vinrent" K et D 2:13-15

339. Juillet 1740. V. à Frédéric II. "Quoi ! Vous êtes" K et D 2:11-13

340. Juillet 1740. V. à Frédéric II. "Mon culte" Droysen et Caussy 49

341. 2 août 1740. Frédéric II à V. "Mon cher Voltaire, j'ai reçu trois de vos lettres" K et D 2:21-22

342. 3 août 1740. Frédéric II à V. "Mon cher ami, je me conforme entièrement" K et D 2:22

343. 8 août 1740. Frédéric II à V. "Mon cher Voltaire, je crois que van Duren vous coûte" K et D 2:22-23

344. 21 août 1740. V. à S'Gravesande. "Voulez-vous, mon cher monsieur, avoir la bonté" RHL 14:554. 1907

345. 22 août 1740. V. à Frédéric II. "Ce sera donc" K et D 2:23-24

346. 26 août 1740. V. à Frédéric II. "Le voilà" K et D 2:25

347. 1er septembre 1740. V. à Frédéric II. "Sire, mon roi est à Clèves; une petite maison" K et D 2:26-27

348. 2 septembre 1740. Frédéric II à V. "Mon cher Voltaire, j'ai reçu à mon arrivée trois lettres" K et D 2:27-28

349. 5 septembre 1740. Frédéric II à V. "De votre passeport" K et D 2:32-33

350. 6 septembre 1740. Frédéric II à V. "Mon cher Voltaire, il faut, malgré que j'en aie" K et D 2:33-34

351. 22 septembre 1740. V. à Frédéric II. "Oui, le monarque" K et D 2:35-36

352. Septembre 1740. Frédéric II à V. "Je viens de finir un voyage entremêlé d'aventures" K et D 2:28-32

353. 1er octobre 1740. Algarotti à V. "Si vales, bene est, ego quidem valeo" *Opere Algarotti* 16:76-77

354. 6 octobre 1740. Frédéric II à V. "Nonobstant tous" K et D 2:36-38

355. 7 octobre 1740. V. à Frédéric II. "Sire, j'oubliai" K et D 2:38-39

356. 12 octobre 1740. V. à Frédéric II. "Sire, Votre Majesté est d'abord suppliée de lire" K et D 2:40-42

357. 12 octobre 1740. Frédéric II à V. "Ami, j'ai cru mourir" K et D 2:42-44

358. [12 octobre ? 1740]. Frédéric II à V. "C'est ce que" K et D 2:44-45

359. 13 octobre 1740. V. à Frédéric II. "Sire, Notre humanité ne recevra point, cet ordinaire" K et D 2:45-47. *ZFSL* 7:76-79. 1885

360. 17 octobre 1740. V. à Frédéric II. "Bientôt à Berlin" K et D 2:47-49

361. 21 octobre 1740. Frédéric II à V. "Mon cher Voltaire, je vous suis mille fois obligé" K et D 2:49-52

362. 25 octobre 1740. V. à Frédéric II. "Ombre aimable" K et D 2:52-54

363. 26 octobre 1740. Frédéric II à V. "Mon cher Voltaire, l'évènement le moins prévu" K et D 2:54

364. 31 octobre 1740. V. à Frédéric II. "Sire, Les plus grandes époques suivent de près" K et D 2:55-58

365. [Octobre 1740]. V. à Frédéric II. ". . . le premier et l'unique moyen d'empêcher" Droysen et Caussy 49-50

366. 3 novembre 1740. V. à Frédéric II. "Il tombe" K et D 2:58-60

367. 7 [novembre] 1740. Frédéric II à V. "L'amant favori" K et D 2:60-63

368. 11 novembre 1740. V. à Frédéric II. "Dans un chemin" K et D 2:63-64

369. 14 novembre 1740. Cardinal de Fleury à V. "Vous me feriez tort, monsieur, si vous aviez pu penser" Dupont 11-13

370. 28 novembre 1740. V. à Frédéric II. "Puisque Votre Humanité aime la petite écriture" K et D 2:65-67

371. [fin novembre] 1740. V. à Frédéric II. ". . . Je vous quitte, il est vrai ; mais mon coeur déchiré" K et D 2:69

372. [Novembre 1740]. Frédéric II à V. "Voici les vers" K et D 2:68

373. [Novembre 1740]. Frédéric II à V. "Correcteur" K et D 2:67

374. [Novembre 1740]. V. à Frédéric II. "Non, malgré vos vertus, non, malgré vos appas,- Mon âme n'est point satisfaite" K et D 2:67

375. 1er décembre [1740]. V. à Frédéric II. "J'ai vu la beauté languissante,- Qui par lettres me consulta" K et D 2:70-71

376. [1er décembre 1740]. V. à Frédéric II. "Adieu grand homme, adieu coquette,- Esprit sublime et séducteur" K et D 2:69-70

377. 6 décembre 1740. V. à Frédéric II. "O détestable Westphalie ! - Vous n'avez chez vous ni vin frais" K et D 2:71-73

378. 15 décembre 1740. V. à Frédéric II. "Grand roi, je vous l'avais prédit" K et D 2:73-74

379. 23 décembre 1740. Frédéric II à V. "Mon cher Voltaire, j'ai reçu deux de vos lettres" K et D 2:74-75

380. 31 décembre 1740. V. à Frédéric II. "Sire, Vous en souviendrez-vous, grand homme que vous êtes" K et D 2:75-77

381. [Décembre 1740]. V. à Frédéric II. "Sire, je ressemble à présent aux pélerins de la Mecque" K et D 2:78-82

1741

382. 28 janvier 1741. V. à Frédéric II. "M. de Keyserlingk" K et D 2:82-85

383. 31 janvier 1741. Frédéric II à V. "Mon cher Voltaire, vous croyez qu'on fait des vers" K et D 2:85-86

384. 20 février 1741. V. à Théodore Tronchin. "Je suis obligé, monsieur d'avoir recours à vous" *V aux Tronchin*

385. 25 mars 1741. V. à Frédéric II. "A moi, Gresset ! soutiens" K et D 2:86-87

386. 9 avril 1741. V. à Frédéric II. "Non il n'est point ingrat ; c'est moi qui suis injuste" K et D 2:87-88

387. 16 avril 1741. Frédéric II à V. "Je connais" K et D 2:88-89

388. 20 avril 1741. V. à Frédéric II. "Eh bien, mauvais plaisants" K et D 2:90-91

389. 2 mai 1741. Frédéric II à V. "De cette ville" K et D 2:92

390. 5 mai 1741. V. à Frédéric II. "Je croyais autrefois" K et D 2:93-94

391. 13 mai 1741. Frédéric II à V. "Les gazettes de Paris" K et D 2:94-95

392. 1er juin 1741. V. à Frédéric II. "Rentrez un peu, Sire, en vous-même" *Correspondant* 244:654-657. 1911. Droysen et Caussy 51-53

393. 2 juin 1741. Frédéric II à V. "Vous qui possédez" K et D 2:95-96

394. 25 juin 1741. Frédéric II à V. "Du grand et bruyant" K et D 2:96-98

395. 29 juin 1741. V. à Frédéric II. "Sire, chacun son lot" K et D 2:99-101

396. 22 juillet 1741. Frédéric II à V. "De votre colombier" K et D 2:101-102

397. 3 août 1741. V. à Frédéric II. "Grand roi, dont l'immense génie" K et D 2:103-105

398. 13 août 1741. V. à M. Philippe. "J'ai reçu, monsieur, votre lettre du 2 d'août" *Correspondant* 244:657-658. 1911

399. 24 août 1741. Frédéric II à V. "De tous les monstres" K et D 2:106-107

400. 29 août 1741. Seguy à Mme du Châtelet. "Vous auriez eu par moi, madame, le programme" *RHL* 9:586. 1902

401. 1er septembre 1741. Frédéric II à V. "Voltaire, vous n'y pensez pas" K et D 2:108-109

402. 25 septembre 1741. Seguy à V. "Vous consentez à réparer le mal que vous avez fait" *RHL* 9:588. 1902

403. 27 septembre 1741. Seguy à Mme du Châtelet. ". . . Je sens combien la démarche" *RHL* 9:589. 1902

404. [Début octobre 1741]. Seguy à V. "J'ai reçu" *RHL* 9:589-590. 1902

405. 14 oct 1741. Seguy à Mme du Châtelet. "Madame, je doute" *RHL* 9:591-592. 1902

406. 25 octobre 1741. Seguy à Mme du Châtelet. "Madame, je donnerais la moitié de ma vie" *RHL* 9:592. 1902

407. 2 novembre 1741. Frédéric II à V. "Enfin, quittant de Mars les sanguinaires champs,- Je revole vers mon asile" K et D 2:109-111

408. 17 novembre 1741. V. au marquis d'Argenson. "Je suis venu chez M. le marquis d'Argenson" Bengesco, *Bibl* 3:300

409. 29 novembre 1741. Frédéric II à V. "Mon cher Voltaire, Il est arrivé un malheur" K et D 2:111-112

410. 22 décembre 1741. V. à Frédéric II. "Toi qui dans ton ellipse" K et D 2:112-115. *ZFSL* 7:87-88. 1885

1742

411. 8 janvier 1742. Frédéric II à V. "Mon cher Voltaire, je vous dois deux lettres" K et D 2:116-117

412. 13 janvier 1742. V. à Walther. "J'ai tâché surtout de rendre ce livre utile aux jeunes gens" Ebert 1:123

413. [Janvier 1742]. V. à Frédéric II. ". . . Lorsque, pour tenir la balance" K et D 2:115-116

414. 3 février 1742. Frédéric II à V. "Mon cher Voltaire, le démon qui m'a promené" K et D 2:117-118

415. 23 mars 1742. Frédéric II à V. "Mon cher Voltaire, je crains de vous écrire" K et D 2:118-120

416. [Mars 1742]. V. à Frédéric II. "Pendant que j'étais malade" K et D 2:120-122

417. 12 avril 1742. Frédéric II à V. "C'est ici que" K et D 2:122-124

418. 15 mai 1742. V. à Frédéric II. "Quand vous aviez" K et D 2:124-126

419. 26 mai 1742. V. à Frédéric II. "Le Salomon du Nord" K et D 2:126-128

420. 9 juin 1742. Frédéric II à V. "J'étais né pour les arts" K et D 2:128-129

421. 16 juin 1742. V. à M. Charlier. "J'ai appris avec bien de la sensibilité la perte" Gastineau 345-346

422. 18 juin 1742. Frédéric II à V. "Les palmes de la paix" K et D 2:130-131

423. 20 juin 1742. Frédéric II à V. "Enfin ce Borcke" K et D 2:131-132

424. [Juin] 1742. V. à Frédéric II. "Sire, me voilà" K et D 2:132-133

425. [Juin ?] 1742. V. à MM. les Auteurs du Journal des Savants. "Messieurs, Ayant vu dans le journal l'extrait" *RHL* 22:233-235. 1915

426. 25 juillet 1742. Frédéric II à V. "Mon cher Voltaire, je vous paye à la façon" K et D 2:137-139

427. 25 juillet 1742. Frédéric II à V. "Dites, jusques à" K et D 2:139-143

428. Juillet 1742. V. à Frédéric II. "Sire, j'ai reçu des vers et de
      très jolis vers" K et D 2:134-135
429. [Juillet 1742]. V. à Frédéric II. "O le plus extraordinaire de tous
      les hommes" K et D 2:135-137
430. 7 août 1742. Frédéric II à V. "Mon cher Voltaire, vous me dites
      poétiquement" K et D 2:143-145
431. 13 août 1742. Guillaume-François Joly de Fleury à Marville. "Vous
      jugez bien, Monsieur" *Lettres Marville* 1:62-63
432. 14 août 1742. Marville à Maurepas. "Suivant vos conseils, j'ai
      été trouver hier" *Lettres Marville* 1:61-62
433. 15 août 1742. Marville à Maurepas. "Recevez tous mes remercie-
      ments de la diligence" *Lettres Marville* 1:64-65
434. 26 août 1742. Frédéric II à V. "De la source" K et D 2:145
435. 29 août [1742]. V. à Frédéric II. "Après votre" K et D 2:145-147
436. 2 septembre 1742. Frédéric II à V. "Je ne sais rien" K et D
      2:147-148
437. 6 septembre 1742. Frédéric II à V. "*Federico Virgilio*, salut. Je
      suis arrivé ici dans la" K et D 2:149-150
438. 2 [octobre] 1742. V. à Frédéric II. "Vous laissez" K et D 2:150-152
439. 13 octobre 1742. Frédéric II à V. "J'étais justement" K et D
      2:152-154
440. [Octobre-novembre] 1742. V. à Frédéric II. "Les vers" K et D 2:158
441. 4 nov 1742 V. à Frédéric II. "Du chaos de l'histoire" K et D
      2:154-156
442. 14 nov 1742. V. à Frédéric II. "Du cahos de l'histoire" *ZFSL*
      7:89-90. 1885
443. 15 novembre 1742. Frédéric II à V. "J'ai vu" K et D 2:159-160
444. Novembre 1742. V. à Frédéric II. "Sire, je suis bien" K et D
      2:156-158
445. 5 décembre 1742. Frédéric II à V. "Au lieu de votre *Pucelle* et de
      votre belle *Histoire*" K et D 2:161-162
446. [9 décembre 1742]. Frédéric II à V. "Mon cher Voltaire, j'ai
      oublié de vous envoyer" K et D 2:162-163
447. 17 décembre 1742. V. à Maurepas. [V. demande une justice] "un
      peu expéditive" Desnoiresterres 2:346
448. 18 décembre 1742. Maurepas à Marville. "Je vous envoye, mon-
      sieur, une lettre" Desnoiresterres 2:346
449. 19 décembre 1742. Marville à Maurepas. "Je vous renvoie la
      lettre de M. de Voltaire" *Lettres Marville* 1:98-99
450. 24 décembre 1742. Tillet de Pannes à Marville. "L'autheur de sa
      détention est Voltaire" Desnoiresterres 2:349
451. [Décembre 1742]. V. à Frédéric II. "J'ai reçu votre lettre
      aimable,- Et vos vers fins et délicats" K et D 2:163-165
452. Dimanche [1742 ?]. V. à Mme Dupin. "Je vous remercie très
      humblement" *Portefeuille Dupin* 307. Bengesco, *Bibl* 3:319

1743

453. [18 février 1743]. V. à Maurice Quentin de La Tour. "M. de Voltaire arrive de la campagne et part pour Versailles" *MLN* 47:214. 1932

454. [Mars 1743]. Frédéric II à V. "Nous avons dit hier" K et D 2:165-166

455. 6 avril 1743. Frédéric II à V. "Mon cher Voltaire, vous me comblez de biens" K et D 2:166-167

456. 15 avril 1743. Mme du Châtelet à Mme de Neuville. "J'ai l'honneur de vous donner part" *RHL* 13:336. 1906

457. 21 mai 1743. Frédéric II à V. "Depuis quand" K et D 2:167-169

458. Mai 1743(?). V. à Cideville. "J'y étais, j'étais hier chez moy; j'étais au lit" *Bull Hist Phil.* 1894, p. 353

459. [Entre janvier et juin 1743]. V. à Cideville. "j'y étois, j'étois hier chez moy, j'étois au lit" *Grande R* 135:448. 1931

460. 15 juin 1743. Frédéric II à V. "Lorsqu'à Paris" K et D 2:169-171

461. 25 juin 1743. Frédéric II à V. "Oui, votre mérite" K et D 2:174-175

462. 28 juin 1743. V. à Frédéric II. "Sous vos magnifiques" K et D 2:175-176

463. [Juin] 1743. V. à Frédéric II. "Grand roi, j'aime fort" K et D 2:171-174

464. 3 juillet 1743. Frédéric II à V. "Je vous envoie" K et D 2:176-177

465. 12 juillet 1743. Maurepas à Marville. "La proposition de M. de Crébillon, de corriger" *Lettres Marville* 1:128-129

466. 13 juillet 1743. V. à Frédéric II. "Mon roi, je n'ai pas l'honneur d'être" K et D 2:177-178

467. 15 juillet 1743. Maurepas à Crébillon. "Vous n'avez rien à craindre, Monsieur, en faisant" *Lettres Marville* 1:129-130

468. 23/24 juillet 1743. V. à Frédéric II. "Ce joyau" K et D 2:179-180

469. 24 juillet 1743. Frédéric II à V. "Combien mon importun lutrin" Droysen et Caussy 53-54

470. 20 août 1743. Frédéric II à V. "Je ne suis arrivé ici que depuis deux jours" K et D 2:181-182

471. 21 août 1743. Maurepas à Crébillon. "Comme je ne vois point venir de réponse" *Lettres Marville* 1:137-138

472. 24 août 1743. Abbé de la Ville à V. "Je ne diffère" *Grande R* 65:555. 1911

473. 24 août 1743. Frédéric II à V. "Tous ces complots" K et D 2:183-185

474. 31 août 1743. Maurepas à Mme du Châtelet. "Les soins que je me suis donnés, Madame, pour faire jouer" *Grande R* 65:556. 1911

475. 7 septembre 1743. Frédéric II à V. "Vous me dites tant de bien de la France" K et D 2:191-192

476. 8 septembre [1743]. Frédéric II à V. "Je n'ose parler à un fils d'Apollon de chevaux" K et D 2:193

477. 21 septembre 1743. Podewils à V. "Monsieur, Je ne saurais m'accoutumer" *Grande R* 65:674-675. 1911

478. 27-29 sept. 1743. V. à Frédéric II. "Chasot qui voyage" K et D 2:194-196
479. [Septembre ? 1743]. Frédéric II à V. "A cet esprit" K et D 2:187
480. [Septembre ? 1743]. Frédéric II à V. "Quand vous faites" K et D 2:186
481. [Septembre 1743]. Frédéric II à V. "Enfin, puisqu'il" K et D 2:185-186
482. [Septembre 1743]. V. à Frédéric II. "Héros fameux" K et D 2:186
483. [Septembre 1743]. V. à Frédéric II. "A mon héros ! - Pour bien guérir la fièvre étique" K et D 2:185
484. 7 octobre 1743. Frédéric II à V. "Je reçois vos propositions à bras ouverts. La France" K et D 2:196-197
485. [11 octobre 1743]. Princesse Ulrique à V. "C'est pour vous faire part, monsieur" K et D 2:200-201
486. 28 oct 1743. V. à Frédéric II. "Sire, vous voyagez" K et D 2:203-206
487. Octobre 1743. V. à la princesse Ulrique. "Souvent un peu" K et D 2:200
488. [Octobre 1743]. V. à Frédéric II. "Génie universel, âme sensible et ferme" K et D 2:199
489. [Octobre 1743]. Frédéric II à V. "C'est vous qui" K et D 2:197-199
490. [Octobre 1743]. Frédéric II à V. "J'ai bien cru" K et D 2:202-203
491. 6 novembre 1743. V. à Podewils. "Héros en sentiment, en affaire, en tendresse" *Grande R* 65:677-678. 1911
492. 7 novembre 1743. Maurepas à V. "Quelque empressement qu'on ait de vous voir" *Lettres Marville* 1:152-153
493. 14 novembre 1743. Frédéric II à V. "Dites enfin sincèrement,- Quitterez-vous bien sûrement" K et D 2:206-207
494. 15 novembre 1743. Louis XV à Marville. "M. de Marville étant informé que le nommé Didot" *Lettres Marville* 1:153
495. 16 novembre 1743. V. à Frédéric II. "Est-il vrai" K et D 2:207-209
496. 23 novembre [1743]. V. à Podewils. "En arrivant à Paris, mon charmant ministre" *Grande R* 65:676-677. 1911
497. 4 déc. 1743. Frédéric II à V. "La peau de ce guerrier" K et D 2:209-211
498. 10 décembre 1743. Podewils à V. "Je voudrais" *Grande R* 65:678-679. 1911
499. 12 décembre 1743. V. à ? "Mon cher et respectable correspondant, il vous arrivera un gros paquet" *Intermédiaire* 45:606. 20 avril 1902
500. 14 décembre [1743]. V. à Amelot. "Je me doute" *Grande R* 65:679-680. 1911
501. 16 décembre 1743. [Amelot?] à V. "J'ai reçu" Dupont 63-64
502. 19 [décembre 1743]. V. à Podewils. "Vous devez recevoir" *Grande R* 65:680. 1911
503. 19 [décembre 1743]. V. à Podewils. "Mandez-moi donc" *Grande R* 65:679. 1911
504. [1743]. V. à Frédéric II. "O fils aîné" K et D 2:203

505. 1743. V. à Frédéric II. "Votre Majesté aurait-elle" K et D 2:187-191

506. [1743?]. V. à Cideville. "Voulez-vous" *Bull Hist Phil* 354. 1894

1744

507. 7 janvier 1744. V. à la princesse Ulrique. "Princesse qui donnez la loi" *Grande R* 65:681. 1911

508. 7 janvier 1744. V. à Frédéric II. "Sire, je reçois" K et D 2:211-212

509. 9 [janvier 1744]. V. à Podewils. "Enfin donc" *Grande R* 65:681-682. 1911

510. 15 janvier 1744. V. à Amelot. "Voici, Monseigneur" Broglie 2:427

511. 24 janvier 1744. Martin à Amelot. "Monseigneur, je sors" Broglie 2:427-429

512. 25 janvier 1744. Martin à Amelot. "Monseigneur, Puisque" Broglie 2:429-431

513. 28 [janvier 1744]. V. à Podewils. "Il faut que j'aie mal daté la lettre que vous avez reçue" *Grande R* 65:683. 1911

514. [Janvier? 1744]. V. à Amelot. "Il y a longtemps" *Grande R* 65:682-683. 1911

515. 3 [février 1744]. V. à Podewils. "En vous remerciant, homme adorable, de vos pièces d'éloquence" *Grande R* 65:684-685. 1911

516. 10 février [1744]. V. à Podewils. "Je crois, mon cher et respectable ami, que le Prétendant" *Grande R* 65:686. 1911

517. 21 [février 1744]. V. à Podewils. "Le projet en faveur du fils aîné du chevalier de Saint Georges" *Grande R* 65:686. 1911

518. 25 février 1744. V. à Podewils. "Votre ami, Monsieur, a eu l'honneur de vous envoyer" *Grande R* 65:686. 1911

519. 28 février [1744]. V. à Podewils. "Le jeudi 20, la flotte française est sortie du port de Toulon" *Grande R* 65:687. 1911

520. [Février ? 1744]. V. à Norberg. "Souffrez, monsieur, qu'ayant entrepris" *Lettre à M. Norberg* 1-16. Bengesco, *Bibl* 3:7-8

521. 9 [mars 1744?]. V. à Podewils. "On vient d'apprendre par un courier d'Espagne" *Grande R* 65:687. 1911

522. [Février-mars 1744?]. Frédéric II à V. ". . . en avez pour les Prussiens, ce sont des barbares" K et D 2:212

523. 2 avril [1744]. V. à Podewils. "J'ai été bien malade" *Grande R* 65:687-688. 1911

524. 7 avril 1744. Frédéric II à V. "Du faîte de votre Empyrée" K et D 2:213-214

525. 20 avril 1744. V. à Podewils. "Mon cher et illustre ami, voilà le mariage le plus avantageux" *Grande R* 65:690-691. 1911

526. 14 mai [1744]. V. à Podewils. "Vous aurez donc Lia au lieu de Rachel" *Grande R* 65:691-692. 1911

527. 10 juillet [1744]. V. à Podewils. "Je n'ai plus" *Grande R* 65:692. 1911

528. 1er août 1744. V. à Frédéric II. "Ceux qui sont" K et D 2:215-217

529. 2 novembre 1744. V. à Frédéric II. "Du héros de la Germanie,- Et du plus bel esprit des rois" K et D 2:217-220

530. 4 novembre [1744]. V. à Podewils. "Vous êtes si heureux" *Grande R* 65:692-693. 1911

531. 19 [novembre 1744]. V. à Podewils. Cf. 19 [janvier 1745]. V. à Podewils.

532. 8 décembre 1744. V. à Mme Dupin. "Il est juste, Madame, que des ministres" Cf. 8 décembre [1750?].

533. 21 [décembre 1744]. V. à Podewils. "Je me reproche bien, mon adorable ministre" *Grande R* 65:693-694. 1911

534. [1744?]. Maffei à V. "Un esprit comme" *Soc Valenciennes* 160

1745

535. 19 [janvier 1745]. V. à Podewils. "Je vous remercie des vers que vous m'avez envoyés" *Grande R* 65:694-695. 1911. (Plus probablement 19 [novembre 1744]. Cf. *RHL* 19:172. 1912).

536. 21 janvier [1745]. V. à Podewils. "Mon charmant ministre, vous voilà donc légataire universel" *Grande R* 65:695-696. 1911

537. 25 [février 1745]. V. à Podewils. "J'ai reçu votre lettre et vos agréables nouvelles" *Grande R* 65:696. 1911

538. [28 février 1745]. V. à Mme Denis. "Le roy m'a accordé" *L d'Alsace* 27

539. 16 mai 1745. Saint-Hyacinthe à V. "Comment osez-vous dire que la *Déification d'Aristarchus Masso*" Desnoiresterres 2:212-213

540. 7 juin [1745]. Mme de Pompadour à V. "Le Roy vous permet, monsieur, de mettre" *Neophilologus* 20:91. 1934-1935

541. 16 juin 1745. V. à M. d'Usson d'Alion. "Monsieur, Les bontés dont M. le marquis d'Argenson" *Correspondant* 244:658-659. 1911

542. 27 juin 1745. V. à Algarotti. "O l'esercito del duca di Lobkowitz, o l'ammiraglio Martin" *Opere Algarotti* 16:77-79

543. [Juin 1745]. V. à Frédéric II. "Lorsque deux rois" K et D 2:220-221

544. 9 juillet 1745. Maurepas à V. "Avant que d'envoyer votre placet au roi" *Lettres Marville* 2:107

545. 20 août 1745. Maurepas à V. "Est-il possible, Monsieur, qu'avec autant d'esprit" *Lettres Marville* 2:149

546. 15 septembre 1745. Maurepas à Anisson. "M. de Voltaire demande encore cent cinquante exemplaires de son poème" *Lettres Marville* 2:158

547. 30 septembre 1745. V. à d'Argenson. "Je souffre comme un damné, Monseigneur" Bengesco, *Bibl* 3:300

548. 6 octobre 1745. V. à Cideville. "Je vous fais part ici d'une petite lettre du Saint-Père" *Bull Hist Phil* 1894:354

549. 7 novembre 1745. Maurepas à V. "Le roi vient de vous accorder" *Lettres Marville* 2:185

550. 17 [novembre? 1745]. Marquis d'Argenson à V. "Les garnisons de Tournay, d'Endermonde et autres conquestes" Nisard 17-19

551. 11 décembre 1745. J-J Rousseau à V. "Monsieur, Il y a quinze ans que je travaille pour me rendre digne de vos regards" *Corr J J R* 1:275-276

552. 15 décembre 1745. V. à J-J Rousseau. "Vous réunissez, Monsieur, deux talens qui ont toujours été séparés" *Corr J J R* 1:276-277

553. 15 décembre 1745. V. à l'abbé Le Blanc. "On a cru que des inscriptions pour une ville" *Correspondant* 244:660-661. 1911

554. [1745]. V. à Frédéric II (fragment). "Ah! mon prince, c'est grand dommage" K et D 2:221-222

555. [1745]. V. à Cideville. "voulez vous" *Grande R* 135:448. 1931

556. [1745?]. V. à l'abbé Le Blanc. "Mon cher Monsieur, J'étais à Versailles, mais non à la cour" Bengesco, *Bibl* 3:343

1746

557. 4 mai 1746. V. au comte Algarotti. "Scrivete d'amore, mio caro ed illustre" Bengesco, *Bibl* 3:289. *Opere Algarotti* 16:83 (texte inexact; M. André Morize, professeur à Harvard, possède la lettre originale et a eu l'amabilité de nous la communiquer).

558. 28 juin 1746. Bollioud-Mermet à V. "L'honneur que les académies de Lyon se sont procuré" *MLN* 39:481-482. 1924

559. 21 août 1746. Algarotti à V. "At neque" *Opere Algarotti* 16:80-82

560. 3 sept 1746. Algarotti à V. "Con l'occasione" *Opere Algarotti* 16:84-85

561. 19 sept 1746. Algarotti à V. "Non sc" *Opere Algarotti* 16:86-87

562. 22 sept 1746. V. à Frédéric II. "Sire, votre personne" K et D 2:222-224

563. 13 nov 1746. V. à Algarotti. "Non ho voluto" *Opere Algarotti* 16:88-90

564. 14 novembre 1746. V. à Giovanni Borghesi. "La prego di scusar mi, se ho tanto" *Studi Critici Cesareo* 303-304

565. 11 déc 1746. Algarotti à V. "Se cosa alcuna" *Opere Algarotti* 16:91-96

566. 18 décembre 1746. Frédéric II à V. "Le marquis de Paulmi sera reçu comme" K et D 2:224-226

567. 26 décembre 1746. Maurepas à V. "J'ai su par Mme la marquise du Châtelet, Monsieur" *Lettres Marville* 3:91

568. 1746. V. à l'Abbé du Resnel. "Je comptais aller" Bengesco, *Bibl* 3:325

569. [1746?]. V. à Marville. "je suis venu plusieurs fois Monsieur" Bengesco, *Bibl* 3:1

570. [1746?]. Marquis d'Argenson à V. "Je vous remercie" Nisard 23-24

571. [1746?]. V. à Baculard d'Arnaud. "Eh! bien, mon cher enfant, et non plus Monsieur" *L'Am d'autogr* 1868, p. 21

1747

572. [Janvier 1747?]. Le chevalier de L'Huillière à M. de Méré, à Vernay. "On m'averti, mon respequetable oncle, que le roy, insité en aireurs par des malentencionés, gratifie du titre de gentilhomme de sa chambre un cuidam nomé Arouet, de Saint-Lou, fils d'une Domar, qui s'est fait conoître du nom de Voltere" Desnoiresterres 3:121

573. 9 février 1747. V. à Frédéric II. "Sire, eh bien! vous aurez *Sémiramis*; elle n'est" K et D 2:226-228

574. 21 février 1747. V. à Algarotti. "Enfant du Pinde et de Cithère,- Brillant et sage Algarotti" *Opere Algarotti* 16:97-100. Cf. 2 avril 1747

575. 22 février 1747. Frédéric II à V. "Vous n'avez donc point fait votre *Sémiramis*" K et D 2:228-230

576. 7 mars 1747. Maurepas au baron de Tassy. "Le livre des *Pensées philosophiques* a paru pour la première fois" *Lettres Marville* 3:173

577. 9 mars 1747. V. à Frédéric II. "Les fileuses des destinées" K et D 2:230-232

578. 2 avril 1747. V. à Algarotti. "Enfant du Pinde et de Cythère,- Cosi scrivo al mio Pollione" *Opere Algarotti* 16:101-103

579. Mercredy [3 avril 1747, de la main de Cideville]. V. à Cideville. "Mon cher et ancien amy, je vous ay manqué à paris, et je retourne à versailles" *Grande R* 135:448-449. 1931

580. Ce mercredy, 5e avril 1747. V. à Cideville. "Mon cher et ancien amy, Je vous ay manqué à Paris et je retourne à Versailles" *Bull Hist Phil* 1894:354.

581. 24 [avril 1747]. Frédéric II à V. "Vous rendez la Mort si galante,- Et le Tartare si charmant" K et D 2:232-235

582. [Après le 3 janvier 1740, avant le 21 mai 1747]. V. à Marville "Me pardonnerez-vous, monsieur" Delort 2:37-38

583. [Après le 3 janvier 1740, avant le 21 mai 1747]. V. à Marville, Lieutenant-Général de Police. "Je vous renvoie, monsieur, l'indigne et impertinent ouvrage" Delort 2:38 (Delort donne comme date "mars 1732", alors que Marville fut lieutenant général de police du 3 janvier 1740 au 21 mai 1747).

584. [1747?]. V. au comte Algarotti. "Caro ed illustre" Bengesco, *Bibl* 3:289-290

1748

585. 19 janvier 1748. V. à Algarotti. "Ducite ab urbe" *Opere Algarotti* 16:103-104

586. 16 février 1748. V. à Walther. "Gardez-vous bien encore une fois de débiter votre édition par parties" Ebert 1:90

587. 26 février 1748. V. à Walther. "Je reçus, il y a deux jours, les parties des trois volumes" Ebert 1:91

588. 4 juin 1748. V. à Algarotti. "Mi lusingava" *Opere Algarotti* 16:108-110

589. 19 juillet [1748]. V. à Mme Denis. "Ma chère enfant, j'ay compté" *L d'Alsace* 27-28

590. 30 août 1748. V. à Baculard d'Arnaud. "Il est vray que Grand Val a été un peu ivre au potage" *L'Am d'autogr* 1868, p. 21

591. [Fin août 1748?]. Berryer à V. "J'ai été instruit, monsieur, de la grande foule" *V et la police* 211-212

592. [Août 1748?]. Berryer à V. "Quant à l'endroit de votre pièce où le censeur a retranché quelques vers" *V et la police* 204-205

593. 28 septembre [1748]. V. au Cardinal Quirini. "Eminenza, Ho fatto rapprezentare una tragedia nel gusto greco" *V et le cardinal Quirini* 31

594. 14 octobre 1748. V. à l'abbé de Bernis. "En présence de Sa Majesté le roi de Pologne.- Je suis si loin de vous accuser, Monsieur, d'avoir fait" *Correspondant* 244:661. 1911

595. 22 octobre 1748. V. à Walther. "Vous avez fait sagement de n'en tirer que douze cents exemplaires" Ebert 1:91-92

596. [3 novembre 1748]. V. à Baculard d'Arnaud. "J'aprens, dit-il, que l'autheur de *Catilina*" *L'Am d'autogr* 1868, p. 21

597. 19 novembre 1748. V. à Walther. "Comme vôtre édition avec toutes ses fautes" Ebert 1:92

598. 29 novembre 1748. Frédéric II à V. "En vain veux-je" K et D 2:235-238

599. [1748]. Mme de Champbonnin à V. "Le libraire Fournier n'a point d'Henriade" *V et la police* 160

1749

600. 26 janvier 1749. V. à Frédéric II. "Sire, je reçois" K et D 2:240-244

601. [Janvier 1749]. V. à Frédéric II. "Le jeune d'Arnaud" K et D 2:238-240

602. 13 février 1749. Frédéric II à V. "Je reçois avec plaisir deux de vos lettres à la fois" K et D 2:244-248

603. 17 février 1749. V. à Frédéric II. "Sire, ce n'est pas le tout d'être roi" K et D 2:248-249

604. 5 mars 1749. Frédéric II à V. "Il y a de quoi purger toute la France" K et D 2:249-251

605. 13 mars 1749. V. à Cideville. "Vous estes le plus aimable amy qu'il y ait au monde *Bull Hist Phil* 1894:361.

606. [13 mars 1749]. V. à Cideville. "vous êtes le plus aimable amy qu'il y ait au monde" *Grande R* 135:449. 1931

607. 13 mars 1749. Machuel à V. "Je promets jetter au feu, en présence de M. de Prémagny" *Bull Hist Phil* 1894:362

608. 14 mars 1749. V. à Cideville. "Amy Cideville. Vous estes aussy sage qu'essentiel. Je commence par" *Bull Hist Phil* 1894:363

609. [14 mars 1749]. V. à Cideville. "mon cher amy, vous êtes aussi sage qu'essentiel" *Grande R* 135:449-450. 1931

610. 17 mars 1749. V. à Frédéric II. "Sire, cet éternel malade répond à la fois" K et D 2:251-255

611. 19 avril 1749. V. à Frédéric II. "Sire, vous vous plaignez que je vous traite" K et D 2:255-259

612. 15 mai 1749. V. à Frédéric II. "J'aurai l'honneur" K et D 2:259-260

613. 16 mai 1749. Frédéric II à V. "Voilà ce qui s'appelle écrire. J'aime votre franchise" K et D 2:260-261

614. 10 [juin 1749]. Frédéric II à V. "Jamais on n'a fait d'aussi jolis vers pour des" K et D 2:262-263

615. 18 juin 1749. V. à Baculard d'Arnaud. ". . . Amusez-vous donc, si vous pouvez, à *Nanine*" Desnoiresterres 3:287

616. 29 juin 1749. V. à Frédéric II. "Votre muse à propos s'irrite" K et D 2:263-264
617. 15 juillet 1749. Frédéric II à V. "Des lois de l'homicide Mars,- Belle-Isle peut m'instruire en maître" K et D 2:265-266
618. 28 juillet [1749]. V. à Frédéric II. "Sire, Votre Majesté m'a ramené à la poésie" K et D 2:267
619. 14 août 1749. V. au président Hénault. "Nous l'attendons avec impatience, ce présent dont" Bengesco, *Lettres* 47-54
620. 15 août 1749. Frédéric II à V. "Si mes vers" K et D 2:268
621. 17 août 1749. V. à Frédéric II. "Sire! J'ai reçu" K et D 2:269-270
622. 23 août 1749. V. à Mme Denis. "Ma chère enfant, je ne reçois" *L d'Alsace* 29-30
623. 29 août 1749. V. à Mme Denis. "Mais, mon aimable enfant" *L d'Alsace* 30-31
624. 29 août 1749. Allyot à V. "Vous avez à dîner" La Place 2:175-177
625. 31 août 1749. V. à Frédéric II. "Sire, j'ai le bonheur" K et D 2:272-274
626. [Août 1749]. V. à Frédéric II. "Sire, voici une des tracasseries que j'eus" K et D 2:270-272
627. [Août 1749]. V. à Mme Dupin. "Je serois indigne, Madame, de la confiance dont" *Portefeuille Dupin* 321-322
628. [Août 1749?]. V. à Mme Dupin. "Voici l'esquisse" *Portefeuille Dupin* 322
629. 4 septembre [1749]. V. à Hénault. "Je relis le *Bréviaire des Français*, je remercie" *Hénault* 413-416
630. 4 septembre 1749. Frédéric II à V. "Je reçois votre *Catilina*, dont il m'est" K et D 2:274-276
631. [4 septembre 1749]. V. à Mme Denis. "Mon aimable enfant, je ne vous ay" *L d'Alsace* 31
632. [4 septembre? 1749]. V. à la duchesse du Maine. "Madame du Chatelet, Madame, m'ordonne" *Mém Acad Caen* 192-193. 1885
633. 10 septembre [1749]. V. à Mme Denis. "Ma chère enfant, je viens" *L d'Alsace* 32
634. 17 septembre [1749]. V. à Mme Denis. "Mon cher coeur, j'ay *L d'Alsace* 32-33
635. 23 septembre [1749]. V. à Mme Denis. "Vous me donnez" *L d'Alsace* 33-34
636. 29 septembre 1749. V. à Walther. "Je vous envoye des pièces curieuses que j'ai recouvrées" Ebert 1:94
637. 29 sept [1749]. V. à Mme Denis. "Toutes vos lettres" *L d'Alsace* 34-36
638. 30 [septembre 1749]. V. à Mme Denis. "Ma chère enfant, je compte" *L d'Alsace* 36-37
639. 5 octobre [1749]. V. à Mme Denis. "Ma chère enfant, je vous dirai premièrement" *L d'Alsace* 37-38
640. 15 octobre 1749. V. à Frédéric II. "Sire, je viens" K et D 2:276-278
641. 10 novembre 1749. V. à Frédéric II. "Sire, j'ai reçu, presque à la fois, trois lettres de" K et D 2:278-280

642. 17 novembre 1749. V. à Frédéric II. "Sire, voilà *Sémiramis*, en attendant *Rome sauvée*" K et D 2:281

643. 25 novembre 1749. Frédéric II à V. "D'Olivet me foudroie, à ce que je vois. Je suis plus" K et D 2:281-283

644. 25 novembre 1749. Lemercier et Lambert à V. Résumé de la lettre. *RHL* 16:799. 1909

645. 27 novembre [1749]. V. à Frédéric II. "Ceci n'est guère digne de Votre Majesté" K et D 2:283

646. 4 décembre 1749. Destouches aux Comédiens français. "Messieurs, vous êtes témoins de mes égards pour M. de Voltaire" *RHL* 14:690-691. 1907

647. 31 décembre 1749. V. à Frédéric II. "Vous êtes pis qu'un hérétique" K et D 2:286-288

648. [Décembre 1749]. Frédéric II à V. "Dans votre prose" K et D 2:283-286

649. [1749]. V. à Mme Denis. "Je sortis hier" *L d'Alsace* 28-29

650. [1749]. Mme d'Argental à M. d'Argental. "Voltaire sort d'ici. Il est arrivé à onze heures comme un furieux" *Intermédiaire* 66:38-40. 10 juillet 1912

651. "Samedi" [1749?]. V. à Lambert. "M. Lambert est prié d'apporter le manuscrit d'*Oreste*" *RHL* 16:799. 1909

652. [1749?]. V. à Mme Dupin. "Je serais indigne, Madame, de la confiance" Bengesco, *Bibl* 3:322

1750

653. [Fin 1749- début 1750]. V. à Mme d'Argental. "Je n'ay pu venir aujourdhuy faire ma cour a mes anges" *R XVIIIe S* 1:448

654. 11 janvier 1750. Frédéric II à V. "J'ai vu le roman" K et D 2:288-290

655. 20 janvier 1750. Frédéric II à V. "Quoi! vous envoyez" K et D 2:290-293

656. 30 janvier 1750. J-J Rousseau à V. "Monsieur, Un Rousseau se déclara autrefois vôtre ennemi" *Corr J J R* 1:301-302

657. 5 février 1750. V. à Frédéric II. "Du sein des" K et D 2:293-294

658. 20 février 1750. Frédéric II à V. "La nuit" K et D 2:294-296

659. [Février? 1750] (réponse à la lettre de J-J R. du 30 janvier 1750). V. à J-J Rousseau. "vous rehabilitez, monsieur par votre probité le nom de roussau" *Corr J J R* 1:303

660. 16 mars 1750. V. à Frédéric II. "Enfin d'Arnaud" K et D 2:297

661. 17 mars 1750. V. à Frédéric II. "Grand juge" K et D 2:298-299

662. 3 avril 1750. V. à Frédéric II. "Sire, voici des rogatons" K et D 2:300

663. 13 avril [1750]. V. à Frédéric II. "Grand roi, voici donc le recueil" K et D 2:300-301

664. 25 avril 1750. Frédéric II à V. "J'espérais" K et D 2:301-304

665. 8 mai [1750]. V. à Frédéric II. "Oui, grand homme, je vous le dis,- Il faut que je me renouvelle" K et D 2:304-306

666. 24 mai 1750. Frédéric II à V. "Pour une brillante beauté" K et D
2:306-307
667. 9 juin 1750. V. à Frédéric II. "Votre très-vieille Danaé" K et D
2:307-308
668. [14 juin 1750]. V. à Mme Denis. "Je voudrois" *L d'Alsace* 39
669. 26 juin 1750. Frédéric II à V. "Vieux palefrois" K et D 2:308-309
670. 26 juin 1750- 2 juillet [1750]. V. à Frédéric II. "Ainsi dans vos
galants écrits,- Qui vont courant toute la France" K et D
2:310-312
671. [10 juillet 1750]. Frédéric II à V. "A M. de Voltaire à son arrivée
à Potsdam. Les destins ont sur notre vie" K et D 2:313-314
672. [Juillet 1750]. V. à Frédéric II. "Beau Sanssouci, daignez at-
tendre- Le plus malingre des humains" K et D 2:312-313
673. 15 août 1750. Tyrconnel à Puisieulx. "M. de Voltaire est ici, et
il est venu me voir" Broglie, *Voltaire* . . . 47-48
674. 15 août 1750. Frédéric II au baron de Chambrier. "Monsieur le
baron de Chambrier, le sieur de Voltaire" Broglie, *Voltaire* . . .
40-42
675. 17 août 1750. V. à M. de Puisieulx. "Vous m'avez ordonné" Broglie,
Voltaire . . . 42-44
676. 17 août 1750. V. à Tyrconnel. "Je crois que" Broglie, *Voltaire* . . .
44-45
677. 23 août 1750. Frédéric II à V. "J'ai vu la lettre que votre nièce
vous écrit de Paris" K et D 2:314-316
678. 25 août 1750. Puisieulx à Tyrconnel. "Vous ferez bien de ménager
M. de Voltaire suivant le degré de crédit de confiance qu'il
pourra acquérir" Broglie, *Voltaire* . . . 54
679. 1er septembre 1750. V. à Lambert. Résumé de la lettre. *RHL*
16:799. 1909
680. 2 septembre 1750.[1] Hirschel à V. "je promets payer au porteur
la somme" Mangold, *VR* 24
681. 12 septembre 1750. V. à Tyrconnel. "Le roi de Prusse m'a ensor-
celé" Broglie, *Voltaire* . . . 55-56
682. [Septembre 1750]. Frédéric II à V. "Recevez" K et D 2:316-318
683. 5 octobre 1750. V. à Walther. "Si vous n'avez plus qu'un petit
nombre d'exemplaires" Ebert 1:99-100
684. 8 octobre [1750]. V. à Frédéric II. "Vous êtes roi sévère" K et D
2:319
685. [Début novembre? 1750]. V. à Hirschel. "Savoir s'il est temps de
déclarer les billets qu'on a sur la steure" Mangold, *VR* 21
686. [9 novembre 1750]. V. à Hirschel. "je prie instamment monsieur
hersh de venir demain" Mangold, *VR* 23
687. [Vers le 20? novembre 1750]. Darget à V. "Enfin nous l'emportons:
d'Arnaud est renvoyé" Desnoiresterres 3:468-469

---

[1] Date qu'on aimerait pouvoir vérifier sur le manuscrit. Pour autant
qu'on sache, les démêlés de Voltaire avec Hirschel commencent en novembre
1750.

688. 24 novembre 1750. V. à Hirschel. "Nota bene que le billet de quatremille ecus sur ephraim m'a eté rendu ce 24 novembre 1750" Mangold, *VR* 21

689. 24 novembre 1750. Hirschel à V. "J'ai reçu de Monsieur de Voltaire quarante mille francs" Mangold, *VR* 21

690. 28 novembre 1750. V. à [Walther]. "Mon cher Editeur, je nay travaillé que pour vous" *MP* 27:245-247. 1929

691. [Novembre 1750]. V. à Frédéric II. "Sire, je me confie" K et D 2:319-321

692. A Potsdam, ce 8 décembre [1750?]. V. à Mme Dupin. "Il est juste, Madame, que des ministres" *Portefeuille Dupin* 317. Bengesco, *Bibl* 3:321-322. (L'éditeur du *Portefeuille de Mme Dupin* date cette lettre de 1744; Bengesco propose 1750).

693. [13 décembre 1750]. V. à Hirschel. "il ne falloit pas promettre a trente cinq louis et ensuitte dire trente" Mangold, *VR* 21-22

694. 15 décembre 1750. V. à Frédéric II. "Je vais donc" K et D 2:321-322

695. 16 décembre 1750. Hirschel à V. "pour quittance generale promettant de rendre à Mr. de Voltaire" Mangold, *VR* 5-6

696. 16 décembre 1750. V. à Hirschel. "pour quittance generale de tout compte soldé entre nous" Mangold, *VR* 24

697. 16 décembre 1750. Hirschel à [Frédéric II]. "Suivant la copie du billet ci dessous pour quittance" Mangold, *VR* 9

698. [17? décembre 1750]. V. à Hirschel. "en faisant venir le canapé les fauteuils et le miroir" Mangold, *VR* 24

699. [18 décembre 1750]. V. à Frédéric II. "Sire, je me suis trainé à votre Opéra, espérant" K et D 2:322

700. 19 décembre 1750. Mémoire de Hirschel. "pour payement de 3000 R par moy dus" Mangold, *VR* 38

701. [Après le 19 décembre 1750]. Note de [V.] sur le Mémoire de Hirschel du 19 décembre 1750. "NB. les dits diamants" Mangold, *VR*, 38

702. [Entre le 17 et le 24 décembre 1750]. Mémoire de Hirschel et de V. "diamants quil a donnez depuis pour troquer" Mangold, *VR* 34

703. 23 décembre 1750. Tyrconnel à Puisieulx. "Le grand crédit de M. de Voltaire me paraît" Broglie, *Voltaire . . .* 80-81

704. 24 décembre 1750. Hirschel à V. "je m'engage à payer la topasse de la valeur de 350 écus" Mangold, *VR* 36

705. [24(?) décembre 1750]. Mémoire de V. sur Hirschel. "le Sr. hersh m'ayant fourni des diamans" Mangold, *VR* 35

706. [Décembre 1750]. Mémoire de V. sur Hirschel. "negat hirschel hoc pactum" Mangold, *VR* 36

707. [Décembre 1750?]. Mémoire de V. sur Hirschel. "ex hoc scripto judaei manu exarato, constat" Mangold, *VR* 34-35

708. [Décembre 1750]. V. à Frédéric II. "Sire, mon Secrétaire m'a avoué que d'Arnaud" K et D 2:322-324

709. [1750]. V. à Frédéric II. "Sire, si vous aimez des critiques libres, si vous" K et D 2:318

710. [1750?]. V. à Walther. "Il est vrai qu'en France ces honnêtes gens seraient envoyés aux galères" Ebert 1:97-98

1751

711. [Fin 1750- début 1751?]. V. au libraire Lambert. "J'aime assurément M. Lambert et je l'estime" *RHL* 16:801-802. 1909

712. 1er janvier 1751. V. à [Frédéric II?]. "Suivant la copie" Mangold, *VR* 9

713. 2 janvier [1751]. V. à ? "jajoute que je vous supplie de faire ordonner au gazetier de Berlin" Mangold, *VR* 13

714. 2 janvier [1751]. V. à [Podewils? Finckenstein?]. "Monsieur, j'ay été chez votre excellence pour luy renouveller mon tendre attachement" Mangold, *Voltairiana inedita* 71-72

715. 4 janvier [1751]. Podewils et Finckenstein à Frédéric II. "Dans la lettre ci-jointe" Mangold, *Voltairiana inedita* 72

716. 10 janvier 1751. V. à [Cocceji]. "Die decima mensis Januarii 1751. Juro coram Deo et judicibus me omnem computum absolvisse" *Tr Glasgow Arch Soc* 6:287-288. 1910

717. [10 janvier 1751]. V. à Cocceji. "Monseigneur, voila mes pieces. elles parlent bien" *Tr Glasgow Arch Soc* 6:284. 1910

718. [15 janvier? 1751]. V. à [Podewils ? Finckenstein?]. "Monsieur je croi ne pouvoir mieux faire" Mangold, *VR* 59-60

719. [16? janvier 1751]. C. G. Hohmann, baron de Hohenthall à [V.]. "Monsieur j'ai reçû la lettre" Mangold, *VR* 83-84

720. [Vers le 18 janvier 1751?]. V. [à Cocceji? à un ministre du roi?]. "Ce qui a été inseré dans la gazette" Mangold, *VR* 60

721. [12 ou 19 janvier 1751]. V. à Cocceji. "Monseigneur, vous ne voulez plus recevoir de nouvaux memoires" Mangold, *VR* 128-130

722. [17 ou 24 janvier 1751]. V. à Cocceji. "Monseigneur, voicy l'affaire dont je voulois parler" Mangold, *VR* 132-133

723. [Entre le 13 et le 27 janvier 1751?]. V. à Cocceji. "Monseigneur, je suis obligé d'avertir votre Excellence" Mangold, *VR* 130-132

724. 28 [janvier 1751]. V. à Cocceji. "Dans Le desir que jay de terminer au plutot ce cruel procez" Mangold, *VR* 133-134

725. [Janvier 1751?]. V. [à Cocceji? à un ministre du roi?]. "je suis trop malade ce matin" Mangold, *VR* 61

726. [6 février 1751]. V. à Cocceji. "je represente tres humblement a son Excellence" Mangold, *VR* 134-135

727. 24 février 1751. Frédéric II à V. "J'ai été bien aise de vous recevoir chez moi" K et D 2:327-328

728. 26 février 1751. Accord écrit par Ulrich de Jariges, signé par Hirschel et Voltaire. "Mr. le Chambellan de Voltaire et le Juif Abraham Hirschel sont convenus" Mangold, *VR* 112-113

729. [27 février 1751]. V. à Frédéric II. "Sire, toutes choses mûrement considérées, j'ai" K et D 2:330-331

730. 28 février 1751. Frédéric II à V. "Si vous voulez venir ici, vous en êtes le maître" K et D 2:331

731. [Février 1751]. V. à Frédéric II. "Sire, je conjure" K et D
      2:328-330

732. [Février 1751]. V. à Frédéric II. "Sire, Votre Majesté joint à
      ses grands talents" K et D 2:324-326

733. 24 mars [1751(?) ou 1752(?)]. V. à G-N Heerkens. "Le triste
      état de ma santé monsieur ne me permet" RHL 21:189. 1914

734. [Mars 1751]. V. à Frédéric II. "J'ai donc vu ce Potsdam, et je
      ne vous vois pas" K et D 2:333

735. [Mars? 1751]. V. à Frédéric II. "Sire, eh bien! Votre Ma-
      jesté a raison" K et D 2:332

736. 9 avril 1751. V. à Frédéric II. "Dans ce jour" K et D 2:335

737. 13 avril 1751. V. à Walther. "Je vous donne" Ebert 1:100

738. [Fin avril 1751?]. V. à Walther. "Voyez aussi" Ebert 1:103

739. [Mai 1751]. V. à Frédéric II. "Sire, si je ne suis pas" K et D
      2:336-338

740. 2 juin 1751. Duchesse de Saxe-Gotha à V. "Monsieur, Il y aurait
      assurement de ma faute" Archiv 91:414. 1893

741. 5 juin 1751. V. à Frédéric II. "Du fond du désert" K et D 2:338-339

742. 22 juin 1751. La Beaumelle à V. "Je vous remercie, Monsieur, de
      l'intérêt que vous" RHL 20:112-113. 1913

743. [9 juillet 1751]. V. à Frédéric II. "Sire, le médecin joyeux"
      K et D 2:341

744. 14 [juillet 1751]. V. à Frédéric II. "Jai quitté" K et D 2:341-342

745. 19 juillet [1751]. Mme Denis à Lambert. Résumé de la lettre. RHL
      16:800. 1909

746. 31 juillet 1751. Mme Denis à Cideville. ". . . Cet oncle me tracasse
      toujours" Desnoiresterres 4:180

747. [Juillet 1751 ?] V. à Algarotti. "Rimando al mio" MP 27:247. 1929

748. [Juillet 1751]. V. à Frédéric II. "Je n'ai point cultivé" K et D 2:343

749. [Juillet 1751]. V. à Frédéric II. "Jadis l'amant" K et D 2:343

750. [Juillet 1751]. V. à Frédéric II. "Est-il vrai" K et D 2:342

751. Ce 18 août [1751]. Mme Denis à Lambert. Résumé de la lettre.
      RHL 16:800 1909

752. [Août 1751]. V. à Frédéric II. "Sire, je suis" K et D 2:353-354

753. [Août 1751]. V. à Lambert. Résumé de la lettre. RHL 16:800. 1909

754. 4 septembre 1751. V. à Walther. "Nous verrons ensuite" Ebert 1:104

755. 7 septembre [1751]. V. à Hénault. "Il importe fort peu" Hénault
      417-420

756. 8 [septembre 1751]. Frédéric II à V. "Esclave de la poésie,-Je
      perdais le sommeil à tourner un couplet" K et D 2:357-358

757. [Septembre 1751]. V. à Frédéric II. "Par ma foi, ces Anglais, que
      j'avais crus si sages,-N'ont plus ni rime ni raison" K et D 2:355-
      357

758. 3 octobre 1751. V. à Frédéric II. "La mère de la mort, la Vieillesse
      pesante,-A de son bras d'airain courbé mon faible corps" K et
      D 2:361-362

759. 8 décembre [1751]. V. à Hénault. "Vous me croirez paresseux"
      Hénault 420-422

760. 10 décembre 1751. V. à Frédéric II. "Affublé d'un bonnet qui couvre de ses bords-Le peu que les destins m'ont donné de visage" K et D 2:363-364

761. 21 décembre [1751]. V. à Malesherbes. "Sur les nouvelles publiques qui ont redoublé la crainte" *MLN* 47:214-215. 1932

762. [29 décembre 1751]. V. à Frédéric II. "Sire, comme vos ouvrages sont plus tentants que" K et D 2:364-365

763. [29 décembre 1751]. V. à Frédéric II. "Ah! mon Dieu, Sire" K et D 2: 365-366

764. [Décembre 1751 ?]. V. à Philippine Charlotte de Braunschweig. "Madame, on m'a dit que votre V.A.R." Droysen et Caussy 58-59

765. 1751. V. à Frédéric II. "Vous qui daignez me départir,-Les fruits d'une muse divine" K et D 2:334

766. [1751]. V. à Frédéric II. "Sire, je supplie Votre Majesté de daigner jeter" K et D 2:339-340

767. [1751]. V. à Frédéric II. "Voilà bien le cas de dire" K et D 2:334-335

768. [1751]. V. à Frédéric II. "Sire, j'ai lu" K et D 2:340

769. [1751]. Frédéric II à V. "Je viens d'accoucher de six jumeaux" K et D 2:345

770. [1751 ?]. V. à Frédéric II. "Roi des beaux vers et des guerriers," K et D 2:344

771. [1751 ?]. V. à Frédéric II. "Du bas de votre beau vallon" K et D 2:344-345

772. [1751]. V. à Frédéric II. "Par le cerveau" K et D 2:345

773. [1751]. V. à Frédéric II. "Sire, je rends à Votre Majesté ses six chants, et" K et D 2:346

774. [1751]. V. à Frédéric II. "Sire, je demande pardon à Votre Majesté de mes" K et D 2:346-347

775. [1751]. V. à Frédéric II. "Sire, eh, mon Dieu! comment faites-vous donc" K et D 2:347

776. [1751 ?]. V. à Frédéric II. "Si le dieu brillant du génie" K et D 2:348

777. [1751 ?]. V. à Frédéric II. "A votre table" K et D 2:348-349

778. [1751 ?]. V. à Frédéric II. "Mais, Sire, Votre Majesté n'avait donc pas lu" K et D 2:349

779. [1751 ?]. V. à Frédéric II. "Marc-Aurèle autrefois disait,-Des choses dignes de mémoire" K et D 2:349-350

780. [1751 ?]. V. à Frédéric II. "On dit que tout prédicateur" K et D 2:350

781. Samedi [1751]. V. au baron de Marschall. "Vous avez manqué la comedie ces jours passés" Cayrol et François 1:203

782. [1751]. V. à Frédéric II. "Blaise Pascal a tort, il en faut convenir. Ce pieux misanthrope" K et D 2:351-353

783. [1751?]. V. à Frédéric II. "Cette guenille est réservée- Pour le sottisier d'Apollon" K et D 2:355

784. [1751]. V. à Frédéric II. "Sire, je rends à Sa Majesté" K et D 2:358

785. [1751]. Frédéric II à V. "Qu'il prenne son parti sur les approches de la vieillesse et de la mort.- Soutien du goût, des arts, de l'éloquence,- Fils d'Apollon, Homère de la France" K et D 2:359-361

786. [1751]. V. à Frédéric II. "Sire, il faut dire la vérité aux rois, malgré" K et D 2:358-359

787. [1751]. V. à Frédéric II. "Vainqueur des préjugés, vainqueur dans les combats,- Enfant de Marc-Aurèle, et rival de Lucrèce" K et D 2:362-363

788. [Fin décembre- début janvier 1752]. V. à Frédéric II. "Sire, Votre Majesté peut savoir que" K et D 2:366-367.

1752

789. 15 janvier 1752. V. à Walther. "Arkstée et Merkus ont écrit à Mr. de Francheville" Ebert 1:107

790. 15 janvier 1752. V. à Walther. "Il y a un autre embarras" Ebert 1:109-110

791. 18 janvier 1752. V. à Malesherbes. "Ce n'est pas seulement à Mme Denis, c'est à vous, monsieur, que" *MLN* 47:215. 1932

792. 18 janvier 1752. V. à Walther. "J'apprends que le Sr. Lessing n'a point pris" Ebert 1:110

793. 22 janvier 1752. V. à Walther. "J'ai réussi à force de peines et de dépenses" Ebert 1:110

794. 22 janvier 1752. V. à Walther. "J'en confierai un exemplaire, si vous voulez, à Mr. Stieven" Ebert 1:111

795. 30 janvier 1752. V. à Frédéric II. "Sire, quant à Pascal, je vous supplie de lire la page" K et D 2:369-370

796. [Janvier 1752]. V. à Frédéric II. "Sire, je mets aux pieds de Votre Majesté un ouvrage" K et D 2:367-368

797. 7 février [1752]. V. au libraire Lambert. "Je ne peux vous écrire de ma main, mon cher Lambert" *RHL* 16:802-803. 1909

798. 19 [février 1752]. V. à Mme Denis. "Non, ma chère enfant, je ne vais point" *L d'Alsace* 39-40

799. 20 [février 1752]. V. à Frédéric II. "Sire, j'espérais" K et D 2:370-371

800. 22 février 1752. Duchesse de Saxe-Gotha à V. "Monsieur, Votre souvenir" *Archiv* 91:414-415. 1893

801. 25 février [1752]. V. à Hénault. "Je ne peux vous écrire de ma main, mon cher" *Hénault* 423-425

802. [Février] 1752. Frédéric II à V. "J'ai cru d'un jour a l'autre vous voir arriver ici" K et D 2:371-372

803. 19 mars 1752. D'Argental à V. ". . . MM. de Meinières et de Foncemagne admirent le *Siècle de Louis XIV*" Desnoiresterres 4:209

804. 24 mars [1752?]. V. à G.-N. Heerkens. Cf. 24 mars [1751?].

805. 28 mars 1752. V. à Walther. "J'ai sur le champ fait demander le livre chez le libraire Nicolai" Ebert 1:111

806. 2 avril 1752. V. à Walther. "C'est à vous à presser votre traducteur à Brunsvick pour réparer ce petit inconvénient" Ebert 1:111

807. 10 avril 1752. V. à Malesherbes. "Je suis obligé" *MLN* 47:216. 1932

808. 18 avril [1752]. V. à Lambert. Résumé de la lettre. *RHL* 16:803. 1909

809. 10 juin 1752. V. à Richelieu. "Je vous renvoye" *ZFSL* 7:93. 1885

810. 13 juin 1752. V. à Malesherbes. "J'apprends" *MLN* 47:217-218. 1932

811. 25 juin 1752. V. à Lambert. Résumé de la lettre. *RHL* 16:803-804. 1909

812. [Juin? 1752]. Frédéric II à V. "Si je n'avais pas eu hier" K et D 2:372-373

813. [Juin? 1752]. V. à Frédéric II. "Au Salomon du Nord une foule d'auteurs,- Présente à l'envi leurs ouvrages." K et D 2:372

814. 22 juillet 1752. V. à Ulfeld. "Ma profession d'homme de lettres" Desnoiresterres 5:148

815. [Juillet 1752]. V. à Frédéric II. "Sire, vous contâtes hier l'histoire de Gustave Wasa" K et D 2:373-374

816. 1er août 1752. Hénault à V. "J'ai reçu, mon cher confrère, le nouvel exemplaire de votre *Siècle de Louis XIV*" Hénault 72, 424, 425

817. 25 août 1752. V. à Walther. "Je n'exigerai de vous qu'un petit présent pour celui qui l'aura copié" Ebert 1:116

818. 26 août [1752]. V. à Hénault. "Remerciement, Docilité, Reconnaissance et" *Hénault* 425-428

819. 27 août 1752, vieux style. Lord Chesterfield à V. "Monsieur, je m'intéresse infiniment à tout ce qui touche Monsieur Stanhope" *Letters Chesterfield* 4:36-38

820. [Août 1752]. V. à Frédéric II. "Sire, vos réflexions" K et D 2:374-375

821. 5 septembre 1752. V. à Frédéric II. "Sire, votre pédant en points et en virgules, et votre" K et D 2:376-378

822. 6 septembre 1752. V. à Walther. "On me vole, on m'imprime de tous côtés" Ebert 1:116-117

823. 16 septembre [1752]. V. à Mme Dupin. "J'ai eu le bonheur, Madame, de passer trois jours" Bengesco, *Bibl* 3:320-321

824. Septembre 1752. Frédéric II à V. "J'ai reçu votre poëme" K et D 2:379-380

825. 7 octobre [1752?]. V. à Chenevières. "Vos vers sont charmans" *R Palais* 4:495. 1898

826. 8 octobre 1752. Collini à V. "Il vantaggio" *RHL* 17:802-803. 1910

827. [Octobre 1752]. V. à Frédéric II. "Sire, je mets à vos pieds *Abraham* et un *Catalogue*" K et D 2:381-382

828. [Octobre 1752]. V. à Frédéric II. "Sire, Votre Majesté m'a favorisé de quatre volumes" K et D 2:380-381

829. [Octobre 1752]. Frédéric II à V. "J'ai lu votre premier article, qui est très-bon" K et D 2:381

830. [Octobre 1752]. Frédéric II à V. "Cet article me paraît très-beau; il n'y a que" K et D 2:382-383

831. 7 novembre [1752]. V. au libraire Lambert. "On a envoyé à M. Lambert toutes les additions" *RHL* 16:804. 1909

832. 18 novembre 1752. V. à Walther. "Je viens de faire relire l'édition en sept volumes" Ebert 1:119

833. 27 novembre 1752. V. à Frédéric II. "Je promets à Sa Majesté que, tant qu'elle me" K et D 2:387-388

834. 29 novembre 1752. Frédéric II à Maupertuis. ". . . Après bien des perquisitions et un détail assez ennuyeux" Desnoiresterres 4:371

835. 30 novembre 1752. Bauer à Frédéric II. "Moi, soussigné confesse et veux prouver par serment que M. de Voltaire" Mangold, *Voltairiana inedita* 89

836. [Novembre 1752]. V. à Collini. "Se lo stato della" *RHL* 17:803. 1910

837. [Novembre 1752]. V. à Frédéric II. "Grand philosophe" K et D 2:384-385

838. [Novembre 1752]. Frédéric II à V. "Si vous continuez du train dont vous allez, le *Dictionnaire*" K et D 2:385-386

839. [Novembre 1752]. Frédéric II à V. "La nature, pour moi" K et D 2:386

840. [Novembre 1752]. V. à Frédéric II. "Ma *Pucelle*" K et D 2:387

841. [30 novembre ou 1er décembre 1752]. Francheville à Frédéric II. "Mr. de Voltaire m'a dit le samedi vers les 4 heures qu'il faisait imprimer sans permission" Mangold, *Voltairiana inedita* 90

842. 4 décembre [1752]. V. à l'éditeur de la *Gazette de Cologne*. "J'ai reçu dans la Gazette d'*Utrecht* du mardi" Bengesco, *Bibl* 3:329

843. 6 décembre 1752. La Beaumelle à Roques. "Maupertuis vient chez moi, ne me trouve pas; je vais chez lui. Il me dit" *RHL* 20:117. 1913

844. 15 décembre 1752. Scheffer à Mme du Deffand. ". . . Je l'ai vu de près, je puis vous assurer" Desnoiresterres 4:367

845. 25 décembre [1752?]. V. à Chenevières. "Nous ferons des vers, mon cher monsieur" *R Palais* 4:496. 1898

846. 29 décembre [1752]. V. à Pierre Gosse, libraire à la Haye. "S'il est vray, monsieur" *MLN* 27:125-126. 1912

847. 30 décembre 1752. La Touche à M. de Saint-Contest. "Le célèbre académicien m'a remis une note" Broglie, *Voltaire* . . . 114-115

848. [Décembre 1752]. Frédéric II à V. "Votre effronterie m'étonne. Après ce que vous venez" K et D 2:389

849. 1752. Taulès (sous le nom de Barreau) à V. "Permettez, Monsieur, que j'aie l'honneur de vous écrire" Taulès 205-210

850. [1752]. V. à Frédéric II. "pour bien guerir" *ZFSL* 7:94. 1885

851. [1752]. V. à Frédéric II. "Si le dieu brillant" *ZFSL* 7:94. 1885

852. [1752]. V. à Frédéric II. "Un portrait de Cromwell" *ZFSL* 7:95-96. 1885

853. [1752]. V. à Frédéric II. "voyla bien le cas de dire" *ZFSL* 7:96. 1885

854. [1752]. V. à Frédéric II. "Sire, vous avez perdu plus que vous ne pensez" K et D 2:383-384
855. [1752]. V. à Frédéric II. "Ah, mon Dieu, Sire, dans l'état où je suis! Je vous jure" K et D 2:390
856. [1752?]. V. à Frédéric II. "Je baise avec transport un livre si charmant" K et D 2:372

1753

857. [1er janvier 1753]. V. à Frédéric II. "Sire, pressé par les larmes et les sollicitations" K et D 2:391-392
858. [1er janvier 1753]. V. à Frédéric II. "Je les reçus avec tendresse,- Je vous les rends avec douleur" K et D 2:392
859. [1er janvier 1753]. V. à Frédéric II. "Sire, Ce n'est" K et D 2:392-393
860. 3 janvier 1753. La Touche à Saint-Contest. "M. de Voltaire implore ma protection" Broglie, *Voltaire* . . . 117
861. [16 janvier 1753]. V. à Mme Denis. "J'envoye un exprès hors des frontières" *L d'Alsace* 40-44
862. 19 janvier 1753. Saint-Contest à La Touche. "Nous ne pensons pas que l'affaire de M. de Voltaire" Broglie, *Voltaire* . . . 117
863. 24 janvier 1753. Conseil de Montbéliard à Flachsland. "Son Altesse sérénissime ayant ordonné" Sakmann 1
864. Janvier 1753. V. à Frédéric II. "Sire, Ce que j'ai vu dans les Gazettes est-il croyable?" Advielle 15-18. (Cf. 28 avril 1753).
865. [Janvier 1753]. Frédéric II à V. "Le Roi a tenu son consistoire, et dans ce consistoire" K et D 2:394
866. [Janvier 1753]. V. à Frédéric II. "Sire, j'avais écrit ce matin une lettre à l'abbé de Prades" K et D 2:395
867. [Fin de janvier ou février 1753]. V. à la princesse d'Orange. "François de Voltaire, gentilhomme" *R des Soc Savantes* 5:452. 1858
868. 10 février 1753. La Touche à Saint-Contest. "Je ne me mêlerai en aucune façon des affaires" Broglie, *Voltaire* . . . 117-118
869. 3 mars 1753. La Beaumelle à Mme Denis. "Je viens de lire, Madame, un *Mémoire* de M. de Voltaire" *RHL* 20:119-120. 1913
870. 12 mars 1753. V. à Frédéric II. "Sire, j'ai reçu une lettre de König toute ouverte" K et D 2:396-398
871. [16 mars 1753]. Frédéric II à V. "Il n'était pas nécessaire que vous prissiez le" K et D 2:398-399
872. [17] mars 1753. V. à l'abbé de Prades. "Cher abbé, votre Style ne m'a pas paru doux" K et D 2:399
873. 19 mars 1753. Flachsland à V. "Ma recette ayant" Sakmann 10
874. 23 mars 1753. V. à Frédéric II. "J'ai reçu trois mille écus de la pension que Sa Majesté" K et D 2:400
875. [Après juillet 1752, avant le 26 mars 1753]. V. à La Touche. "Je vois arriver un courier: je conjure" *L Prusse* 1-2
876. [Après juillet 1752, avant le 26 mars 1753]. V. à La Touche. "M. de Voltaire présente ses très-humbles respects" *L Prusse* 2

877. [Après juillet 1752, avant le 26 mars 1753]. V. à La Touche. "Je partis si tard hier, Monsieur, j'étois si malade" *L Prusse* 6

878. 3 avril 1753. Maupertuis à V. "Je n'ai jamais rien fait contre vous, rien écrit" *RHL* 20:117. 1913

879. 4 avril [1753]. V. à Mme Denis. "Ma chère enfant. J'ay eu la fièvre" *L d'Alsace* 46-47

880. 10 avril 1753. V. à Maupertuis. "J'ai reçu la lettre dont vous m'honorez" Desnoiresterres 4:408-409. La Place 2:169-171

881. [10 avril 1753?]. V. à Formey. "Je vous envoie" Desnoiresterres 4:409-410

882. 19 avril 1753. Frédéric II à V. "J'étais informé" K et D 3:1-4

883. [28 avril 1753]. V. à Frédéric II. "Sire, ce que j'ai vu dans les gazettes est-il croyable?" K et D 3:5-7. (Cf. janvier 1753).

884. [Avril 1753]. [Frédéric II] à V. "J'ai lu votre chère lettre avec tous les sentiments" Mangold, *Voltairiana inedita* 78-81

885. 11 juin [1753]. V. à l'abbé de Prades. "Je suis mourant, je proteste devant" *L d'Alsace* 47-49

886. 15 juin 1753. Varrentrapp à Charles de Cobenzl. "Monseigneur, La personne touchant laquelle on a" *RBPH* 4:303. 1925

887. 16 juin 1753. Varrentrapp à Charles de Cobenzl. "Monseigneur, J'ai eu l'honneur d'écrire" *RBPH* 4:304-306. 1925

888. [20 juin 1753]. V. à Mme Denis. "Ne soyez point en peine de moy" *L d'Alsace* 49-50

889. 21 juin [1753]. Mme Denis à Fredersdorf. "Je viens de mander" *L d'Alsace* 50-52

890. 22 juin 1753. Charles de Cobenzl à Varrentrapp. "J'ai reçu la lettre que vous m'avés fait l'honneur" *RBPH* 4:314. 1925

891. 22 juin 1753. V. à Freytag et Schmid. "Messieurs, Ich habe befolget, was Sie vor eine" *RBPH* 4:312. 1925

892. 26 juin [1753]. V. à Frédéric II. "Sire, si mes lettres ne sont pas parvenues a V.M." K et D 3:8-9

893. [30 juin 1753]. L'abbé de Prades à Mme Denis. "Le Roi m'a ordonné, Madame" *L d'Alsace* 52-53

894. [Juin] 1753. Déclaration de M. de Voltaire au roi de Prusse, remise par lui au ministre de S.M. Prussienne à Francfort. "Je suis mourant. Je proteste devant Dieu et devant les hommes" *Mém Luynes* 12:492-493

895. 3 juillet 1753. Varrentrapp à Charles de Cobenzl. "Monseigneur, Les deux lettres que Votre Excellence" *RBPH* 4:308-310. 1925

896. 5 juillet 1753. La Touche à Saint-Contest. "Sa Majesté Prussienne m'a fait remercier" Broglie, *Voltaire . . .* 146-147

897. 9 juillet 1753. V. à Frédéric II. "Sire, Le sieur François de Voltaire, gentilhomme ordinaire" K et D 3:9-12

898. [9 juillet 1753]. V. à Senckenberg. "Je viens d'envoyer à sa m. le R. d P. l'extrait" *DR* 28, 2:337. 1903

899. [9 juillet 1753]. V. à Mme Denis. "Il y avait" *L d'Alsace* 53-57

900. 11 juillet 1753. Charles de Cobenzl à Varrentrapp. "J'ai reçu votre lettre du 3 et vous suis très obligé" *RBPH* 4:312. 1925

901. 13 juillet 1753. Goebbels à Mme Denis. "Giraut vous supplie" *L d'Alsace* 57-58

902. [16 juillet 1753]. V. à Senckenberg. "Le solitaire malade remercie tendrement le Cicéron de Francfort" *DR* 28, 2:336. 1903

903. 17 juillet 1753. Varrentrapp à Charles Cobenzl. "Monseigneur, En conséquence des ordres" *RBPH* 4:312-313. 1925

904. 17 juillet [1753]. V. à Mme Denis. "Ma chère enfant, Je soufre en paix" *L d'Alsace* 58-61

905. [19 juillet 1753]. V. à Senckenberg. "Le malade affligé réitère ses plus tendres remerciements" *DR* 28,2:335. 1903

906. 23 juillet 1753. Lord Keith à Mme Denis. "Comme le procédé de messieurs Freytag" *L d'Alsace* 61-62

907. 24 juillet 1753. Charles de Cobenzl à Varrentrapp. "J'ai reçu la lettre qui (sic) vous m'avés fait" *RBPH* 4:314. 1925

908. 25 [juillet 1753]. V. à Mme Denis. "Eh! bien! il faut" *L d'Alsace* 63-64

909. [28 juillet 1753]. V. à Senckenberg. "Il n'y a pas d'apparence que le roy de Prusse" *DR* 28,2:336. 1903

910. 30 juillet [1753]. V. à la comtesse D'Ardemberg [Hardenberg]. "Ayant été obligé de retourner en France" *MP* 27:248. 1929

911. 31 juillet 1753. Varrentrapp à Charles Cobenzl. "Monseigneur, Monsieur de Voltaire est à la fin" *RBPH* 4:314-315. 1925

912. 2 août 1753. Duchesse de Saxe-Gotha à V. "C'est avec une veritable satisfaction Monsieur" *Archiv* 91:415. 1893

913. 3 août [1753]. V. à Mme Denis. "J'ay été un peu" *L d'Alsace* 65-66

914. [4 août 1753]. V. à Senckenberg. "Je suis persuadé" *DR* 28,2:338. 1903

915. 11 août [1753]. V. à Mme Denis. "Je suis encor" *L d'Alsace* 67-68

916. 13 août 1753. Duchesse de Saxe-Gotha à V. "C'en est donc fait Monsieur, Vous partez pour" *Archiv* 91:415-416. 1893

917. 15 août [1753]. V. à Mme Denis. "J'arrive en France" *L d'Alsace* 69-70

918. 17 août 1753. V. à Mme Denis. "Je reçois" *L d'Alsace* 70-73

919. [17 août 1753]. V. à Mme Denis. "Je viens de vous écrire" *L d'Alsace* 73-74

920. 22 août [1753]. V. à Mme Denis. "Ma chère enfant, vous devez" *L d'Alsace* 74-76

921. 27 août [1753]. V. à Mme Denis. "Je suis toujours" *L d'Alsace* 76-78

922. 30 août [1753]. V. à Mme Denis. "J'ay vu cet imprimé" *L d'Alsace* 78-80

923. 30 août [1753]. V. à Mme Denis. "1o Ma chère enfant, je reçois" *L d'Alsace* 80-82

924. 3 septembre [1753]. V. à Mme Denis. "Je recois, ma chere enfant" *L d'Alsace* 82-85

925. 8 septembre [1753]. V. à Mme Denis. "Ma chère enfant, je reçois" *L d'Alsace* 86-88

926. 9 septembre 1753. V. à M. Koenig. "Je reçois" *L d'Alsace* 88-89

927. 9 septembre [1753]. V. à Mme Denis. "Vive mr Ravaton" *L d'Alsace* 90-92

928. 13 septembre [1753]. V. à Mme Denis. "Je commence" *L d'Alsace* 93-96

929. 15 septembre 1753. Duchesse de Saxe-Gotha à V. "J'ose me flatter Monsieur que la nouvelle que j'ai" *Archiv* 91:416-417. 1893

930. 17 septembre 1753. Duchesse de Saxe-Gotha à V. "Je suis charmée de vous pouvoir prouver" *Archiv* 91:418. 1893

931. [22 septembre 1753]. V. à Mme Denis. "Le numero 3 arrive" *L d'Alsace* 96-99

932. 23 septembre 1753. V. [au duc de Wurtemberg]. "Monsieur jay eu l'honneur d'ecrire" *Würt Gesch* 11:149-150. 1902

933. 26 [septembre 1753]. V. à Mme Denis. "Ma chère enfant, votre" *L d'Alsace* 99-101

934. 28 [septembre 1753]. V. à Mme Denis. "Ma chère enfant, j'ay" *L d'Alsace* 101-103

935. 29 septembre [1753]. V. à Mme Denis. "No 4 est venu" *L d'Alsace* 103-106

936. 1er octobre [1753]. V. à Mme Denis. "Ma chère enfant, j'ay pris" *L d'Alsace* 106-108

937. 5 octobre [1753]. V. à Mme Denis. "Votre numéro 5" *L d'Alsace* 108-111

938. 6 octobre 1753. Collini à Flachsland. "Monsieur, Il y a longtemps que M. de Voltaire" Sakmann 17

939. 9 octobre [1753]. V. à Mme Denis. "Numéro six du 2 octobre est" *L d'Alsace* 111-113

940. 13 octobre [1753]. V. à Mme Denis. "J'ay toujours oublié" *L d'Alsace* 113-115

941. 14 octobre [1753]. V. à Mme Denis. "Numéro 7,8 et 9 arrivent" *L d'Alsace* 115-117

942. 22 octobre [1753]. V. à Mme Denis. "Ma chère enfant, le pied" *L d'Alsace* 118-120

943. 26 octobre [1753]. V. à Mme Denis. "Vous voylà donc" *L d'Alsace* 120-122

944. 31 octobre [1753]. V. à Mme Denis. "Je reçois" *L d'Alsace* 122-124

945. 3 nov. 1753. Duchesse de Saxe-Gotha à V. "Vous aurez" *Archiv* 91:419. 1893

946. 12 nov. 1753. Duchesse de Saxe-Gotha à V. "Vous verez" *Archiv* 91:419-420. 1893

947. 13 nov. [1753]. V. à Mme Denis. "Ma chère enfant, nous étions" *L d'Alsace* 124-126

948. 18 nov. [1753]. V. à Mme Denis. "Ma chère enfant, il me semble" *L d'Alsace* 126

949. 20 nov. [1753]. V. à Mme Denis. "Ma chère enfant, les quatre mots" *L d'Alsace* 127-128

950. 24 novembre [1753]. V. à Mme Denis. "Ma chère enfant, votre lettre" *L d'Alsace* 128-129

951. 27 novembre 1753. D'Argens à Néaulme. "Je renvoie ches vous monsieur les deux letres de mr de voltaire" *MP* 27:249-250. 1929

952. 27 nov. [1753]. V. à Mme Denis. "Qucy, mon adorable enfant" *L d'Alsace* 130

953. 30 [nov. 1753]. V. à Mme Denis. "Je prie l'une des deux soeurs" *L d'Alsace* 131

954. 4 décembre [1753]. V. à Mme Denis. "Je reçois de Rosalba" *L d'Alsace* 132

955. 9 décembre [1753]. V. à Mme Denis. "J'attends avec" *L d'Alsace* 133

956. 11 décembre [1753]. V. à Mme Denis. "J'ay donc reçu" *L d'Alsace* 134-135

957. 14 décembre [1753]. V. à Mme Denis. "Eh! mon Dieu" *L d'Alsace* 135-137

958. 18 décembre [1753]. V. à Mme Denis. "Mon pied" *L d'Alsace* 137-138

959. 20 déc. [1753]. V. à Mme Denis. "Mesdames" *L d'Alsace* 138-139

960. 24 déc. 1753. Mme de Saxe-Gotha à V. "Je n'ai" *Archiv* 91:420-421. 1893

961. 25 décembre [1753]. V. à Mme Denis. "Vous m'effrayez" *L d'Alsace* 140-143

962. 30 déc. [1753]. V. à Lambert. Résumé de la lettre. *RHL* 16:805. 1909

963. 30 décembre [1753]. V. à Mme Denis. "Je vous écris encor" *L d'Alsace* 145

964. 30 décembre [1753]. V. à Mme Denis. "L'opiniâtreté" *L d'Alsace* 143-144

965. [30 décembre 1753]. V. à Mme de Pompadour. "L'état horrible où je suis depuis" *L d'Alsace* 146-147

966. [fin déc. 1753]. V. à Lambert. Résumé de la lettre. *RHL* 16:804-805. 1909

967. 1753. La Beaumelle à Roques. "Vous êtes surpris, monsieur, que je sois mal avec Voltaire" *RHL* 20:121-124. 1913

968. [1753]. V. à l'abbé de Resnel. "Si vous n'êtes pas docteur" *L d'Alsace* 44-46

1754

969. 5 janv. 1754. Mme de Saxe-Gotha à V. "Vous ne sauriez" *Archiv* 91:421-422. 1893

970. 5 janvier [1754]. V. à Mme Denis. "Je vous ay envoyé" *L d'Alsace* 147-149

971. 8 janvier 1754. V. à Walther. "J'ai été aidé" Ebert 1:123

972. 9 janv. [1754]. V. à Mme Denis. "Ma chère enfant, s'il faut" *L d'Alsace* 150-152

973. 13 janvier 1754. V. à Lambert. "The abridgement" J M Read 2:118-119

974. 15 janvier [1754]. V. à Mme Denis. "Voicy" *L d'Alsace* 152-153

975. 17 janvier [1754]. V. à Mme Denis. "Il y a longtemps" *L d'Alsace* 153-155

976. 18 [janvier 1754]. V. à Mme Denis. "Je reçois" *L d'Alsace* 156-157

977. 20 janvier 1754. V. à Mme de Fontaine. "J'ai du moins la main libre" *RPL* 48,2:738. 1910

978. 24 janvier [1754]. V. à Mme Denis. "Je ne reçois" *L d'Alsace* 157-158

979. 27 janvier [1754]. V. à Mme Denis. "Ma chère enfant, tout" *L d'Alsace* 159-162

980. 28 janvier 1754. V. à Gemmingen. "Monsieur, j'ai l'honneur de vous présenter" *Mém Acad Stanislas* 178-179. 1912

981. [28 janvier 1754]. V. à Gemmingen. ". . . Souffrés, Mr, que je prenne cette occasion" *S Em M* 35:165. 1908

982. [28 ou 29 janvier 1754]. V. à Mme Denis. "Depuis ma triste lettre écritte" *L d'Alsace* 162-163

983. 31 janvier [1754]. V. à Mme Denis. "Je répons" *L d'Alsace* 163-166

984. [Janvier 1754]. Duchesse de Saxe-Gotha à V. "Ah que ne puis-je exprimer en vers" *Archiv* 91:422-423. 1893

985. Colmar, janv. 1754. V. à Lambert. Résumé de la lettre. *RHL* 16:805. 1909

986. 2 févr. 1754. Mme de Saxe-Gotha à V. "La lecture" *Archiv* 91:423. 1893

987. 5 févr. [1754]. V. à Mme Denis. "Je vous ay envoyé" *L d'Alsace* 166-168

988. [5 février 1754]. V. à Mme Denis. "Après cette lettre douloureuse" *L d'Alsace* 168-170

989. 7 février [1754]. V. à Mme Denis. "Ma chère enfant, vous ne m'avez" *L d'Alsace* 170-172

990. 9 février 1754. Vernet à V. ". . . que tout le reste de l'édition étoit également défigurée et tronquée" *V aux Tronchin*

991. 10 février 1754. V. à Walther. "J'ai été depuis ce tems-là obligé de faire quelques cartons" Ebert 1:123

992. 12 février 1754. V. à Gemmingen. "Monsieur, Il est très juste" *Mém Acad Stanislas* 182-183. 1912

993. 12 février [1754]. V. à Mme Denis. "Ne soiez pas" *L d'Alsace* 172-175

994. 14 févr. [1754]. V. à Mme Denis. "Ma chère enfant, vous seule" *L d'Alsace* 176-178

995. 16 février 1754. Gemmingen à V. "Monsieur, Après la réception de la lettre du 12 de ce mois" *Mém Acad Stanislas* 184-185. 1912

996. 17 février 1754. V. à Mme Denis. "Je suis encor obligé" *L d'Alsace* 178-180

997. 17 févr. 1754. V. à Lambert. Résumé de la lettre. *RHL* 16:805. 1909

998. 18 février 1754. Duchesse de Saxe-Gotha à V. "Ce n'est pas d'aujourdhuy" *Archiv* 91:424. 1893

999. 26 févr. [1754]. V. à Lambert. Résumé de la lettre. *RHL* 16:805. 1909

1000. 27 février 1754. Vernet à V. "Je suis bien content" *V aux Tronchin*

1001. Colmar, févr. 1754. V. à Lambert. Résumé de la lettre. *RHL* 16:805. 1909

1002. [Février 1754?]. V. à Walther. "Je crois qu'il y a moins d'erreurs que dans le grand ouvrage du père Barré" *Ebert* 1:123-124

1003. 3 mars [1754], Colmar. V. à Mme de Bentinck. "Amidst the maladies" *Countess Bentinck* 1:56-58

1004. [3 mars 1754]. V. à Frédéric II. "Dans les maladies qui me tourmentent" *K et D* 3:13-14

1005. 9 mars 1754. Duchesse de Saxe-Gotha à V. "Je n'aurois pas attendue Votre seconde lettre" *Archiv* 91:424-425. 1893

1006. 10 mars 1754. V. à Lambert. Résumé de la lettre. *RHL* 16:805. 1909

1007. 12 mars 1754. Dupont à Brenles. "Je suis bien fâché, mon cher de Brenles, de ne pouvoir vous assurer l'arrivée de Voltaire dans votre pays" *Golowkin* 98-101

1008. 16 mars 1754. Frédéric II à V. "Je vous remercie du livre que vous m'avez envoyé" *K et D* 3:14-16

1009. 16 mars 1754. Vernet à V. "Monsieur, A cette lettre ostensive, si vous voulés" *V aux Tronchin*

1010. 17 mars 1754. V. à Gemmingen. "Monsieur, je ne puis" *S Em M* 35:166-167. 1908

1011. 19 mars 1754. V. à Lambert. "Vous devez avoir reçu, mon cher Lambert, le paquet" *RHL* 16:806. 1909

1012. 23 mars 1754. Duchesse de Saxe-Gotha à V. "Votre dedicace Monsieur ne peut que me flatter infiniment" *Archiv* 91:426. 1893

1013. 24 mars [1754]. V. à Mme Denis. "Votre lettre du 17 mars" *L d'Alsace* 180-183

1014. 30 mars 1754. Duchesse de Saxe-Gotha à V. "Rien de plus aimable, de plus joli, de plus spirituel" *Archiv* 92:1-2. 1894

1015. 30 mars [1754]. V. à Mme Denis. "On ne peut guères" *L d'Alsace* 183-186

1016. 31 mars [1754]. V. à Mme Denis. "Je reçois" *L d'Alsace* 186-187

1017. 2 avril 1754. Vernet à Rosset de Rochefort. ". . . We have nothing new here in a literary way except a quarto edition" *J M Read* 2:191

1018. 4 avril [1754]. V. à Mme Denis. "Je reçois votre lettre du 29 mars" *L d'Alsace* 188-190

1019. 5 avril 1754. V. au père Menou. "Mon révérend père" *RR* 17:257-260. 1926

1020. 9 avril [1754]. V. à Mme Denis. "Je vous suis très" *L d'Alsace* 190-193

1021. 10 avril [1754]. V. à Mme Denis. "Je vous prie" *L d'Alsace* 193-194

1022. 11 avril [1754]. V. à Mme Denis. "J'ai reçu hier 10" *L d'Alsace* 194-197

1023. 12 avril [1754]. V. à Mme Denis. "Votre lettre du 6" *L d'Alsace* 198-200

1024.   15 avril 1754. Vernet à V. "Monsieur, Voici encore" *V aux Tronchin*

1025.   15 avril 1754. Claude Philibert à V. "Monsieur, J'ai bien reçu la lettre que vous m'avez fait l'honneur de m'écrire" *V aux Tronchin*

1026.   16 avril [1754]. V. à Mme Denis. "Je vais faire partir" *L d'Alsace* 200-203

1027.   20 avril 1754. Duchesse de Saxe-Gotha à V. "Mille petites choses difficiles à dénominer" *Archiv* 92:2-3. 1894

1028.   20 avril [1754]. V. à Mme Denis. "Vous me dites" *L d'Alsace* 203-205

1029.   25 avril 1754. V. à Mme Denis. "Que faittes vous?" *L d'Alsace* 206-207

1030.   25 avril [1754]. V. à Mme Denis. "Je reçois" *L d'Alsace* 207-208

1031.   28 avr. [1754]. V. à Mme Denis. "Ma chère enfant, puisque" *L d'Alsace* 208-210

1032.   30 avr. [1754]. V. à Mme Denis. "Par votre lettre du 24" *L d'Alsace* 210-212

1033.   5 mai [1754]. V. à Mme Denis. "Il y a une caisse" *L d'Alsace* 212-214

1034.   7 mai [1754]. V. à Mme Denis. "En lisant votre lettre" *L d'Alsace* 214-216

1035.   8 mai 1754. V. à Gemmingen. "Monsieur, Permettez-moi" *S Em M* 35:167. 1908

1036.   11 mai 1754. Duchesse de Saxe-Gotha à V. "Je Vous avoue mon cher et digne Ami que je" *Archiv* 92:3-4. 1894

1037.   12 mai [1754]. V. à Mme Denis. "Ma chère enfant, venez" *L d'Alsace* 216-218

1038.   14 mai [1754]. V. à Mme Denis. "Le prince héréditaire de Hesse" *L d'Alsace* 219-220

1039.   19 mai [1754]. V. à Mme Denis. "Ma chère enfant, vous aurez" *L d'Alsace* 220-222

1040.   21 mai [1754]. V. à Mme Denis. "Puisque vous êtes" *L d'Alsace* 222-224

1041.   26 mai [1754]. V. à Mme Denis. "Votre lettre du 8" *L d'Alsace* 224-227

1042.   28 mai [1754]. V. à Mme Denis. "Pour vous satisfaire" *L d'Alsace* 227-229

1043.   1er juin [1754], Colmar. V. à Lambert. "Je suis fâché pour vous, monsieur, que vous ayez fait une nouvelle édition" *RHL* 16:806. 1909

1044.   1er juin [1754], Plombières. V. à Lambert. Résumé de la lettre. *RHL* 16:807. 1909

1045.   1er juin [1754]. V. à Mme Denis. "Point de nouvelles de la Hesse" *L d'Alsace* 229-231

1046.   6 juin [1754]. V. à Mme Denis. "Ma chère enfant, Il y avait" *L d'Alsace* 231-233

1047.   8 juin [1754]. V. à Mme Denis. "Je pars" *L d'Alsace* 233-235

1048.   12 juin [1754]. V. à Collini. "S'il y a" *RHL* 17:803. 1910

1049. 12 juin [1754]. V. à Mme Denis. "Ma chère enfant, je me suis"
L d'Alsace 235-237

1050. 6 juillet 1754. V. à Walther. "Je ne laisse pas de travailler à
corriger vôtre édition en 7 volumes" Ebert 1:125-126

1051. 6 juillet [1754]. V. à Lambert. Résumé de la lettre. RHL 16:807.
1909

1052. 12 juillet [1754]. Mme Denis et V. à Lambert. "Mme Denis et M.
de Voltaire réitèrent à M. Lambert" RHL 16:807. 1909

1053. 14 [juillet 1754]. V. à Lambert. "On a lu la lettre de M. Lambert
à madame Denis" RHL 16:807. 1909

1054. 26 juillet 1754. V. à Mme de Fontaine. "Votre soeur m'a écrit,
ma chère nièce" RPL 48,2:738. 1910

1055. 6 août 1754. V. à Mme de Fontaine. "Je vous remercie, ma chère
nièce" RPL 48,2:738-739. 1910

1056. 13 août 1754. V. à Hénault. "Permettez que je dicte" Hénault
429-430

1057. 15 août 1754. Mme de Saxe-Gotha à V. "Il me semble" Archiv
92:5-6. 1894

1058. 22 août 1754. V. à Frédéric II. "Sire, je prends encore la liberté
de présenter" K et D 3:16-17

1059. 24 août [1754]. V. à de Laleu. "Nous voici encore à Colmar, Mme
Denis et moi" Neu Mitt 36:290-293. 1935

1060. 29 août 1754. V. à Lambert. "Messieurs les frères Cramer, de
Genève" RHL 16:807-809. 1909

1061. [Fin août- début septembre 1754]. V. à Lambert. "La personne
à qui on a communiqué la lettre" RHL 16:809. 1909

1062. 8 septembre 1754. V. à Lambert. "On a reçu la lettre" RHL 16:809-
810. 1909

1063. 24 septembre [1754]. V. à Lambert. "On a reçu la première feuille
de la Henriade" RHL 16:810-811

1064. 25 septembre 1754. V. à Mme de Fontaine. "Votre lettre, ma chère
nièce, m'a donné" Bengesco, Bibl 3:326

1065. 29 sept. 1754. V. à Vernet. "J'ai trouvé de très grands secours
dans la bibliothèque de l'abbaye de Senones" RPL 51,1:290-291.
1913

1066. 29 sept. [1754]. V. à Lambert. Résumé de la lettre. RHL 16:811.
1909

1067. 6 octobre [1754]. V. à Lambert. "Je fais" RHL 16:811-812. 1909

1068. 10 octobre 1754. Duchesse de Saxe-Gotha à V. "Nous somes de
retour d'Altenbourg" Archiv 92:6-7. 1894

1069. 13 octobre 1754. V. à Lambert. "On n'a aucune réponse de M.
Lambert" RHL 16:812. 1909

1070. 13 oct. [1754]. Mme Denis à Lambert. Résumé de la lettre. RHL
16:812. 1909

1071. 21 octobre 1754. Millot, curé de Loysey, à V. ". . . I am" J M Read
2:161

1072. 7 novembre [1754]. Mme Denis à Lambert. Résumé de la lettre.
RHL 16:812. 1909

1073. 14 novembre 1754. Frédéric II à V. "Le Roi a reçu, monsieur, la lettre que vous avez eu l'honneur" K et D 3:18-19

1074. 15 novembre 1754. Destouches à V. "Voici une lettre qui va bien vous surprendre, mon cher Virgile" *RHL* 14:688-689. 1907

1075. 23 novembre 1754. Duchesse de Saxe-Gotha à V. "Votre orphelin chinois est arrivé" *Archiv* 92:7-8. 1894

1076. 23 nov. [1754]. V. à Lambert. Résumé de la lettre. *RHL* 16:812. 1909

1077. 27 novembre 1754. Collini à Schoepflin. "Monsieur, les bontés prévenantes dont vous m'avez" *RHL* 17:803-804. 1910

1078. 3 décembre 1754. V. à Mme de Fontaine. "Vous me rendez, ma chère nièce" *RPL* 48,2:739. 1910

1079. 9 décembre [1754]. V. à J.-R. Tronchin. "Je prends la liberté d'envoyer chez messieurs Tronchin et Camp" *V aux Tronchin*

1080. 9 décembre 1754. V. à Flachsland. "J'ay reçu" *S Em M* 35:168-169. 1908

1081. 10 décembre [1754 (?)]. V. à Passerat de La Chapelle. "Je ne sais, monsieur, qui me fait le plus" *R Universitaire* 1:159. 1898

1082. [12 décembre 1754], Genève. V. à J.-R. Tronchin. "Notre premier devoir en arrivant est de remercier" *V aux Tronchin*

1083. 14 décembre 1754. Mme Denis à J.-R. Tronchin. "Je suis extrême-ment flatée, Monsieur, de la marque de confiance" *V aux Tronchin*

1084. 14 décembre [1754?], Prangins. Mme Denis à François Tronchin. "Nous sommes arrivés ici, Monsieur, pénétrés" *V aux Tronchin*

1085. [20?] déc. 1754. Chiron à Court. "Je [ne] vous écris ces deux lignes que pour vous dire que M. de V." *Bull S H Pr Fr* 32:529. 1883

1086. 22 décembre 1754. V. à Mme de Fontaine. "Je dicte ma lettre, ma chère nièce" *RPL* 48,2:739. 1910

1087. 25 décembre [1754]. V. à J.-R. Tronchin. "Depuis la dernière lettre, monsieur, que j'ay eu" *V aux Tronchin*

1088. 27 décembre 1754. Chiron à Court. ". . . J'ai appris par un de mes amis venu hier de Bourg en Bresse" *Bull S H Pr Fr* 32:529. 1883

1089. 28 [décembre 1754]. Mme Denis à J.-R. Tronchin. "J'ai mille grâces à vous rendre, monsieur" *V aux Tronchin*

1090. 29 décembre 1754. V. à J.-R. Tronchin. "Je reçois, monsieur, l'honneur de votre lettre du 27" *V aux Tronchin*

1091. 29 décembre 1754. Mme Denis à François Tronchin. "Je suis bien flatée, Monsieur" *V aux Tronchin*

1092. 30 décembre 1754. Duchesse de Saxe-Gotha à V. "Plus une chose nous est chère et précieuse" *Archiv* 92:8-9. 1894

1093. [31 décembre 1754]. L'un des frères Cramer à François Tronchin. "Monsieur, J'entre dans la chambre de Madame Denis" *V aux Tronchin*

1755

1094. 2 janvier 1755. V. à Lambert. Résumé de la lettre. *RHL* 16:812.
1909

1095. 2 janv. 1755. V. à Lambert. Résumé de la lettre. *RHL* 16:812-813.
1909

1096. 5 janvier 1755. Mme Denis à François Tronchin. "Je n'attandais
pas moins, Monsieur, de votre amitié" *V aux Tronchin*

1097. 6 janvier 1755. Turckheim à J.-R. Tronchin. "Messieurs, J'ai vu
par la lettre" *V aux Tronchin*

1098. 12 janvier 1755. Duchesse de Saxe-Gotha à V. "Souffrez Monsieur
que sans autre préambule" *Archiv* 92:9-10. 1894

1099. 15 janvier 1755. V. au pasteur Jacques-Emmanuel Roques. "J'ai
reçu, monsieur, dans votre ancienne Patrie" *RHL* 44:84. 1937

1100. 15 janvier 1755. V. à Allamand. "Il y avait au XVIe siècle des
barbares qui se joignirent" *RHV* 6:302-303. 1898

1101. 16 janvier [1755]. V. à J.-R. Tronchin. "Je me meurs, Monsieur,
et je voudrais au moins" *V aux Tronchin*

1102. [17 janvier 1755?]. V. à François Tronchin. "Monsieur, Le solitaire malade" *V aux Tronchin. Genava* 23:72. 1945

1103. 18 janvier 1755. Mme Denis à J.-R. Tronchin. "Je vous rends mille
grâces, Monsieur" *V aux Tronchin*

1104. 19 janvier [1755]. Mme Denis à François Tronchin. "Je sais,
Monsieur, que vous avez dû hier" *V aux Tronchin*

1105. 19 janvier 1755. V. à J.-R. Tronchin. "Monsieur, J'ai lu" *V aux
Tronchin*

1106. 23 janvier 1755. V. à J.-R. Tronchin. "Monsieur, Je me conformerai
à vos vues" *V aux Tronchin*

1107. 23 janvier 1755. V. à François Tronchin. "Monsieur J'ai l'honneur
de vous envoier" *V aux Tronchin*

1108. 24 janvier [1755]. V. à J.-R. Tronchin. "Je me conformerai a vos
vües, mon cher monsieur" *V aux Tronchin*

1109. 24 janvier [1755]. V. à J.-R. Tronchin. "Je trouve ici, Monsieur,
un assez joli carosse" *V aux Tronchin*

1110. 24 janvier [1755]. Mme Denis à François Tronchin. "Mon oncle
vous a écrit aujourdui par la poste" *V aux Tronchin*

1111. Ce 24 [janv. 1755]. V. à Lambert. Résumé de la lettre. *RHL*
16:813. 1909

1112. [24 janvier 1755]. V. à François Tronchin. "Je supplie monsieur
de Tronchin le conseiller d'Etat" *V aux Tronchin*

1113. [24?] janvier 1755. François Tronchin à Voltaire. "Depuis votre
départ, Monsieur, il s'est bien passé" *V aux Tronchin*

1114. 25 janv. 1755. V. à Mme Gallatin. "Madame Je ne suis" *V aux
Tronchin*

1115. 25 janvier 1755. V. à François Tronchin. "Monsieur, Je me souviens d'une comédie dans laquelle" *V aux Tronchin*

1116. 25 janvier 1755. Labat à V. "Je conclus" *V aux Tronchin*

1117. 25 janv. 1755. Thiriot à V. "Je vous avais" *RHL* 15:131-133. 1908

1118. 27 janvier 1755. V. à [François Tronchin]. "Monsieur Pardonnez à un malade qui ne peut" *V aux Tronchin*

1119. 30 janvier 1755. Mme Denis à François Tronchin. "Mon oncle avoit eu envie, Monsieur, de faire" *V aux Tronchin*

1120. 30 janvier 1755. V. à François Tronchin. "Il y a 3 jours que je suis au Lit" *V aux Tronchin*

1121. [Janvier 1755]. Mme Denis à François Tronchin. "Mme Denis fait mille complimens" *V aux Tronchin*

1122 1er février 1755. François Tronchin à Voltaire. "M[onsieur], Vous savés dès hier par Mad. votre très bonne nièce" *V aux Tronchin*

1123. 1er février 1755. Duchesse de Saxe-Gotha à V. "Il est vrai Monsieur que notre liberté ne ressemble pas mal" *Archiv* 92:10-11. 1894

1124. 2 février 1755. V. à François Tronchin. "Le plus grand plaisir, Monsieur, que vous puissiez faire" *V aux Tronchin*

1125. 4 février 1755. [François Tronchin] à V. "Je comprends que Messieurs Cramer consultent" *V aux Tronchin*

1126. 4 février [1755]. Mme Denis à François Tronchin. "Mon oncle n' a pas cru convenable, Monsieur" *V aux Tronchin*

1127. 6 févr. 1755. V. à François Tronchin. "Monsieur, Le malade" *V aux Tronchin*

1128. 6 février [1755]. Mme Denis à François Tronchin. "Mon oncle vous envoie, Monsieur, un projet" *V aux Tronchin*

1129. [6 février 1755]. Voltaire, *Mémoire*. "Monsieur de la Batte ayant donné sa parole d'honneur par écrit" *V aux Tronchin*

1130. 7 février 1755. V. à François Tronchin. "Monsieur votre frère, Monsieur, m'a écrit qu'il m'offrait" *V aux Tronchin*

1131. 7 février 1755. François Tronchin à Mme Denis. "Madame, vos inquiétudes sur les difficultés" *V aux Tronchin*

1132. 7 février 1755. Voltaire à François Tronchin. "Je pense qu'on peut simplifier l'affaire" *V aux Tronchin*

1133. [7 février 1755?]. J.J. Mallet à François Tronchin. "Il me vient une pensée, Cher Cousin, je crois en vérité" *V aux Tronchin*

1134. [7 février 1755]. Gabriel Cramer à François Tronchin. "Monsieur de Voltaire nous mande, Monsieur" *V aux Tronchin*

1135. 8 février 1755. François Tronchin à Voltaire. "Je reçois chaque jour de nouveaux engagemens" *V aux Tronchin*

1136. [8 février 1755?]. J.J. Mallet à François Tronchin. "Mr. Cramer le Cadet sort d'icy, Mon Cher Cousin" *V aux Tronchin*

1137. [9 ou 10 février 1755?]. Gabriel et Philibert Cramer à François Tronchin. "Nous sommes enchantés" *V aux Tronchin*

1138. 11 février 1755. V. à J.-R. Tronchin. "Je ne scais" *V aux Tronchin*

1139. 11 février 1755. V. à François Tronchin. "Voici, Monsieur, un petit chifon de papier" *V aux Tronchin*. *Genava* 23:73. 1945

1140. 12 février 1755. Duchesse de Saxe-Gotha à V. "Vous avez bien raison Monsieur d'etre en peine" *Archiv* 92:11-12. 1894

1141. 14 févr. 1755. V. à Allamand. "L'état de ma santé" *RHV* 6:303-304. 1898

1142. 14 février 1755. V. et Mme Denis à François Tronchin. "Le malade du docteur Tronchin, le favorisé" *V aux Tronchin*

1143. [14 février 1755?]. Philibert Cramer à François Tronchin. "Monsieur, J'ai reçu hier une lettre de Mr. de Voltaire" *V aux Tronchin*

1144. 16 février 1755. V. à J.-R. Tronchin. "Nous avons" *V aux Tronchin*

1145. 17 févr. 1755. Allamand à V. "J'ai craint" *RHV* 6:304-306. 1898

1146. 18 février 1755. V. à Mme de Bentinck. "Est-il bien vrai, madame, que je peux" *R Paris* 35:285-287. 1896

1147. 20 févr. [1755]. V. à Lambert. "Il faut enfin" *RHL* 16:813. 1909

1148. 22 février 1755. Seedorf à V. "A quotation" *J. M. Read* 2:162

1149. 24 févr. 1755. V. à Lambert. Résumé de la lettre. *RHL* 16:813. 1909

1150. 27 février 1755. V. à J.-R. Tronchin. "Des vins" *V aux Tronchin*

1151. 28 février 1755. V. à Allamand. "Vos lettres" *RHV* 6:306-307. 1898

1152. 3 mars [1755]. V. à Lambert. "Voici" *RHL* 16:813. 1909

1153. 5 mars 1755. V. à J.-R. Tronchin. "Les eaux du Rhône" *V aux Tronchin*

1154. 17 mars 1755. V. à J.-R. Tronchin. "La lettre de Cadix" *V aux Tronchin*

1155. 17 mars 1755. Allamand à V. "Je suis charmé" *RHV* 6:307-309. 1898

1156. 24 mars 1755. V. à J.-R. Tronchin. "Je suis tout honteux" *V aux Tronchin*

1157. 25 mars 1755. V. à Allamand. "En vérité" *RHV* 6:309. 1898

1158. 28 mars 1755. V. à J.-R. Tronchin. "Je reçois" *V aux Tronchin*

1159. [Mars 1755]. V. à Théodore Tronchin. "Voicy un problème" *V aux Tronchin*

1160. 1er avril 1755. V. à Mme de Bentinck. "Votre lettre du 13 mars, madame, m'a été" *R Paris* 35:287-288. 1896

1161. 2 avril [1755]. V. à J.-R. Tronchin. "Quoy, monsieur, à peine je désire des graines" *V aux Tronchin. Geneva* 23:74. 1945

1162. 4 avril 1755. V. à J.-R. Tronchin. "Assurément" *V aux Tronchin*

1163. 5 avril 1755. V. à J.-R. Tronchin. "C'est votre" *V aux Tronchin*

1164. 5 avril 1755. Duchesse de Saxe-Gotha à V. "Je suis fachée Monsieur de Vous savoir toujours malade" *Archiv* 92:12. 1894

1165. 8 avril 1755. V. à J.-R. Tronchin. "Lekain ira donc" *V aux Tronchin*

1166. 10 avril 1755. V. à Chavan. Résumé de la lettre. *RHL* 16:813. 1909

1167. 11 avril 1755. V. à J.-R. Tronchin. "J'ai reçu, monsieur, de votre part, de l'or" *V aux Tronchin*

1168. 15 avril 1755. V. à J.-R. Tronchin. "Vous me trouvez donc gay, monsieur? Je vous jure" *V aux Tronchin*

1169. 16 avril 1755. V. à Mme de Bentinck. "Je n'ai" *R Paris* 35:288-289. 1896

1170. 18 avril 1755. V. à J.-R. Tronchin. "J'ay reçu" *V aux Tronchin*

1171. 21 avril 1755. V. à J.-R. Tronchin. "Je reçois" *V aux Tronchin*

1172. 25 avril 1755. V. à M. Le Beau de Schosne. "Les maladies continuelles dont je suis accablé" Cabanès 6:158

1173. 28 avril 1755. V. à J.-R. Tronchin. "Je vois" *V aux Tronchin*

1174. [Avril 1755]. V. à Vernes. "J'ai reçu" *RPL* 51,1:290-291. 1913

1175. [Avril 1755?]. M. de Lubières à ? ". . . Ils ont admirablement déclamé *Zaïre*. On s'y amuse beaucoup" *V Ferney* 91

1176. 4 mai 1755. V. à Mme de Fontaine. "Ma très chère nièce, le plus grand de mes chagrins" *RPL* 48,2:739-740. 1910

1177. 7 mai 1755. V. à J.-R. Tronchin. "Vous meublez" *V aux Tronchin*

1178. 7 mai [1755]. Mme Denis à J.-R. Tronchin. "J'ai recours" *V aux Tronchin*

1179. 13 mai 1755. V. à Allamand. "J'ai vécu" *RHV* 6:310. 1898

1180. 16 mai 1755. V. à J.-R. Tronchin. "Madame Denis et moi" *V aux Tronchin*

1181. 23 mai 1755. V. à J.-R. Tronchin. "Mr Labat n'est point" *V aux Tronchin*

1182. 26 mai [1755]. V. à J.-R. Tronchin. "Je reçois" *V aux Tronchin*

1183. [Mai 1755?]. V. à Gabriel Cramer. "la grande affaire" *RR* 30:45. 1939

1184. 4 juin [1775]. V. à Mme de Bentinck. "Voici, madame, de quoi vous faire Suissesse" *R Paris* 35:289-290. 1896

1185. 9 juin [1755]. Mme Denis à J.-R. Tronchin. "Monsieur votre frère, Monsieur, vouloit vous écrire" *V aux Tronchin*

1186. 10 juin 1755. Collini à Grasset. "M. de Voltaire sait qu'il y a à Lausanne" Desnoiresterres 5:111

1187. 18 juin 1755. Collini à Grasset. "Vous ferez fort bien de venir vous présenter" Desnoiresterres 5:111

1188. 18 juin 1755. V. à J.-R. Tronchin. "J'ay donné" *V aux Tronchin*

1189. 20 juin 1755. Mme Denis à ? ". . . Tout irait bien sans cette *Pucelle*" *V Ferney* 98-99

1190. 20 juin 1755. Allamand à V. "Pascal disait" *RHV* 6:321-322. 1898

1191. 24 juin 1755. Mme de Löys de Bochat à M. de Brenles. "I will not make an indiscreet use" J M Read 1:90

1192. 28 juin [1755]. Mme Denis à J.-R. Tronchin. "Je ne doute pas, Monsieur, que ma lettre ne soit" *V aux Tronchin*

1193. [Juin 1755]. V. à François Tronchin. "Je vous supplie" *V aux Tronchin*

1194. [Juin 1755?]. V. à Jalabert. "Je vous renvoie, monsieur, la rapsodie" *V Ferney* 99-100

1195. 5 juillet [1755]. Mme de Löys de Bochat à Mme de Brenles. "Monsieur de Brenles was surely" J M Read 1:90-92

1196. 5 juillet 1755. Duchesse de Saxe-Gotha à V. "Je n'ai pas eu le courage Monsieur de rompre" *Archiv* 92:12-13. 1894

1197. 6 juillet 1755. V. à Allamand. "Vous êtes donc aussi comme l'un de nous" *RHV* 6:322-323. 1898

1198. 11 juill. [1755]. Mme Denis à Lambert. Résumé de la lettre. *RHL* 16:814. 1909

1199. 12 juillet 1755. V. à J.-R. Tronchin. "Voici, Monsieur" *V aux Tronchin*

11.99.1. 18 juillet 1755. Collini à Grasset "Vous ferez fort bien de venir" Desnoiresterres 5:111

1200. 26 juillet 1755. François Grasset, *Mémoire* "Déclaration libre, volontaire et publique" *V aux Tronchin*

1201. 29 juillet 1755. V. à J.-R. Tronchin. "J'ai l'honneur" *V aux Tronchin*

1202. [31 juillet 1755]. V. à J.-R. Tronchin. "Nous avons" *V aux Tronchin*

1203. [Juillet 1755]. Mme Denis à J.-R. Tronchin. "Nous avons reçu, Monsieur, tous les articles" *V aux Tronchin*

1204. [Juillet 1755?]. M. de Lubières à Mme Saladin. "Madame Denis vous donnera" *V Ferney* 91-92

1205. [Fin juillet 1755]. Grasset à ?. "I arrived [at Geneva] on Sunday evening" J M Read 2:173-178

1206. [Fin juillet ou début d'août 1755]. V. au premier syndic. "Monsieur, Vos bontés et celles du magnifique conseil" *V aux Tronchin*

1207. [Fin juillet ou début d'août 1755] V. à Théodore Tronchin. "Monsieur, Je confie à votre amitié et je soumets" *V aux Tronchin*

1208. [2 août 1755?]. V. à François Tronchin. "Je renvoye Gengis à Nicéfore, à qui je présente mes respects" *V aux Tronchin*

1209. [3 août 1755?]. V. à François Tronchin. "Vous ne m'avez rien fait dire, mon cher séducteur" *V aux Tronchin*

1210. [3 août 1755?]. Mme Denis à M. et Mme François Tronchin. "Voulez vous, Madame, venir vous promener" *V aux Tronchin*

1211. [3 août 1755?]. V. à Théodore Tronchin. "C'est la calomnie qu'il faut craindre" *V aux Tronchin*

1212. 4 août 1755. V. au lieutenant de police de Genève. "Je supplie très humblement monsieur le lieutenant" *V aux Tronchin*

1213. 4 août 1755. V. à Frédéric II. "Sire, si les belles-lettres" K et D 3:20

1214. 4 août 1755. V. au Conseil des Vingt-Cinq. "Je supplie très humblement le Magnifique Conseil" *V aux Tronchin*

1215. [Août 1755?]. Théodore Tronchin à François Tronchin. "Il sera, cher ami, question de Voltaire aujourdhui" *V aux Tronchin*

1216. [4 août 1755]. V. à [François Tronchin]. "Il vaudrait" *V aux Tronchin*

1217. 8 août [1755] V. à J.-R. Tronchin. "Je vous supplie" *V aux Tronchin*

1218. [8 août 1755]. V. à [J.-R. Tronchin]. "Les La Beaumelle" *V aux Tronchin*

1219. 9 août 1755. Mme de Loÿs de Bochat à Mme de Brenles. "If up to the present, you have not ventured" J M Read 1:92

1220. 9 août 1755. Mme de Bochat à Mme de Brenles. ". . . The poem on La Pucelle d'Orléans" J M Read 2:172-173

1221. 10 août 1755. J.-R. Tronchin à V. "J'ay receu" *V aux Tronchin*

1222. 13 août [1755]. V. à J.-R. Tronchin. "Je vous renvoye monsieur le billet endossé" *V aux Tronchin*. *Genava* 23:75. 1945

1223. [14] août [1755]. Mme Denis à Collini. "Vous savez" Desnoi-
      resterres 5:104

1224. 15 août 1755. M. de Rodon fils à M. de Brenles. ". . . I have
      learned from M. Grasset" J M Read 2:179-181

1225. 15 août 1755. Mme Denis à Collini. "Je ne reviens pas encore d'un
      homme qui vole chez moi" Desnoiresterres 5:104

1226. 15 août 1755. J.-R. Tronchin à V. "J'ai reçeu" V aux Tronchin

1227. [Vers le 16 août 1755]. Camp à François Tronchin. "Mr votre
      frère me charge, Monsieur" V aux Tronchin

1228. 16 août [1755]. V. à J.-R. Tronchin. "Puisque vous voulez" V aux
      Tronchin

1229. 16 août 1755. François Grasset à François Tronchin. "Monsieur
      J'ai receu tant de marques de bontez" V aux Tronchin

1230. 20 août 1755. V. à J.-R. Tronchin. "Vous allez vous moquer de
      mon imbécillité" V aux Tronchin

1231. 21 août [1755]. V. à Lambert. Résumé de la lettre. RHL 16:814.
      1909

1232. 23 août [1755]. V. à J.-R. Tronchin. "Pardon, pardon! J'ay très
      bien compris" V aux Tronchin. Genava 23:76. 1945

1233. 25 août [1755]. V. à J.-R. Tronchin. "S'il vous convient" V aux
      Tronchin

1234. 26 août [1755]. Mme Denis à Lambert. Résumé de la lettre. RHL
      16:814. 1909

1235. 30 août [1755]. Mme Denis à Lambert. Résumé de la lettre. RHL
      16:814. 1909

1236. 30 août 1755. V. à J-J Rousseau. "J'ai reçu, Monsieur, votre
      nouveau livre contre le genre humain" Corr J J R 2:203-205

1237. 8 septembre 1755. V. à Lambert. Résumé de la lettre. RHL 16:
      815. 1909

1238. 9 sept. 1755. Mme de Saxe-Gotha à V. "Vos lettres" Archiv 92:13-14.
      1894

1239. 10 septembre 1755. J-J Rousseau à V. "C'est à moi, Monsieur, de
      vous remercier à tous égards" Corr J J R 2:206-209

1240. 11 [sept 1755]. Mme Denis à Lambert. Résumé. RHL 16:815. 1909

1241. 12 sept. [1755]. V. à Lambert. Résumé de la lettre. RHL 16:815
      1909

1242. 12 septembre 1755. V. à J.-R. Tronchin. "Nous mangeons" V aux
      Tronchin

1243. 17 sept. [1755]. V. à Lambert. Résumé de la lettre. RHL 16:815.
      1909

1244. 19 septembre [1755]. V à J.-R. Tronchin. "Voicy, monsieur, une
      botte de lettres de change" V aux Tronchin

1245. 20 septembre 1755. J-J Rousseau à V. "En arrivant, Monsieur, de
      la campagne ou j'ai passé" Corr J J R 2:210

1246. 20 septembre 1755. V. à Lambert. "Je reçois, mon cher Lambert,
      votre lettre du 12" RHL 16:815-816. 1909

1247. 22 septembre 1755, aux Délices. Collini à Lambert. Résumé de la
      lettre. RHL 16:816-817. 1909

1248. 27 septembre 1755. Duchesse de Saxe-Gotha à V. "Votre orphelin, Monsieur, vient d'arriver à bon port" *Archiv* 92:14-15. 1894

1249. 27 septembre 1755, aux Délices. Collini à Lambert. Résumé de la lettre. *RHL* 16:817. 1909

1250. Septembre [1755]. V. à J-J Rousseau. "M. Rousseau a dû recevoir de moi une lettre de remercîment" *Corr J J R* 2:209-210

1251. Septembre 1755. V. à Allamand. "Une tragédie à finir" *RHV* 6:323. 1898

1252. [Sept. 1755]. V. à Mme de Fontaine. "Le porteur" *RPL* 48,2:740. 1910

1253. 1er octobre 1755. V. à J.-R. Tronchin. "Nous avons toujours recours à vous, monsieur" *V aux Tronchin*

1254. 1er octobre 1755, aux Délices. Collini à Lambert. Résumé de la lettre. *RHL* 16:817. 1909

1255. Mercredi 1er octobre [1755]. Thiriot à V. "Je ne comprends pas, mon très illustre ami" *RHL* 15:133-134. 1908

1256 [Début octobre 1755]. V. à Théodore Tronchin. "Je n'ay pu, monsieur, entendre César faire l'histoire de la guerre" *V aux Tronchin*

1257. [Début octobre 1755]. V. à François Tronchin. "Madame Denis, mon cher ami" *V aux Tronchin*

1258. [Début octobre 1755?]. Mme Denis à François Tronchin. "Voulez vous venir diner, Monsieur, dimanche" *V aux Tronchin*

1259. 10 octobre 1755. V. à J.-R. Tronchin. "Vous m'avez mis dès longtemps, Monsieur" *V aux Tronchin*

1260. 10 oct. 1755. Collini à Lambert. Résumé de la lettre. *RHL* 16:817. 1909

1261. 11 oct. 1755. V. à Lambert. Résumé de la lettre *RHL* 16:818. 1909

1262. 13 octobre 1755. V. à Lambert. Résumé de la lettre. *RHL* 16:817. 1909

1263. 14 octobre [1755]. Thiriot à V. "Je vous adresse" *RHL* 15:134-135. 1908

1264. 15 octobre [1755]. V. à J.-R. Tronchin. "J'ay lu" *V aux Tronchin*

1265. 24 oct. 1755. Collini à Lambert. Résumé de la lettre. *RHL* 16:818. 1909

1266. 27 octobre 1755. V. à J.-R. Tronchin. "Je reçois" *V aux Tronchin*

1267. [Octobre 1755 ?]. V. à François Tronchin. "Le malade" *V aux Tronchin*

1268. 1er novembre 1755. V. à [J.-R. Tronchin]. "Je vous supplie" *V aux Tronchin*

1269. 1er nov [1755]. V. à Richelieu. "Voilà donc" Bengesco, *Bibl* 3:350

1270. 1er novembre 1755. Patu à Garrick. "Je vous demande pardon, mon cher et digne ami" *Corr Garrick* 2:407-410

1271. 5 nov 1755. V. à J.-R. Tronchin. "Votre jardinier" *V aux Tronchin*

1272. 8 nov 1755. V. à Lambert. Résumé de la lettre. *RHL* 16:818. 1909

1273. 14 novembre 1755. V. à J.-R. Tronchin. "J'ay écrit" *V aux Tronchin*

1274. 16 novembre [1755]. V. à Gabriel Cramer. "Il se trouve caro qu'il ny aura plus qu'une demi feuille" *Gand artistique* 9:95-96. 1930

1275. 16 novembre 1755. M. de La Marche à V. "Croiroit-on" Nisard 333-334

1276. 19 novembre 1755. V. à J.-R. Tronchin. "Nous avons" *V aux Tronchin*

1277. 24 novembre 1755. Hénault à Mme Denis. ". . . Est-il possible que nous ne vivions plus avec le plus beau génie de nos contemporains" Desnoiresterres 1:191

1278. 24 novembre [1755]. V. à J.-R. Tronchin. "Voyla, monsieur, une phisique bien cruelle" *V aux Tronchin. Genava* 23:76. 1945

1279. 26 novembre 1755. V. à J.-R. Tronchin. "Mon cher correspondant, j'imagine que" *V aux Tronchin*

1280. Novembre 1755. V. à d'Argenson. "Assurément, Monseigneur, Si vous aimez" Bengesco, *Bibl* 3:301-302

1280.1 [1er décembre 1755]. V. à [Pierre Pictet]. "ouy les anglais prennent tout" *RR* 32:245. 1941

1281. 3 décembre 1755. V. à J.-R. Tronchin. "Vous devez, mon cher monsieur, avoir plus d'affaires" *V aux Tronchin*

1282. 4 décembre 1755. V. à [Gabriel Cramer]. "On me presse extremement" *RR* 31:342-343. 1940

1283. 8 décembre 1755. V. à J.-R. Tronchin. "Je reçois" *V aux Tronchin*

1284. 9 décembre 1755. V. à J.-R. Tronchin. "Je vois" *V aux Tronchin*

1285. 10 décembre 1755. V. à J.-R. Tronchin. "Vous apprendrez" *V aux Tronchin*

1286. [10 décembre 1755]. V. à François Tronchin. "Mon cher confrere, voicy ma lettre" *V aux Tronchin*

1287. 14 décembre [1755]. Mme Denis à J.-R. Tronchin. "Nous avons quité nos delices, Monsieur" *V aux Tronchin*

1288. 16 décembre 1755. V. à François Tronchin. "Je reçois toujours de façon ou d'autre" *V aux Tronchin*

1289. 16 décembre 1755. V. à Allamand. "Je suis venu, Monsieur, me faire marmotte" *RHV* 6:323-324. 1898

1290. [16 décembre 1755?]. Mme Denis à François Tronchin. "Notre corps est à Lauzane et notre coeur a Geneve" *V aux Tronchin*

1291. 17 décembre 1755. V. à J.-R. Tronchin. "Il n'y a pas grand mal, mon cher Monsieur" *V aux Tronchin*

1292. 20 déc 1755. Mme de Saxe-Gotha à V. "Si j'ai tardée" *Archiv* 92:15. 1894

1292.1. 21 décembre [1755]. V. à Pierre Pictet. "j'ay mille graces a vous rendre" *RR* 32:246. 1941

1293. 23 décembre 1755. V. à Théodore Tronchin. "Nous recourons à vous" *V aux Tronchin*

1294. 24 [décembre 1755]. V. à J.-R. Tronchin. "Je vous supplie" *V aux Tronchin*

1295. 26 déc 1755. V. à Vernes. "Ceux qui vous ont dit" *RPL* 51,1:291. 1913

1296. [1755]. V. à François Tronchin. "Quoy! Vous voulez" *V aux Tronchin*

1297. Samedi [1755]. V. à Collini. "Nous comptions" *RHL* 17:804. 1910

1298. [fin 1755]. V. à Lambert. Résumé de la lettre. *RHL* 16:818. 1909
1299. [1755?]. V. à Gabriel Cramer. "le lausanois dit que le grassouillet ne craint rien" *RR* 30:45. 1939
1300. [1755?]. V. à Gabriel Cramer. "vraiment voicy une bonne sottise de ma façon" *RR* 30:44. 1939
1301. [1755?]. Mme Denis à François Tronchin. "Madame Denis est partie aujourdui pour Lausanne" *V aux Tronchin*

1756

1302. 1er janvier 1756. V. à François Tronchin. "Je commence, mon très cher confrère" *V aux Tronchin*
1303. 2 janv. 1756. V. à Lambert. Résumé de la lettre. *RHL* 16:818. 1909
1304. 2 janvier [1756]. V. à J.-R. Tronchin. "Les solitaires" *V aux Tronchin*
1305. 4 janvier 1756. V. à [François Tronchin]. "Je ne sais" *V aux Tronchin*
1306. 4 janv. 1756. Mme Denis à Lambert. Rés. de la lettre. *RHL* 16:818-819. 1909
1307. 6 janvier 1756. François Tronchin à V. "Je n'ai quitté" *V aux Tronchin*
1308. 8 janv. 1756. V. à Th. Tronchin. "Esculape Apollon, pardon" *V aux Tronchin*
1309. 17 janvier 1756. Duchesse de Saxe-Gotha à V. "Je vous ai Monsieur une obligation infinie" *Archiv* 92:15-16. 1894
1310. 19 janv. 1756. V. à J.-R. Tronchin. "J'ai l'honneur" *V aux Tronchin*
1311. 22 janvier 1756. V. à Mme de Fontaine. "Ma chère nièce, gardez ce que M. d'Argental" *RPL* 48,2:740-741. 1910
1312. 25 janv. [1756]. Mme Denis à J.-R. Tronchin. "Il est bien juste, Monsieur, puisque vous avez la bonté de paier mes dettes" *V aux Tronchin*
1312.1. 29 janvier [1756]. V. à Pierre Pictet. "en vous remerciant" *RR* 32:246. 1941
1313. 29 janvier 1756. V. à François Tronchin. "Mon tres cher confrere, le secret du bonhomme Denis" *V aux Tronchin*
1314. 6 févr. 1756. V. à Labat. "You are a very amiable man to deign to enter into the little annoyances of others" J M Read 2:202
1315. 6 février [1756]. V. à J.-R. Tronchin. "Il me parait, monsieur, qu'on est un peu mortifié" *V aux Tronchin*
1315.1. 12 février [1756]. V. à Pierre Pictet. "madame denis, mon tres cher voisin" *RR* 32:247. 1941
1316. 12 février [1756]. Mme Denis à François Tronchin. "Vous avez raison, Monsieur, nous avons mené une vie" *V aux Tronchin*
1317. 14 [février? 1756]. V. aux frères Cramer. "nous nous sommes trop pressez freres tres chers" *RR* 31:343-345. 1940
1318. 15 février 1756. V. à Madame de Fontaine. "Ma chère enfant, mettez-vous bien" *RPL* 48,2:741. 1910

1319.   19 février [1756]. V. à J.-R. Tronchin. "Ne pouriez vous" *V aux Tronchin*

1320.   19 février [1756]. Mme Denis à François Tronchin. "Notre aimable docteur a passé avant hyer ici" *V aux Tronchin*

1321.   20 février 1756. Duchesse de Saxe-Gotha à V. "Plus que jamais Monsieur, je trouve que tout est bien" *Archiv* 92:16-17. 1894

1321.1. [Printemps ? 1756]. V. à [Pierre Pictet]. "jay lu ce *petit* morceau" *RR* 32:248. 1941

1322.   22 février 1756. V. à Vernes. "Je vous suis très obligé, Monsieur, de la petite note de M. Abauzit" *RPL* 51,1:291. 1913

1323.   26 février 1756. V. à J.-R. Tronchin. "Je ne voulais" *V aux Tronchin*

1324.   29 févr. [1756]. V. à J.-R. Tronchin. "Des dissensions" *V aux Tronchin*

1325.   [Février 1756]. V. à J.-R. Tronchin. "La nouvelle du saccagement de Philadelfie" *V aux Tronchin*

1326.   6 mars [1756]. V. à J.-R. Tronchin. "Grand merci" *V aux Tronchin*

1327.   [Après le 7 mars? 1756]. V. à ? "poeme sur lisbonne,- après ce vers,- sans pouvoir un moment" *RR* 31:346. 1940

1328.   9 mars [1756]. V. à J.-R. Tronchin. "Ce que vous avez" *V aux Tronchin*

1329.   9 mars [1756]. V. à Mme de Bentinck. "J'étais si plein de vous, Madame, de votre" *R Paris* 35:290-292. 1896

1330.   10 mars 1756. V. à J.-R. Tronchin. "Nous vous bénissons en venant aux Délices" *V aux Tronchin*

1331.   14 mars [1756]. V. à François Tronchin. "Le docteur est le médecin du corps, et vous êtes celui des âmes" *V aux Tronchin*

1332.   17 mars [1756]. V. à François Tronchin. "Mon cher confrère, il est vray que j'ay l'insolence" *V aux Tronchin*

1333.   22 mars 1756. V. à Lambert. Résumé de la lettre. *RHL* 16:819. 1909

1334.   31 mars [1756]. V. à Théodore Tronchin (par l'entremise de Mme de Fontaine). "Ce n'est pas à vous que j'écris, ma grosse nièce" *V aux Tronchin*

1335.   1er avril [1756]. Mme Denis à François Tronchin. "Tout va" *V aux Tronchin*

1336.   [Début d'avril 1756?]. V. à Fr. Tronchin. "Vous êtes" *V aux Tronchin*

1337.   6 avr. 1756. Duchesse de Saxe-Gotha à V. "J'avoue" *Archiv* 92:17-18. 1894

1338.   9 avril 1756. V. à J.-R. Tronchin "Il y a mille ans" *V aux Tronchin*

1339.   14 avril [1756]. V. à J.-R. Tronchin. "Mon cher correspondant, je crois que je suis le seul" *V aux Tronchin*

1340.   Pâques 1756 [18 avril]. V. à Lambert. "In re-reading your last letter, I saw that you asked me to send" *J M Read* 2:203

1341.   19 avril 1756. Thiriot à V. "J'attendais" *RHL* 15:136-137. 1908

1342.   20 [avril 56]. V. à J.-R. Tronchin. "Je vous remercie" *V aux Tronchin*

1343. [Fin avril 1756?]. V. à Théodore Tronchin. "Ordonnez, mon cher grand homme, ce que je dois" *V aux Tronchin*

1344. [Avril 1756?]. Mme Denis à François Tronchin. "Mon Oncle dort encore, mais comme je suis sûre" *V aux Tronchin*

1345. 3 mai [1756]. V. à Allamand. "Vous n'avez" *RHV* 6:324. 1898

1346. 8 mai [1756]. V. à Hénault. "J'aurai" *Hénault* 430-433

1347. 11 mai 1756. Duchesse de Saxe-Gotha à V. "Je ne sais s'il y a de la vanité dans mon fait" *Archiv* 92:18-19. 1894

1348. 13 mai [1756?]. V. à Allamand. "Un officier" *Festgabe Crecelius* 220

1349. 27 mai [1756]. V. à J.-R. Tronchin. "Après un petit voyage" *V aux Tronchin*

1350. 27 [mai 1756]. V. à Collini. "Puisque vous avez tant de talent pour le dessin" *RHL* 17:805. 1910

1351. [Mai 1756?]. V. à J.-R. Tronchin. "J'ai reçu" *V. aux Tronchin.*

1352. 1er juin [1756?]. V. à Allamand. "Les lettres" *Festgabe Crecelius* 221

1353. [Début de juin 1756?]. V. à François Tronchin. "Mr de Voltaire et Mme Denis font" *V aux Tronchin*

1354. 4 juin [1756]. V. à J.-R. Tronchin. "Revenu chez vous" *V aux Tronchin*

1355. 6 juin 1756. Algarotti à V. "Mi prevalgo" *Opere Algarotti* 16:110-111.

1356. [Vers le 12] juin [1756]. M. de Brenles à V. "I hasten to acquaint you with my joy, my dear philosopher" *J M Read* 2:203-204

1357. 15 juin [1756]. V. à J.-R. Tronchin. "Mon cher correspondant, M. de Richelieu" *V aux Tronchin*

1358. 17 juin [1756]. V. à J.-R. Tronchin. "Voila t'il pas encor l'insatiable Made Denis" *V aux Tronchin*

1359. 19 juin [1756]. V. à J.-R. Tronchin. "D'un coté" *V aux Tronchin*

1360. 21 [juin 1756]. V. à J.-R. Tronchin. "On m'a écrit" *V aux Tronchin*

1361. Lundi 21 juin 1756. Thiriot à V. "J'ai trouvé en arrivant d'Etiolles" *RHL* 15:137-139. 1908

1362. 27 juin [1756]. V. à M. de Brenles. ". . . The best of worlds possible, my dear friend, is very sad for those" *J M Read* 2:204-205

1363. [Juin 1756]. V. à François Tronchin. "Mille pardons" *V aux Tronchin*

1364. 1er juillet 1756. Thiriot à V. "Je reçois" *RHL* 15:139-140. 1908

1365. 5 juillet [1756]. V. à J.-R. Tronchin. "Mais quoy?" *V aux Tronchin*

1366. 6 juillet 1756. Duchesse de Saxe-Gotha à V. "Votre aimable lettre ne laisse pas de soulager" *Archiv* 92:19. 1894

1367. 6 juillet 1756. Thiriot à V. "Un galant homme" *RHL* 15:140-142. 1908

1368. 7 juillet [1756]. V. à M. Bertrand. "Mon cher philosophe, on est quelquefois" *Correspondant* 244:661-662. 1911

1369. 10 juillet [1756]. Thiriot à V. "Oh! pour le coup" *RHL* 15:142-143. 1908

1370. 12 juill [56]. V. à J.-R. Tronchin. "M. le maréchal de Richelieu" *V aux Tronchin*

1371. 21 juill [1756]. V. à J.-R. Tronchin. "Vous viendrez donc" *V aux Tronchin*

1372. 24 juillet [1756]. V. à J.-R. Tronchin. "Je ne sais" *V aux Tronchin*

1373. 30 juillet [1756]. V. à J.-R. Tronchin. "Mon aimable" *V aux Tronchin*

1374. 2 août [1756]. V. à J.-R. Tronchin. "Mr d'Alembert m'a écrit. Ne sachant pas son adresse" *V aux Tronchin*

1375. 3 août 1756. M. de Barnewall à Voltaire. "You will no doubt be surprised, Sir" J M Read 2:206-207

1376. 3 août 1756. Duchesse de Saxe-Gotha à V. "Nous somes ici depuis quinze jours" *Archiv* 92:19-20. 1894

1377. 7 août 1756. François Tronchin à d'Argental. "Monsieur, n'y a t'il point trop de présomption" *V aux Tronchin*

1378. 8 août [1756]. Thiriot à V. "Je vous ai fait savoir" *RHL* 15:144-145. 1908

1379. 16 août 1756. Lubière à ? "Nous avons le plaisir d'avoir ici M. d'Alembert" *V Ferney* 164-165

1380. 18 août 1756. J-J Rousseau à V. "Vos deux derniers poèmes, Monsieur, me sont parvenus *Corr J J R* 2:303-324

1381. 27 août [1756]. Thiriot à V. "Ce n'était" *RHL* 15:145-146. 1908

1382. [Août 1756?]. V. à Gabriel Cramer. "pourquoi tuer ce singe? cest moy qui ai tort" *RR* 30:48. 1939

1383. [Été 1756]. V. à François Tronchin. "Grand merci du ruricole. Je suis plus heureux que vous" *V aux Tronchin*

1384. [Été 1756]. V. à François Tronchin. "Je passe ma vie, mon très cher confrere, en robe de chambre" *V aux Tronchin*

1385. [Été 1756]. V. à François Tronchin. "Mon très cher Comnène, je ne sais pas bien" *V aux Tronchin*

1386. 4 septembre 1756. Duchesse de Saxe-Gotha à V. "Sans être philosophe je suis encor un peu" *Archiv* 92:20-21. 1894

1387. 10 septembre 1756. V. à Blin de Sainmore. "Les vers que vous avez bien voulu m'envoyer" *RDM* 8-38:368. 1937

1388. 12 septembre 1756. V. à J-J Rousseau. "Mon cher Philosophe, nous pouvons vous et moi" *Corr J J R* 2:328

1389. 15 septembre [1756]. V. à Allamand. "Ne vous étonnez pas, mon cher philosophe" *RHV* 6:324-325. 1898

1390. 26 [septembre 1756]. V. à Thiriot. "Voici la réponse de M. Tronchin" *RPL* 47,2:461. 1909

1391. 27 septembre [1756]. V. à J.-R. Tronchin. "Je n'ay jamais" *V aux Tronchin*

1392. 28 septembre 1756. V. à Jeanmaire. "En conséquences de mes conventions, monsieur, je vous instruis" *S Em M* 35:171-172. 1908

1393. 29 septembre [1756]. V. à J.-R. Tronchin. "Madame Denis" *V aux Tronchin*

1394. 6 oct [1756]. V. à J.-R. Tronchin. "Vous vous attendiez" *V aux Tronchin*

1395. 9 octobre [1756]. V. à J.-R. Tronchin. "S'il est question" *V aux Tronchin*

1396. 9 octobre [1756?]. V. à Jeanmaire. "En réponse" *S Em M* 35:172. 1908

1397. 10 octobre [1756]. V. à J.-R. Tronchin. "Celuy qui fit passer il y a seize ans tant de miliers d'hommes" *V aux Tronchin*

1398. 12 oct 1756. Thiriot à V. "Je suis fort empressé" *RHL* 15:146-148. 1908

1399. 14 octobre [1756]. V. à J.-R. Tronchin. "Quand le dernier" *V aux Tronchin*

1400. 25 octobre [1756]. V. à J.-R. Tronchin. "Voicy, mon cher" *V aux Tronchin*

1401. 27 octobre 1756. V. à Jeanmaire. "Je ne peux vivre sans ma rente, monsieur" *S Em M* 35:172-173. 1908

1402. 28 octobre 1756. Duchesse de Saxe-Gotha à V. "Après avoir fais la lecture de Votre charmante lettre" *Archiv* 92:21-22. 1894

1403. 30 octobre [1756]. V. à J.-R. Tronchin. "Je vous envoyai" *V aux Tronchin*

1404. [Fin octobre 1756?]. V. à François Tronchin. "Mr le conseiller Tronchin et Madame ne nous feront-ils pas" *V aux Tronchin*

1405. 1er novembre 1756. V. à J.-R. Tronchin. "Voicy de quoy" *V aux Tronchin*

1406. 3 novembre 1756. V. à J.-R. Tronchin. "Voicy encor pour le magot, mon cher correspondant" *V aux Tronchin*

1407. 4 novembre [1756]. Thiriot à V. "J'ai été" *RHL* 15:148-149. 1908

1408. 6 novembre [1756]. V. à J.-R. Tronchin. "Cette fois cy" *V aux Tronchin*

1409. 17 novembre [1756]. V. à J.-R. Tronchin. "Mon cher correspondant, je laisse quelquefois passer" *V uux Tronchin*

1410. 18 nov 56. Mme de Saxe-Gotha à V. "Je ne trouve" *Archiv* 92:22-23. 1894

1411. 20 novembre [1756]. V. à J.-R. Tronchin. "Il y a" *V aux Tronchin*

1412. 24 nov [1756]. V. à J.-R. Tronchin. "J'ay reçu mon cher" *V aux Tronchin*

1413. 27 novembre [1756]. V. à J.-R. Tronchin. "Jay reçu les réchauts" *V aux Tronchin*

1414. 28 novembre [1756?]. Mme Denis à Lekain. "J'imagine" *V Ferney* 131-132

1415. [1er décembre 1756]. V. à J.-R. Tronchin. "En vous remerciant, en vous remerciant toujours" *V aux Tronchin*

1416. 5 décembre 1756. J.-R. Tronchin à V. "Nous prenons" *V aux Tronchin*

1417. [7 décembre 1756?]. Mme Denis à Polier de Bottens. "Quand on connoit Lausanne, monsieur" Golowkin 191-192

1418. 8 décembre [1756]. V. à J.-R. Tronchin. "En réponse" *V aux Tronchin*

1419. 12 décembre 1756. J.-R. Tronchin à V. "La lettre" *V aux Tronchin*

1420. 15 décembre [1756]. V. à J.-R. Tronchin. "Je débute" *V aux Tronchin*

1421. 17 décembre [1756]. V. à J.-R. Tronchin. "Je songe toujours, mon cher correspondant, qu'il est bien triste" *V aux Tronchin*

1422. 18 décembre 1756. Duchesse de Saxe-Gotha à V. "Souffres qu'en qualité de Votre Agente, je Vous envoye" *Archiv* 92:23-24. 1894

1422.1. 21 décembre (1756 ?). Voyez 21 décembre [1755], V. à P. Pictet.

1423. 22 décembre 1756. V. à J.-R. Tronchin. "Mille graces des flambeaux, mon cher et aimable correspondant" *V aux Tronchin*

1424. 26 décembre 1756. Richelieu à V. "Le sort de l'amiral Bing me fait grand pitié" *V aux Tronchin*

1425. 27 décembre [1756]. V. à J.-R. Tronchin. "J'ajoute encor" *V aux Tronchin*

1426. 31 décembre [1756]. V. à J.-R. Tronchin. "Encor aux Délices! On ne peut quitter votre maison" *V aux Tronchin*

1427. 1756. V. à Mme Gallatin. "Nous sommes aux ordres" *V Ferney* 88

1428. [1756]. V. à Frédéric II. "O Salomon du Nord, o philosophe-roi" K et D 3:21-22

1429. [1756?]. V. à François Tronchin. "Mr Robert Tronchin nous a" *V aux Tronchin*

1430. [1756?]. Mme Denis à M. et Mme François Tronchin. "Mme Denis fait mille complimens" *V aux Tronchin*

1431. [1756?]. V. à Gabriel Cramer. "NB pour l'editeur" *RR* 30:48. 1939

1432. [1756?]. V. à Vernes. "J'aurai l'honneur" *RPL* 51,1:291. 1913

1433. [1756?]. V. à Gabriel Cramer. "vous etes" *RR* 30:48. 1939

1434. [1756?]. V. à Gabriel Cramer. "Mon cher gabriel s il arrive que vous fassiez un jour une nouvelle edition" *RR* 30:47. 1939

1435. [1756?]. V. à Gabriel Cramer. "page 333 du tome 8" *RR* 30:47. 1939

1436. [1756?]. V. à MM. Cramer. "je vous Supplie" *RR* 30:47. 1939

1437. [1756?]. V. à Gabriel Cramer. "des que le fidele vaniere sera revenu" *RR* 30:46. 1939

1438. [1756?]. V. à Gabriel Cramer. "Monsieur caro voudra" *RR* 30:47. 1939

1439. [1756?]. V. à Gabriel Cramer. "je me flatte que Mr Crammer voudra bien accepter" *RR* 30:46-47. 1939

1440. [1756?]. V. à Gabriel Cramer. "javais mande a l'imprimerie qu'on m'envoiast [*sic*]" *RR* 30:46. 1939

1441. [Fin 1756?]. V. à Georges Keate. "Je vous remercie de tout mon coeur. J'aime à voir" Bengesco, *Lettres* 2

1442. [Fin 1756?]. V. à Georges Keate. "I have hop'd till this moment to be able to enjoy the" Bengesco, *Lettres* 1

1757

1443. 2 janvier [1757]. V. à François Tronchin. "Voicy, mon cher ami, la lettre que je recois" *V aux Tronchin*

1444. 13 janvier 1757. V. à. Hénault. "Mon cher et illustre confrère, je vous demande" *Correspondant* 234:595. 10 février 1909

1445. 15 janvier [1757]. V. à François Tronchin. "Je suis bien sensible, mon tres cher ami" *V aux Tronchin*

1445.1. 16 janvier [1757]. V. à Pierre Pictet. "mon tres aimable voisin, les délices" *RR* 32:249. 1941

1446. 19 janvier [1757]. V. à Vernes. "Je vous suis bien obligé, mon très aimable ministre" *RPL* 51,1:291-292. 1913

1447. 23 janvier 1757. V. à J.-R. Tronchin. "J'ay l'honneur de vous envoyer, mon cher correspondant" *V aux Tronchin*

1448. 27 janvier [1757]. V. à J.-R. Tronchin. "Je vois mon compte, mon cher correspondant" *V aux Tronchin*

1449. [27 ou 28 janvier 1757]. V. à François Tronchin. "Mon cher confrère, j'ay cru que cette lettre" *V aux Tronchin*

1450. 1er février [1757]. V. à J.-R. Tronchin. "Est-il vrai, mon cher correspondant, que les Anglais" *V aux Tronchin*

1451. 4 ou 5 février [1757]. V. à J.-R. Tronchin. "Mon cher correspondant, encor un gros vaisseau de pris" *V aux Tronchin*

1452. 6 février [1757]. V. à J.-R. Tronchin. "Voicy, mon cher correspondant, la pancarte" *V aux Tronchin*. *Genava* 23:77. 1945

1453. 7 février [1757]. V. et Mme Denis à Théodore Tronchin. "Nous avons vu hyer Mlle de Rieux, mon très aimable docteur" *V aux Tronchin*

1454. 13 février 1757. V. à J.-R. Tronchin. "Je ne crois point vous avoir dit combien la catastrophe" *V aux Tronchin*

1455. [13 février 1757]. Mme Denis à François Tronchin. "Nous jouons des tragédies, mon cher ami!" *V aux Tronchin*

1456. 15 février 1757. M.F. Wesselowsky ou [Wetslof] à V. "I am well aware how little a eulogy from a private person" J M Read 2:207-208

1457. 17 février [1757]. V. à J.-R. Tronchin. "Je ressemble un peu à Gros Jean que remontrait" *V aux Tronchin*

1458. 19 février 1757. V. à J.-R. Tronchin. "Grand merci du vin de Toulon" *V aux Tronchin*

1459. 19 février 1757. Duchesse de Saxe-Gotha à V. "que Voulès Vous que je Vous dise? je suis" *Archiv* 92:24. 1894

1460. [20?] février 1757. M.F. Wesselowsky à V. "I have this moment received the letter which you have done me the honour" J M Read 2:208-209

1461. [17 ou 22] février (1757). V. à Georges Keate. "Je prends, mon cher Monsieur, sur ma fièvre et sur tous" Bengesco, *Lettres* 3-4

1461.1. 22 février [1757]. V. à Pierre Pictet. "mon tres cher voisin, la volonté" *RR* 32:249. 1941

1462. [Février 1757?]. V. à [François] Tronchin. "J'ay décacheté la lettre comme il a été ordonné" *V aux Tronchin*

1463. 3 mars [1757]. V. à J.-R. Tronchin. "Savez vous, mon cher correspondant, ce que c'est" *V aux Tronchin*

1464. 5 mars [1757 ou 1758]. V. à Jacob Vernes. "Mon cher confrère, vous n'ignorez" *RHL* 19:895. 1912

1465. [6 mars 1757]. V. à D.-L. de Constant d'Hermenches. "Je ne suis pas à portée de juger" *Mélanges S de Grave* 349. *N Litt* 5 avril 1930

1466. 10 mars [1757]. V. à J.-R. Tronchin. "Vous allez donc" *V aux Tronchin*

1467. 10 mars [1757]. V. à Fr Tronchin. "J'aimerais" *V aux Tronchin*

1468. 12 mars 1757. Duchesse de Saxe-Gotha à V. "La lettre charmante dont il Vous a plu charger" *Archiv* 92:25-26. 1894

1469. 13 mars [1757]. V. à J.-R. Tronchin. "Trois Tronchins" *V aux Tronchin. Genava* 23:78. 1945

1470. 15 mars 1757. V. à Jeanmaire. "Selon l'usage" *S Em M* 35:174. 1908

1471. 18 mars [1757]. V. à J.-R. Tronchin. "Je vous supplie, mon aimable correspondant" *V aux Tronchin*

1472. [20 mars 1757]. V. à Vernes. "Nous avons" *RPL* 51,1:292. 1913

1473. 24 mars [1757]. V. à J.-R. Tronchin. "Mon cher correspondant, pardon de l'importunité" *V aux Tronchin*

1473.1. 27 mars [1757]. V. à Pierre Pictet. "vous voila donc" *RR* 32:250. 1941

1474. 27 mars [1757]. V. à J.-R. Tronchin. "Mon cher monsieur, le bruit se renouvelle" *V aux Tronchin*

1475. 29 mars [1757]. V. à J.-R. Tronchin. "Je ne scais plus que penser, mon cher correspondant" *V aux Tronchin*

1476. 3 avril 1757. V. à Madame de Fontaine. "Que devient le char de guerre?" *RPL* 48,2:776. 1910

1477. 7 avril [1757]. V. à J.-R. Tronchin. "Je n'ay demandé, mon cher monsieur, des billets" *V aux Tronchin*

1478. 8 avril [1757]. V. à J.-R. Tronchin. "Mon cher correspondant, vingt conseillers" *V aux Tronchin*

1479. 10 avril 1757. Thiriot à V. "Votre commission n'a point tardé" *RHL* 15:149-150. 1908

1480. 13 avril [1757]. V. à J.-R. Tronchin. "Vous m'avez peutêtre écrit, mon cher correspondant" *V aux Tronchin*

1481. 13 avril [1757]. V. à Passerat de La Chapelle. "Je suis très sensible, monsieur, à votre" *R Universitaire* 1:160. 1898

1482. 16 avril 1757. V. à J.-R. Tronchin. "Je reçois" *V aux Tronchin*

1483. 17 avril [1757]. V. à J.-R. Tronchin. "Il faut commencer" *V aux Tronchin*

1484. 19 avril 1757. Duchesse de Saxe-Gotha à V. "Pour le coup, Monsieur, il n'y a pas de ma faute" *Archiv* 92:26-27. 1894

1485. 20 avril [1757]. V. à J.-R. Tronchin. "Je pourrais être un peu mécontent, mon cher monsieur" *V aux Tronchin*

1486. 23 avril 1757. V. à Lambert. Résumé de la lettre. *RHL* 16:819. 1909

1487. 20 avril 1757. V. à Jeanmaire. "Vous n'ignorez pas" *S Em M* 35:174-175. 1908

1488. 23 avril [1757]. V. à J.-R. Tronchin. "Avez vous vu, monsieur, la muse de Madame de Bocage?" *V aux Tronchin*

1489. 23 avril [1757]. V. à Lambert. "quand jay seu que vous faisiez une édition" *MP* 27:251. 1929

1490. 3 mai 1757. Duchesse de Saxe-Gotha à V. "Depuis quelque tems Vos lettres Monsieur" *Archiv* 92:27-28. 1894

1491. 4 mai 1757. V. à J.-R. Tronchin. "Je reçois toujours" *V aux Tronchin*

1492. [Vers le 5 mai 1757]. V. à Becker. "Monsieur je reconnais les bontez généreuses de son Altesse Electorale" *ZGOb* Neue Folge 2:276-277. 1887

1493. 10 mai [1757]. V. à J.-R. Tronchin. "Vous êtes un homme charmant. Il n'y a rien de difficile" *V aux Tronchin*

1494. [29 mai 1757]. V. à J.-R. Tronchin. "Il y a bien longtemps que je vous ay écrit" *V aux Tronchin*

1495. [Mai 1757]. V. à Vernes. "Je reçois, mon cher ministre, une relation de la victoire" *RPL* 51,1:292. 1913

1496. 4 juin 1757. V. à Becker. "Monsieur, il y a environ un mois que j'eus l'honneur" *ZGOb* Neue Folge 2:277-278. 1887

1497. 4 juin [1757]. V à J.-R. Tronchin. "Nous arrivons aux Délices, mon cher monsieur" *V aux Tronchin*

1498. 7 juin 1757. Duchesse de Saxe-Gotha à V. "Ah la charmante lettre que Vous venès de m'écrire" *Archiv* 92:28-29. 1894

1499. 9 juin [1757]. V. à Camp. "Votre cher associé Jean Robert m'a promis, monsieur" *V aux Tronchin*

1500. 11 juin [1757]. V. à Becker. "Monsieur en conséquence des bontez de son Altesse Electorale" *ZGOb* Neue Folge 2:279. 1887

1501. 13 juin [1757]. V. à J.-R. Tronchin. "Je reçois votre lettre du 12, mon cher monsieur" *V aux Tronchin*

1502. 18 juin [1757]. V. à J.-R. Tronchin. "La poste part, mon cher monsieur; je n'ay que le temps" *V aux Tronchin*

1503. 18 juin 1757. V. à Becker. "Monsieur c'est seulement pour avoir l'honneur" *ZGOb* Neue Folge 2:280. 1887

1504. 24 juin 1757. V. à J.-R. Tronchin. "Moitié indisposition, moitié paresse" *V aux Tronchin*

1505. 1er juillet [1757]. V. à J.-R. Tronchin. "Vous êtes deux aimables associez, Monsieur" *V aux Tronchin*

1506. 4 juillet [1757?] V. à Marmontel. "Je n'ai jamais été plus surpris, mon cher ami, en voyant le Mercure de ce mois" Dupont 309-311

1507. 6 juillet [1757]. V. à J.-R. Tronchin. "Je respecte" *V aux Tronchin*

1508. 13 juillet 1757. V. à Choiseul. "Monseigneur,- You know that upon leaving" J M Read 2:234-237

1509. 15 juillet 1757. V. à Becker. "Monsieur jeus l'honneur" *ZGOb* Neue Folge 2:280. 1887

1510. 15 juillet 1757. V. à la margrave de Baireuth. "Madame, frère Voltaire sera toujours attaché à votre altesse roiale" Mangold, *Voltairiana inedita* 73-74

1511. 23 [juillet 1757]. V. à J.-R. Tronchin. "Mon cher correspondant, je ne crois pas à la nouvelle" *V aux Tronchin*

1512. 29 juillet [1757]. V. à J.-R. Tronchin. "Voilà donc, mon cher monsieur, notre affaire terminée" *V aux Tronchin*

1513. 30 juillet [1757]. V. à Mme de Bentinck. "Tout ce que vous voulez bien m'apprendre" *R Paris* 35:292-294. 1896

1514. 6 août 1757. V. à Becker. "Monsieur jay reçu" *ZGOb* Neue Folge 2:281. 1887

1515. 6 août [1757?]. V. à Chenevières. "Mon cher monsieur, madame Denis et moy" *R Palais* 4:496. 1898

1516. 8 août [1757]. V. à J.-R. Tronchin. "Je serais bien mortifié, mon cher monsieur, si M. de Richelieu" *V aux Tronchin*

1517. 11 août [1757]. V. à J.-R. Tronchin. "Le petit Mathieu, âgé de neuf ans et demi, est venu" *V aux Tronchin*

1518. [12 août 1757]. Frédéric II à V. "Je vous remercie de la part que vous prenez" Droysen et Caussy 55

1519. 15 août [1757]. V. à Lambert. Résumé de la lettre. *RHL* 16:819. 1909

1520. 15 août [1757]. V. à J.-R. Tronchin. "J'ai une demi douzaine de remerciments à vous faire" *V aux Tronchin*

1521. 22 août 1757. V. à Jaques-François De Luc. "je suis très sensible à la confiance" *Corr J J R* 8:152, 187-188

1522. 27 août [1757]. V. à J.-R. Tronchin. "Mon cher monsieur, les Français" *V aux Tronchin*

1523. 1er septembre 1757. V. à Becker. "Monsieur, Jay recu loriginal et la copie du rescript" *ZGOb* Neue Folge 2:281. 1887

1524. [1er septembre 1757]. V. à J.-R. Tronchin. "Nous voylà dans notre nouvelle maison" *V aux Tronchin*

1525. 2 septembre [1757]. V. à François Tronchin. "Premièrement, mille obéissances, mille tendres compliments" *V aux Tronchin*

1526. [2 septembre 1757]. Bertrand à V. "J'ai quelquefois honte de ma robe, mon cher monsieur" *V aux Tronchin*

1527. 4 septembre [1757]. V. à François Tronchin. "Mon cher maître et confrère, je vous envoye deux lettres" *V aux Tronchin*

1528. 6 septembre [1757]. V. à Le Fort. "Monsieur, Je vous renouvelle mes remerciments" *V aux Tronchin*

1529. 9 septembre [1757]. V. à J.-R. Tronchin. "L'insatiable Madame Denis ne finira t-elle point" *V aux Tronchin*

1530. 9 [septembre 1757]. Frédéric II à V. ". . . je suis jusqu'ici aussi tranquille que vous m'avez vu" K et D 3:24-25

1531. 13 septembre [1757]. V. à J.-R. Tronchin. "Je crains toujours les prêtres. Ce chanoîne de Soleure m'excomuniera" *V aux Tronchin*

1532. [19 septembre 1757]. V. à J.-R. Tronchin. "Mon cher correspondant, permettez que je vous adresse" *V aux Tronchin*

1533. 21 septembre [1757]. V. à J.-R. Tronchin. "Mon cher correspondant, permettez que je vous adresse" *Genava* 23:78-79. 1945

1534. 21 septembre 1757. V. à Albert de Tscharner. "Monsieur, J'ai été déterminé par vos bontés à venir" *RHV* 36:347. 1928

1535. 23 septembre [1757]. V. à Théodore Tronchin. "Il me paraît assez étrange, Monsieur, que le seul" *V aux Tronchin*

1536. 24 septembre [1757]. V. à J.-R. Tronchin. "Je voudrais" *V aux Tronchin*

1537. 27 septembre [1757]. V. à J.-R. Tronchin. "Voici, mon cher monsieur, quatre petits billets" *V aux Tronchin*

1538. 30 [septembre 1757]. V. à Vernes. "Si vous voulez" *RPL* 51,1:292. 1913

1539. Fin de septembre 1757. V. à Frédéric II. "Sire, ne vous effrayez pas d'une lettre" Droysen et Caussy 55-56

1540. [Septembre 1757]. V. à Frédéric II. "Sire, ne vous effrayez pas d'une longue lettre" K et D 3:26-27

1541. 5 octobre [1757]. V. à J.-R. Tronchin. "Nous allons" *V aux Tronchin*

1542. [8 octobre 1757]. Frédéric II à V. "Croyez que si j'étais Voltaire" K et D 3:27-29

1543. 12 octobre [1757]. Thiriot à V. "Ce n'est pas" *RHL* 15:150-152. 1908.

1544. 12 octobre [1757]. V. à J.-R. Tronchin. "Je laisse là les rois pour cet ordinaire" *V aux Tronchin*

1545. 20 octobre 1757. V. à J.-R. Tronchin. "Votre amitié, Monsieur, et votre probité éclairée" *V aux Tronchin*

1546. [20 octobre 1757]. V. à J.-R. Tronchin. "J'ai quelque envie de jeter au feu la lettre" *V aux Tronchin*

1547. [23 octobre 1757]. Cardinal de Tencin à J.-R. Tronchin. "Le plan est admirable; je l'adopte en entier" *V aux Tronchin*

1548. 24 octobre 1757. J.-R. Tronchin à V. "J'ay reçeu" *V aux Tronchin*

1549. 26 octobre 1757. V. à Georges Keate. "Ah now t'is right! Vous me donnez enfin" Bengesco, *Bibl* 3:335-336. Bengesco, *Lettres* 8-10

1550. 27 octobre 1757. V. à J.-R. Tronchin. "Je suis très flatté, mon cher monsieur" *V aux Tronchin*

1551. [Octobre 1757]. V. à Frédéric II. "Sire, votre lettre d'Erfurt est pleine de morceaux admirables" K et D 3:29-31

1552. 2 novembre [1757]. V. à Mme de Bentinck. "L'aventure de Berlin, madame, était déjà" *R Paris* 35:294-295. 1896

1553. 5 novembre [1757]. V. à J.-R. Tronchin. "Mon cher correspondant, me voicy revenu" *V aux Tronchin*

1554. 5 novembre 1757. Duchesse de Saxe-Gotha à V. "Tout est bon: mon silence donc l'est aussi" *Archiv* 92:29-30. 1894

1555. 7 novembre [1757]. V. à J.-R. Tronchin. "Voicy une goutte d'eau, monsieur, pour" *V aux Tronchin*

1556. 8 novembre [1757]. V. à J.-R. Tronchin. "Mon cher correspondant, je vous fais mon compliment" *V aux Tronchin*

1557. 9 novembre [1757]. Thiriot à V. "Votre lettre a été remise" *RHL* 15:152-154. 1908

1558. 11 novembre [1757]. V. à J.-R. Tronchin. "Vos Délices recevront à belles baisemains vos pommiers, mon cher correspondant" *V aux Tronchin*

1559. 11 novembre [1757]. V. à J.-R. Tronchin. *"On est aigri par l'infortune; on dit" V aux Tronchin*

1560. 13 novembre 1757. V. à Frédéric II. "Sire, votre *Épître* à d'Argens m'avait fait trembler" K et D 3:31-32

1561. 15 novembre [1757]. V. à J.-R. Tronchin. "Notre nièce, mon cher monsieur, fut baptisée" *V aux Tronchin*

1562. 16 novembre [1757]. V. à J.-R. Tronchin. "Je reçois" *V aux Tronchin*

1563. 17 novembre [1757]. V. à J.-R. Tronchin. "Plus 14 aunes de velours d'Utrecht cramoisi" *V aux Tronchin*

1564. [22 novembre 1757]. V. à Frédéric II. "Vous devez, dites-vous, vivre et mourir en roi" K et D 3:33

1565. 23 novembre [1757]. V. à J.-R. Tronchin. "Je crois, Dieu me pardonne, que j'ai toujours oublié" *V aux Tronchin*

1566. 25 novembre [1757]. V. à J.-R. Tronchin. "Le roi de Prusse" *V aux Tronchin*

1567. [Novembre 1757] V. à François Tronchin. "La nièce va mieux, elle et l'oncle remercient" H Tr, *Fr Tr* 138

1568. [Novembre 1757?]. V. à François Tronchin. "Monsieur de Boisi m'a gratifié d'arbres de quarante pieds de haut" *V aux Tronchin*

1569. [Novembre 1757?]. V. à François Tronchin. "Nièce dolente, oncle malingre remercient de tout leur coeur" *V aux Tronchin*

1570. [Novembre 1757?]. V. à François Tronchin. "Il y a trop longtemps que nous n'avons" *V aux Tronchin*

1571. 2 décembre [1757]. V. à J.-R. Tronchin. "Mon·cher correspondant, vous trouverez folio" *V aux Tronchin*

1572. 5 décembre [1757]. V. à Mme de Bentinck. "Vous prenez des villes, madame, et de grosses garnisons" R *Paris* 35:295-296. 1896

1573. 7 décembre [1757]. V. à J.-R. Tronchin. "Vous devez savoir, mon cher correspondant" *V aux Tronchin*

1574. [8 décembre 1757]. V. à J.-R. Tronchin. "Il y a, mon cher monsieur, négociation et négoce" *V aux Tronchin*

1575. [9 décembre 1757?]. V. à Théodore Tronchin. "Ne viendrez-vous pas, mon grand homme" *V aux Tronchin*

1576. 10 décembre [1757]. V. à J.-R. Tronchin. "Vous savez sans doute le prince de Bevern" *V aux Tronchin*

1577. 11 [décembre 1757]. V. à J.-R. Tronchin. "Vous savez sans doute que la ratification" *V aux Tronchin*

1578. 17 décembre [1757]. V. à J.-R. Tronchin. "Nous partons demain pour Lausanne" *V aux Tronchin*

1579. 17 décembre [1757]. V. à Mme de Bentinck. "Puisque vous voulez, madame, mettre le portrait" R *Paris* 35:296-297.   1896

1580. 20 [décembre 1757]. V. à J.-R. Tronchin. "Vous savez, mon cher monsieur, la nouvelle victoire" *V aux Tronchin*

1581. 21 décembre [1757]. V. à J.-R. Tronchin. "Heureusement, mon cher correspondant, les nouvelles d'un prétendu échec" *V aux Tronchin*

1582. 24 [décembre 1757]. V. à J.-R. Tronchin. "Je viens, mon cher monsieur, d'expédier sûrement la lettre" *V aux Tronchin*

1583. 27 décembre [1757]. Thiriot à V. "J'ai parcouru" *RHL* 15:154-155. 1908

1584. 30 décembre 1757. Diderot à Théodore Tronchin. "Je sens, Monsieur, tout le prix de votre amitié" *V aux Tronchin*

1585. 30 décembre 1757. Duchesse de Saxe-Gotha à V. "que de viscissitudes n'avons nous point éprouvés" *Archiv* 92:30-31. 1894

1586. [Décembre 1757?]. V. à D.-L. de Constant d'Hermenches. "Je vois, Monsieur, par votre lettre" *Mélanges S de Grave* 352-353

1587. [Fin décembre 1757]. Georges-Louis Lesage à d'Alembert. "L'article *Genève* mérite de vous attirer" *V Ferney* 169-170

1588. [Fin 1757]. V. à Vernes. "[I am] much grieved that our philosopher" *RPL* 51,1:292-293. 1913

1589. 1757. Mlle de Chabot à Mme de Brenles. ". . . M. de Voltaire is here. He has received a very obliging letter from the King of Prussia" J M Read 2:210

1590. 1757. Mlle de Chabot à M. de Brenles. ". . . M. de Voltaire has left. He related the other day in company" J M Read 2:210

1591. [1757]. V. à Vernes. "Les journaux encyclopédiques" *RPL* 51, 1:292. 1913

1592. [1757?]. V. à M. Cramer l'aîné. "je vous demande en grace avant de partir" *RR* 30:48. 1939

1758

1593. [Fin 1757- début 1758?], V. à ? "Les Enfers ne rendent rien" Mangold, *Voltairiana inedita* 75

1594. 3 janvier 1758. V. à J.-R. Tronchin. "Voici, mon cher monsieur, ce que le confident" *V aux Tronchin*

1595. 3 janvier [1758]. V. à Vernes. "Je suis prêt, mon cher monsieur" *RPL* 51, 1:293. 1913

1596. 5 janvier 1758. Mme Denis à Théodore Tronchin. "Mon cher ami, nous vous aimons en 58 comme en 57" *V aux Tronchin*

1597. 6 janvier 1758. D'Alembert à Théodore Tronchin. "Vous me rendez justice, Monsieur, quand vous croyez que mes intentions" *V aux Tronchin*

1598. 6 janvier [1758]. V. à Passerat de La Chapelle. "Vous jouissez du printemps, monsieur, et nous" *R Universitaire* 1:160. 1898

1599. 8 janvier [1758]. V. à Théodore Tronchin. "J'ay vu, mon cher Esculape, votre lettre à madame Denis" *V aux Tronchin*

1600. 8 janvier 1758. Mme Denis à François Tronchin. "Je n'ai point de vos nouvelles" *V aux Tronchin*

1601. 12 janvier 1758. V. à Becker. "Monsieur j'ai l'honneur de renouveller a votre Excellence" *ZGOb* Neue Folge 2:282. 1887

1602. 12 janvier [1758]. V. à Théodore Tronchin. "Il n'y a plus guères d'autodafé, et il y a fort peu de fé" *V aux Tronchin*

1603. 12 janvier [1758]. V. à Vernes. "Votre ode" *RPL* 51,1:321-322. 1913

1604. 13 janvier [1758]. V. à J.-R. Tronchin. "Voici la réponse" *V aux Tronchin*

1605. 14 janvier 1758. Duchesse de Saxe-Gotha à V. "Il y a du malheur dans notre comerce de lettre" *Archiv* 92:31-32. 1894

1606. 15 janvier [1758]. V. à Théodore Tronchin. "Oui, sans doute, il en faut une, mon cher ami" *V aux Tronchin*

1607. 16 janvier 1758. Frédéric II à V. "J'ai reçu votre lettre du 22 de novembre" K et D 3:34

1608. 17 janvier [1758]. V. à J.-R. Tronchin. "Malgré les houzards" *V aux Tronchin*

1609. [18 janvier 1758?]. V. à Théodore Tronchin. "J'apprends" *V aux Tronchin*

1610. 24 janvier 1758. [Théodore?] Tronchin à [Pierre?] Pictet. "Sans doute que M. d'Alembert nous donne" *V Ferney* 179-180

1611. 26 [janvier 1758]. V. à J.-R. Tronchin. "Mon très cher correspondant, le départ de monsieur l'abbé de St Germain" *V aux Tronchin*

1612. 29 janvier [1758]. V. à J.-R. Tronchin. "J'écris, mon cher monsieur, à Mr Bouret" *V aux Tronchin*

1613. [Janvier 1758?]. V. à Vernes. "I like Abauzit more than ever" *RPL* 51,1:356. 1913

1614. [Janvier 1758?]. V. à Vernes. "Voici le book que vous m'aviez demandé" *RPL* 51,1:322. 1913

1615. 2 février [1758]. V. à François Tronchin. "Mon cher monsieur, quoi que nous ne soyons" *V aux Tronchin*

1616. 2 février 1758. Cardinal de Tencin à la margrave de Bayreuth. "Je remercie un peu tard Votre Altesse Royale" *V aux Tronchin*

1617. 3 février [1758]. V. à J.-R. Tronchin. "Mes petites affaires avec l'Electeur palatin" *V aux Tronchin*

1618. 5 février 1758. V. à J.-R. Tronchin. "Mon cher monsieur, je reçois le compte" *V aux Tronchin*

1619. 7 février 1758. Duchesse de Saxe-Gotha à V. "Vos voeux, Monsieur, sont exaucés" *Archiv* 92:32-33. 1894

1620. 9 février [1758]. V. à J.-R. Tronchin. "La triste lettre est partie" *V aux Tronchin*

1621. 12 février 1758. V. à Légier. "Monsieur de Voltaire, gentleman-in-waiting to the King, and former chamberlain" J M Read 1:88-89

1622. 12 février [1758]. V. à J.-R. Tronchin. "Si ce n'était" *V aux Tronchin*

1623. 20 février [1758]. V. à J.-R. Tronchin. "Les bruits de paix" *V aux Tronchin*

1624. 23 [février 1758]. V. à François Tronchin. "A la réception de votre lettre" *V aux Tronchin*

1625. 23 [février 1758]. V. à Théodore Tronchin. "Homme habile, qui avez fait tout ce que je désirais" *V aux Tronchin*

1626. 23 février [1758]. V. à J.-R. Tronchin. "Je reçois, mon cher monsieur, votre lettre du 19" *V aux Tronchin*

1627. 3 [mars 1758]. V. à J.-R. Tronchin. "Je vous souhaitte un bon et heureux voiage" *V aux Tronchin*

1628. 5 mars [1758 ou 1757]. V. à Jacob Vernes. "Mon cher confrère, vous n'ignorez" *RHL* 19:895. 1912

1629. 7 mars [1758]. V. à J.-R. Tronchin. "C'est grand dommage, mon cher monsieur, car on comptait beaucoup sur luy" *V aux Tronchin*

1630. 9 mars 1758. Duchesse de Saxe-Gotha à V. "Tout est compensè dans ce monde, si l'on perd Monsieur" *Archiv* 92:33-34. 1894

1631. 12 mars [1758]. V. à Camp. "Madame Denis, monsieur, est très sensible à vos sentiments" *V aux Tronchin*

1632. 22 mars [1758]. V. à Camp. "Voicy, mon cher monsieur, un petit billet pour votre correspondant de Paris" *V aux Tronchin*

1633. 22 mars [1758]. V. à J.-R. Tronchin. "Vous êtes un charmant correspondant, monsieur" *V aux Tronchin*

1633.1 [Vers le 25 mars ? 1758]. V. à [Pierre Pictet]. "cest aux français a avoir la fiévre" *RR* 32:251. 1941

1634. 29 mars 1758. J.-R. Tronchin à V. "Je suis ici, M., dans un tourbillon qui m'ennuye" *V aux Tronchin*

1635. 7 avril 1758. V. à Camp. "Mon cher monsieur, j'attends de vos bontez" *V aux Tronchin*

1636. 7 avril [1758]. V. à J.-R. Tronchin. "Mon cher ami, vous voiez tout avec de bons yeux" *V aux Tronchin*

1637. 12 avril [1758]. V. à Camp. "Je vois par vos lettres, mon cher monsieur, que vous prévenez mes désirs" *V aux Tronchin*

1638. 17 avril [1758]. V. à J.-R. Tronchin. "Ce petit billet, mon cher monsieur, ne sera je crois payé qu'au commencement de may" *V aux Tronchin*

1639. 22 avril [1758]. V. à Camp. "J'ay reçu, monsieur, la veste que vous avez" *V aux Tronchin*

1640. 25 avril [1758]. V. à Camp. "Je suis arrivé a Lausane, Monsieur, avec ce mal pour lequel" *V aux Tronchin*

1640.1 26 avril [1758]. V. à Pierre Pictet. "mon cher voisin, tout le monde" *RR* 32:252. 1941

1641. 27 avril [1758]. V. à Camp. "Je trouve icy, mon cher monsieur, un tonnau de vin de Neuf-châtel" *V aux Tronchin*

1642. 27 avril 1758. V. à Pierre Pictet. "Mon cher voisin, tout le monde m'a demandé" *V Ferney* 211

1643. [Avril 1758]. Frédéric II à V. "J'ai reçu votre lettre de Lausane, du 22" *K et D* 3:34-35

1644. 5 mai [1758]. V. à J.-R. Tronchin. "Mon cher correspondant, vendez, ne vendez point" *V aux Tronchin*

1645. 9 mai [1758]. Thiriot à V. "Mercure Marmontel me fait l'honneur" *RHL* 15:155-156. 1908

1646. 12 mai [1758]. V. à Mme de Bentinck. "Si vous voulez plaider, madame, restez" *R Paris* 35:297-299. 1896

1647. 30 mai [1758]. V. à Camp. "Je crois, mon cher monsieur, qu'il est très inutile" *V aux Tronchin*

1648. 30 mai 1758. Algarotti à V. "Qual più amabile" *Opere Algarotti* 16:114-116

1649. [Mai 1758]. Duchesse de Saxe-Gotha à V. "Je suis trés fâchée, Monsieur, de Vous savoir malade" *Archiv* 92:34-35. 1894

1650. 13 juin 1758. Duchesse de Saxe-Gotha à V. "Je suis trés fâchée de voir par Votre dernière lettre" *Archiv* 92:35-36. 1894

1651. 16 juin [1758]. V. à J.-R. Tronchin. "Je suis bien sensible, mon cher monsieur, à la bonté que" *V aux Tronchin*

1652. 19 juin [1758]. V. à J.-R. Tronchin. "J'ai fait mettre" *V aux Tronchin*

1653. 24 juin 1758. Labat à V. "Mon cher Monsieur, J'ai la valeur de Cinquante Mil florins" *Archiv* 92:36. 1894

1654. 29 juin 1758. V. à Frédéric II. "Sire, quoiqu'une lettre d'un vieux Suisse" Droysen et Caussy 57

1655. 29 juin [1758]. V. à Mme. de Bentinck. "Non, madame, vous n'êtes point ingrate pour moi" *R Paris* 35:299-300. 1896

1656. 30 juin [1758]. V. à J.-R. Tronchin. "Madame du Bocage a retardé mon voyage" *V aux Tronchin*

1657. 5 juillet 1758. Duchesse de Saxe-Gotha à V. "Que ne puis-je Vous exprimer, Monsieur, à quel point" *Archiv* 92:37. 1894

1658. 15 juillet 1758. Stanislas (par M. de Lucé) à [Bernis]. ". . . M. de Voltaire, Monseigneur, est dans le dessein d'acquérir une terre en Lorraine" Desnoiresterres 5:329

1659. 22 juillet 1758. Duchesse de Saxe-Gotha à V. "Votre Procédé, Monsieur, est si grand, si beau" *Archiv* 92:37-38. 1894

1660. A Schwetzingen, 4 août 1758. V. à Mme de Bentinck. "Je ne suis pas plus jaloux, madame" *RLC* 6:296-298. 1926

1661. 10 août 1758. L'abbé d'Escallier à V. "A taste for study, and my natural inclination" J M Read 2:241-242

1662. 27 août 1758. V. à Mme de Bentinck. "Mon Dieu, Madame, what things I have to tell you" *Countess Bentinck* 1:60

1663. 27 août [1758]. V. à Mme de Bentinck. "Je vous trompais donc, madame, comme vous m'avez trompé" *R Paris* 35:300-301. 1896

1664. 29 août, retardé jusqu'au 2 septembre 1758. V. à J.-R. Tronchin. "Je reviens, mon cher monsieur, à notre petit hermitage" *V aux Tronchin*

1665. Août 1758. Duchesse de Saxe-Gotha à V. "Je n'ai qu'un très petit instant à ma disposition" *Archiv* 92:145. 1894

1666. 2 septembre 1758. Duchesse de Saxe-Gotha à V. "Je suis incomodée et au lit depuis quelques jours" *Archiv* 92:145-146

1667. 2 septembre 1758. V. à Algarotti. "Ritorno dalle sponde del Reno alle mie delizie" *Opere Algarotti* 16:117-119

1668. 5 septembre [1758]. V. à Mme de Bentinck. "On ne se porte pas trop bien aux Délices" *R Paris* 35:301-302. 1896

1669. 9 septembre 1758. V. à J.-R. Tronchin. "Vous trouverez cy joint, mon cher correspondant, la seule approbation" *V aux Tronchin*

1670. 12 septembre [1758]. Thiriot à V. "J'avais recueilli, mon très cher" *RHL* 15:156-158. 1908

1671. 13 septembre [1758]. V. à Collini. "Je vous répète, mon cher Colini, que je ne perdrai point de vue" *RHL* 17:805. 1910

1672. 16 septembre 1758. Duchesse de Saxe-Gotha à V. "Votre Baron genevois se conduit" *Archiv* 92:146-147. 1894

1673. [17 septembre 1758?]. Mme Denis à François Tronchin. "Venez-vous dîner avec nous? Monsieur de Fleurieux" *V aux Tronchin*

1674. 18 septembre [1758]. V. à J.-R. Tronchin. "Les nouvelles d'Allemagne varient si fort" *V aux Tronchin*

1675. 23 septembre 1758. V. à Mme de Fontaine. "Vous voilà donc campagnarde" *RPL* 48,2:776. 1910

1676. 26 septembre [1758]. Thiriot à V. "O! que votre lettre m'a fait de plaisir" *RHL* 15:158-160. 1908

1677. 2 octobre 1758. Frédéric II à V. "Je suis fort obligé au solitaire des Délices" *K et D* 3:36

1678. 3 octobre 1758. V. à Becker. "Monsieur, l'agent de change pour qui vous trouverez" *ZGOb* Neue Folge 2:282-283. 1887

1679. 4 octobre 1758. V. à Becker. "Vous pouvez, monsieur, vous adresser en toute sûreté" *ZGOb* Neue Folge 2:283. 1887

1680. 4 octobre [1758]. V. à Mme de Bentinck. "nous faisons des voeux, madame, dans notre retraite" *R Paris* 35:302-303. 1896

1681. 4 octobre [1758]. V. à J.-R. Tronchin. "Voici, mon cher correspondant, une goute d'eau" *V aux Tronchin*

1682. 7 octobre [1758]. V. à J.-R. Tronchin. "Je vous enverrai incessamment, mon cher correspondant, la réponse" *V aux Tronchin*

1683. 7 octobre 1758. Duchesse de Saxe-Gotha à V. "Je conviens, Monsieur, que notre Baron n'est guère" *Archiv* 92:147-149. 1894

1684. 11 octobre 1758. V. à Joly de Fleury. "On me propose une terre dans votre intendance" *Grande R* 71:675. 1912

1685. 14 octobre 1758. Budé de Boisy à François Tronchin. "Monsieur, Vous aurez su que M. de Voltaire est en marché avec moi" *V aux Tronchin*

1686. 14 octobre [1758]. V. à J.-R. Tronchin. "Comptons, mon cher correspondant, afin que je ne fasse pas de sottises" *V aux Tronchin*

1687. 14 octobre [1758]. Thiriot à V. "Vous avez beau nous le dire" *RHL* 15:160-161. 1908

1688. 16 octobre 1758. Joly de Fleury à V. "Je ne romprai pas, Monsieur, le marché" *Grande R* 71:676. 1912

1689. 21 octobre [1758]. V. à J.-R. Tronchin. "On me parle en effet, dans une lettre des bureaux de la guerre" *V aux Tronchin*

1690. 23 octobre [1758]. V. à J.-R. Tronchin. "Je ne sais encor, mon cher monsieur, si je serai seigneur de Ferney" *V aux Tronchin*

1691. 1er novembre [1758]. V. à Collini. "J'ai écrit trois fois à l'électeur palatin. Point de nouvelles" *RHL* 17:805-806. 1910

1692. 4 [novembre] [1758]. V. à Keith. "Mylord, When I ran last years into profecies" Mangold, *Voltairiana inedita* 76-77

1693.   8 novembre [1758]. V. à J.-R. Tronchin. "Mais, mon cher correspondant, ces annuités" *V aux Tronchin*

1694.   12 novembre [1758]. Thiriot à V. "Votre avis" *RHL* 15:340-341. 1908

1695.   18 novembre [1758]. V. à J.-R. Tronchin. "Vous avez dû" *V aux Tronchin*

1696.   21 novembre [1758]. V. à J.-R. Tronchin. "Un petit mot" *V aux Tronchin*

1697.   25 novembre [1758]. V. à J.-R. Tronchin. "Je compte" *V aux Tronchin*

1698.   27 novembre [1758]. V. à J.-R. Tronchin. "Voici encore, mon cher monsieur, un prêtre qui m'emprunte" *V aux Tronchin*

1699.   3 décembre 1758. Huet à V. "I have passed many years in compiling an epitome on Religion" *J M Read* 2:242

1700.   6 décembre 1758. Frédéric II à V. "Il vous a été facile de juger de ma douleur" *K et D* 3:36-37

1701.   9 décembre 1758. V. à Mme de Bentinck. "J'ai bien reçu l'honneur de votre lettre" *R Paris* 35:303-304. 1896

1702.   9 décembre 1758. V. à J.-R. Tronchin. "Mon cher correspondant qui ne correspondrez" *V aux Tronchin*

1703.   11 décembre [1758]. V. à J.-R. Tronchin. "Il nous vient" *V aux Tronchin*

1704.   12 décembre 1758. Le président de Brosses à J.-R. Tronchin. "M. de Voltaire vient, Monsieur, de me remettre" *V aux Tronchin*

1705.   13 décembre [1758]. V. à J.-R. Tronchin. "Je suis bien plus coupable encore que vous ne dites" *V aux Tronchin*

1706.   16 déc. [1758]. V. à J.-R. Tronchin. "Point de nouvelles" *V aux Tronchin*

1707.   17 décembre 1758. V. à François Tronchin. "La copie de ma lettre à l'évêque d'Annecy" *V aux Tronchin*

1708.   20 décembre 1758. V. à Becker. "Monsieur, vous recevrez ma lettre vers le jour de l'an" *ZGOb* Neue Folge 2:283-284. 1887

1709.   22 décembre [1758]. V. à J.-R. Tronchin. "Excés de précaution, mon cher monsieur, est quelquefois nécessaire" *V aux Tronchin*

1710.   23 [décembre 1758]. V. à J.-R. Tronchin. "Pardon des minuties, mon cher monsieur, ayez la bonté" *V aux Tronchin*

1711   27 décembre [1758]. V. à J.-R. Tronchin. "Une balle de café encore! Que dira le docteur" *V aux Tronchin*

1712.   29 décembre [1758]. V. à J.-R. Tronchin. "Et sept cent quarante huit livres à Mr Le Beau, conseiller de Dijon" *V aux Tronchin*

1713.   29 décembre 1758. Algarotti à V. "Spero che a questa ora avrete ricevuto" *Opere Algarotti* 16:119-121

1714.   29 décembre 1758. V. à Chouet. "Je prie M. Chouet" *Caussy* 54

1715.   [Fin décembre 1758?]. V. à François Tronchin. "Les habitants de Ferney ont été condamnés" *V aux Tronchin*

1716.   [Fin décembre 1758?]. V. à François Tronchin. "Je vous supplie instamment, mon cher ami" *V aux Tronchin*

1717. [Fin décembre 1758?]. V. à François Tronchin. "J'apprends" *V aux Tronchin*

1718. [Décembre 1758]. V. à Frédéric II. "Ombre illustre, ombre chère, âme héroïque et pure,- Toi que mes tristes yeux ne cessent de pleurer" K et D 3:37-39

1719. [Fin 1758?]. V. à Vernes. "Je ne sais comment" *RPL* 51,1:322. 1913

1720. [Fin] 1758. Choiseul à Stanislas. ". . . Quant au projet du sieur de Voltaire" Desnoiresterres 5:329

1721. [1758?] Aux Délices. Mme Samuel de Constant à Samuel de Constant. "Tout est fort tranquille ici" *V Ferney* 197

1722. [1758?] Aux Délices. Mme Samuel de Constant à Samuel de Constant. "Nous dînâmes hier en grande compagnie" *V Ferney* 196

1723. [1758?]. V. à Collini. "Mon cher Colini je m'intéresse vivement à votre santé" *RHL* 17:806. 1910

1724. [1758?]. V. à François Tronchin. "Mr Murani dit" *V aux Tronchin*

1725. [1758?]. V. à François Tronchin. "A demain vendredi" *V aux Tronchin*

1759

1726. 5 janvier 1759. Mme Denis à Collini. "Je suis une paresseuse, Monsieur, et j'aurais dû vous répondre" *RHL* 17:806-807. 1910

1727. 15 janvier 1759. V. à Becker. "Monsieur jay reçu lhonneur de votre lettre. les huit mois de retardement" *ZGOb* Neue Folge 2:284-285. 1887

1728. 16 janvier 1759. Duchesse de Saxe-Gotha à V. "Il me siéroit assurement tres mal Monsieur si je" *Archiv* 92:149-150. 1894

1729. 16/17 janvier [1759]. V. à Mme Gallatin. "Il faut vous mettre au fait, Madame, ce n'est point du tout" Marc Peter 13

1730. 17 janvier [1759]. V. à J.-R. Tronchin. "Voila le chapelet" *V aux Tronchin*

1731. 20 janvier [1759]. V. à J.-R. Tronchin. "Dieu soit béni, tout cecy ruine, mon cher" *V aux Tronchin*

1732. 23 janvier 1759. Frédéric II à V. "J'ai reçu les vers que vous avez faits; apparemment" K et D 3:39

1733. 25 janvier [1759]. Thiriot à V. "J'ai eu à la fois à faire votre" *RHL* 15:341-343. 1908

1734. 26 janvier [1759]. V. à Mme Gallatin. "Monsieur le président de Brosses répond à la proposition des mille livres" Marc Peter 14

1735. 27 janvier 1759. V. à Algarotti. "Tout le peuple" *Opere Algarotti* 16:122-123

1736. [Fin janvier 1759?]. V. à François Tronchin. "Pignatelle" *V aux Tronchin*

1737. [Fin janvier 1759?]. V. à François Tronchin. "Un M. Tuilier m'a dit, mon cher ami, que vous venez dîner aujourd'hui" *V aux Tronchin*

1738. 9 février [1759]. V. à Mme Gallatin. "Je viendrai" Marc Peter 20-21

1739. 9 février 1759. V. à Collini. "Je viens d'écrire" *RHL* 17:807. 1910

1740. [9] février 1759. V. à Frédéric II. "Il y a longtemps" K et D 3:40-41 (fragment)

1741. [9] février 1759. V. à Frédéric II. "Il y a longtemps" *RBPH* 7:1339. 1928 (la lettre est donnée en entier).

1742. 10 février 1759. Duchesse de Saxe-Gotha à V. "Je souffre de corps et d'âme" *Archiv* 92:150-151. 1894

1743. 10 février [1759]. V. à J.-R. Tronchin. "Il y a bien longtemps, mon cher correspondant, que vous n'avez entendu" *V aux Tronchin*

1744. 11 février 1759. V. et Mme Denis à Mme de Pompadour. "Madame, Vos anciennes bontés pour moi" Caussy 8

1745. 11 février 1759. V. à Rosset de Rochefort. "Sir, I learn the obligations which I owe" J M Read 2:243-244

1746. 11 février 1759. Gabriel et Philibert Cramer à [Haller?]. "Nous soussignés déclarons" *RHV* 2:17. 1894. *V Ferney* 227-228

1747. 12 février 1759. V. à l'Académie de Lausanne. "A Messieurs le recteur et membres de l'Académie de Lausanne, à Lausanne. Mémoire sur le Libelle clandestinement imprimé à Lausanne sous le titre de guerre de M. de V" *RHV* 2:15-17. 1894

1748. 12 février 1759. V. et Mme Denis à Choiseul. "M. d'Argental m'a écrit" Caussy 9

1749. 13 février [1759]. V. à Haller. "Voici, Monsieur" *V Ferney* 227-228

1750. [16] février 1759. V. à Rosset de Rochefort. "Sir, The letter with which you honour me" J M Read 2:244-245

1751. 17 février 1759. V. à J.-R. Tronchin. "J'étais si honteux" *V aux Tronchin*

1752. 20 février 1759. Registre des séances de l'Académie de Lausanne. "Lecture a été faite d'un Mémoire de M. de Voltaire adressé à l'Académie" *RHV* 2:18. 1894

1753. 23 février [1759]. Thiriot à V. "O carissime Candide" *RHL* 15:343-344. 1908

1754. 26 février [1759]. V. à J.-R. Tronchin. "On proposait à Amyot, précepteur de Charles neuf et de Henri trois" *V aux Tronchin*

1755. [Février 1759]. V. à Théodore Tronchin. "Mon très cher professeur, vous ne laisserez pas votre ouvrage imparfait" *V aux Tronchin*

1756. [Février 1759]. V. à Théodore Tronchin. "Je vous demande pardon, mon cher philosophe. Il est cent fois plus aisé" *V aux Tronchin*

1757. 2 mars 1759. Frédéric II à V. "Votre lettre contient" K et D 3:41-42

1758. 3 mars 1759. Mme de Saxe-Gotha à V. "L'intérêt" *Archiv* 92:151-152. 1894

1759. [Début mars 1759]. V. à Turckheim. "On a recours à ses amis dans l'occasion" *S Em M* 35:175. 1908

1760. [Premiers jours de mars 1759]. V. à Gabriel Cramer. "je vais travailler a fernex" *RR* 31:347-348. 1940

1761. 6 mars [1759]. V. à J.-R. Tronchin. "Premièrement, mon cher ami, vous saurez" *V aux Tronchin*

1762. 9 mars 1759. V. à Choiseul. "Puisque vous avez" Caussy 13-14

1763. 10 mars [1759]. V. à J.-R. Tronchin. "Or renvoyez-moi" *V aux Tronchin*

1764. 12 mars [1759]. V. à J.-R. Tronchin. "Mon cher correspondant est supplié de" *V aux Tronchin*

1765. 12 mars 1759. Frédéric II à V. "Il faut avouer" K et D 3:42-43

1766. 13 mars [1759]. V. à Haller. "Il est juste de vous mettre au fait" *V Ferney* 230-233

1767. 15 mars 1759. V. à M. Girard. "Mémoire. Je n'ai point plaidé au Conseil" Bengesco, *Bibl* 3:329-330. Bengesco, *Lettres* 55-57

1768. 16 mars 1759. David Duval fils à V. "M. de Voltaire doit à Duval fils" *J Genève* 11 février 1924

1769. 17 mars 1759. V. à Becker, Mémoire. "Lorsque j'eus l'honneur de placer 130,000 l. argent de france sur les caisses de son altesse Serenissime Electorale" *ZGOb* Neue Folge 2:285-287. 1887

1770. 17 mars [1759?]. V. à Chenevières. "Vos contes sont très jolis, mon cher monsieur" *R Palais* 4:497-498. 1898

1771. 17 mars [1759?]. V. à Chenevières. "Mon cher correspondant, je me suis toujours bien douté" *R Palais* 4:497. 1898

1772. [17] mars 1759. V. à David Duval fils. "Cela coûte à Paris 3 livres" *J Genève* 11 février 1924

1773. 19 mars 1759. David Duval fils à V. "M. de Voltaire doit" *J Genève* 11 février 1924

1774. [20 ?] mars 1759. V. à David Duval fils. "Quand on a du bois" *J Genève* 11 février 1924

1775. 21 mars 1759. Frédéric II à V. "Vous ne vous êtes pas trompé" K et D 3:44-45

1776. 22 mars 1759. V. à Frédéric II. "Sire, je vous le redirai jusqu'à la mort" K et D 3:45-47

1777. 26 mars [1759]. V. à J.-R. Tronchin. "Votre correspondant, mon cher monsieur, a reçu vos sacs" *V aux Tronchin*

1778. 27 mars 1759. V. à Frédéric II. "Sire, je reçois la lettre dont Votre Majesté m'honore, écrite le 2 mars" K et D 3:47-48

1779. 27 mars 1759. Grangé à V. "Sir, It has been" J M Read 2:249-250

1780. 30 mars 1759. V. à Frédéric II. "Quoique tout le monde soit en armes et en alarmes" K et D 3:49-50

1781. 30 mars [1759?]. Mme Denis à Collini. "Je suis une paresseuse, Monsieur, j'ai été un siècle à vous répondre" *RHL* 17:807-808. 1910

1782. 31 mars 1759. Mme Denis à Bussy. "J'implore votre amitié" Caussy 20

1783. [2 avril 1759]. V. à J.-R. Tronchin. "J'envoie ces petits bouche-trous à mon cher correspondant" *V aux Tronchin*

1784. [6 avril 1759]. V. à J.-R. Tronchin. "Vous verrez" *V aux Tronchin*

1785. 9 avril 1759. J.-R. Tronchin à V. "Après avoir examiné" *V aux Tronchin*

1786. 11 avril [1759]. V. à J.-R. Tronchin. "J'ay reçu" *V aux Tronchin*

1787. 11 avril 1759. Frédéric II à V. "Distinguez, je vous prie, les temps où les ouvrages" K et D 3:50-51

1788. 13 avril 1759. V. à J.-R. Tronchin. "Mon cher correspondant, voici de quoi mettre quelques pierres" *V aux Tronchin*

1789. 14 avril 1759. V. à Mme de Fontaine. "Vous n'entendez pas si bien l'orthographe" *RPL* 48,2:776-777. 1910

1790. 17 avril 1759. V. à Bollioud. "Ma mauvaise santé, Monsieur, qui me prive de l'honneur" *Hist Acad Lyon* 1:47-48

1791. 18 avril 1759. Frédéric II à V. "Vos lettres" K et D 3:51-53

1792. 18 avril 1759. V. à Bussy. "Vous avez toujours" Caussy 20-21

1793. 19 avril 1759. Choiseul à Joly de Fleury. "Vous verrez, monsieur" Caussy 19-20

1794. 20 avril [1759]. Choiseul à V. "J'espère, mon cher solitaire suisse, que vous" Calmettes 10-13

1795. 22 avril 1759. Frédéric II à V. "Je vous ai envoyé" K et D 3:53-55

1796. 28 avril 1759. Frédéric II à V. "Je vous suis fort obligé" K et D 3:55-57

1797. 28 avril 1759. Duchesse de Saxe-Gotha à V. "Votre charmante lettre, Monsieur, du neuf de ce mois" *Archiv* 92:152-153. 1894

1798. [Avril 1759]. V. à Pictet. "Mon cher voisin, tout le monde m'a demandé" Bengesco, *Bibl* 3:348

1799. 2 mai [1759]. V. à J.-R. Tronchin. "Il y a bien longtemps" *V aux Tronchin*

1800. 2 mai [1759]. V. à Frédéric II. "Héros du Nord" K et D 3:57-58

1801. [Début mai 1759?]. V. à François Tronchin. "Mon cher ami, vous avez du goût" *V aux Tronchin*

1802. 7 mai [1759]. V. à J.-R. Tronchin. "Sur votre lettre d'hier" *V aux Tronchin*

1803. 7 mai [1759]. V. à J.-R. Tronchin. "Pourquoi M. Silhouette" *V aux Tronchin*

1804. 9 mai 1759. Bussy à V. "Quand M. le cardinal" Caussy 22

1805. 10 mai [1759]. V. à J.-R. Tronchin. "Le bon homme patriarche du pays de Gex voit, mon cher correspondant" *V aux Tronchin*

1806. 12 mai 1759. V. à J.-R. Tronchin. "Vraiment, Monsieur, il ne s'agit point ici de bagatelles" *V aux Tronchin*

1807. 15 mai 1759. V. à Choiseul. "Je demande pour la terre de Fernex" Caussy 24-26

1808. 15 mai 1759. Jore à V. "Monsieur, Puis-je" *RHL* 8:677-678. 1901

1809. 16 mai [1759]. V. à J.-R. Tronchin. "On a établi en Italie" *V aux Tronchin*

1810. 16 mai 1759. V. à Bussy. "L'oncle et la nièce" Caussy 22-23

1811. 16 mai [1759]. V. à Théodore Tronchin. *"Je vous prie de demander ce que Tronchin voudrait d'argent"* *V aux Tronchin*

1812. 16 mai 1759. Mme Denis à Bussy. "Je suis désolée" Caussy 23-24

1813. 18 mai 1759. Frédéric II à V. "Non, ma muse, qui vous pardonne-Tant de lardons malicieux" K et D 3:58-61

1814. 18 ? mai [1759]. V. à J.-R. Tronchin. "Dieu soit béni, mon cher correspondant ! vous m'aviez ordonné" *V aux Tronchin*

1815. 19 mai [1759]. V. à Frédéric II. "Sire, vous êtes aussi bon frère que bon général" K et D 3:62-63

1816. 20 mai [1759]. V. à J.-R. Tronchin. "Selon les statuts" *V aux Tronchin*

1817. 22 mai 1759. V. et Mme Denis à Bussy. "Plus je suis touchée" Caussy 28

1818. 26 mai 1759. V. à Jore. "L'état ou vous êtes touche mon coeur" *RHL* 8:679. 1901

1819. 28 mai 1759. Bussy à V. "Le Roi, sur le rapport" Caussy 32

1820. 28 mai [1759]. Choiseul à V. "Je vous envoie" Calmettes 21-23

1821. 28 mai [1759]. V. à J.-R. Tronchin. "L'Académie de lézine vous représente, mon cher ami" *V aux Tronchin*

1822. 29 mai 1759. V. et Mme Denis à Bussy. "Quand on a affaire" Caussy 29

1823. 31 mai 1759. Algarotti à V. "Ho veduto questi passati giorni in Parma" *Opere Algarotti* 16:124-125

1824. [Mai 1759]. V. à François Tronchin. "République de Genève, je vous aime, et j'entends" *V aux Tronchin*

1825. 1er juin 1759. V. à Abraham Gallatin. "Monsieur Galatin-Vaudenet voulant bien se servir" Marc Peter 9

1826. 1er juin 1759. Bussy à V. "Je reçois dans le moment" Caussy 33

1827. 2 juin 1759. V. à J.-R. Tronchin. "Mon cher correspondant, on attend des nouvelles d'Allemagne" *V aux Tronchin*

1828. 3 juin 1759. V. à M. de Courteilles. "Nous sommes très sensibles, Monsieur, à la bonté" *Correspondant* 244:662-664. 1911

1829. 3 juin 1759. V. à Bussy. "L'oncle et la nièce" Caussy 49-50

1830. [Début de juin 1759]. V. à François Tronchin. "Il faut que je vous apprenne, mon cher ami, la consommation" *V aux Tronchin*

1831. 5 juin 1759. Jore à V. "Votre réponse" *RHL* 8:679-680. 1901

1832. [5 juin 1759?]. Mme Denis à François Tronchin. "L'oncle et la nièce envoient savoir des nouvelles" *V aux Tronchin*

1833. 6 juin 1759. Vernes à Louis Salles. "Au moment que j'ai reçu votre lettre" Desnoiresterres 7:146-147

1834. 9 juin [1759]. V. à J.-R. Tronchin. "Je me souviens, mon cher monsieur, que je vous avais prié" *V aux Tronchin*

1835. 9 juin 1759. Duchesse de Saxe-Gotha à V. "Si j'eusse" *Archiv* 92:153-154. 1894

1836. 10 juin 1759. M. de Courteilles à V. "J'apprends" *Correspondant* 244:664. 1911

1837. 10 juin 1759. Frédéric II à V. "Apprenez" K et D 3:65-66

1838. 12 juin 1759. Mme Denis à Fabry. "Mon oncle étant malade depuis longtemps" *Arts-Lettres*, 2e année, Nos 8-9

1838.1 13 juin [1759]. V. à Mme de Fontaine. Cf. No. 2038.

1839. 20 juin 1759. Frédéric II à V. "Si j'étais" K et D 3:66-67

1840. 23 juin [1759]. V. à J.-R. Tronchin. "Je suis un peu malingre aujourd'huy, mon cher correspondant" *V aux Tronchin*

1841. 25 juin [1759]. V. à J.-R. Tronchin. "La méprise" *V aux Tronchin*

1842. 25 juin 1759. M. Dupuits à Hennin. "Monsieur, j'ai vu hier M. de V. . . et j'ai causé" *V Ferney* 442

1843. 29 juin [1759]. V. à Frédéric II. "Sire j'appelle de césar a césar, et de salomon" *RBPH* 7:1341-1343. 1928

1844. Juin 1759. V. à Frédéric II. "Vos derniers vers sont aisés et coulants" K et D 3:63-65

1845. [1er juillet 1759]. Thiriot à V. "C'est uniquement ma faute" *RHL* 15:345-347. 1908

1846. 2 juillet 1759. Frédéric II à V. "Votre muse se rit de moi,- Quand pour la paix elle m'implore" K et D 3:67-70

1847. 3 juillet [1759]. V. à J.-R. Tronchin. "Parlons d'abord des perdrix, mon aimable correspondant" *V aux Tronchin*

1848. 6 juillet [1759]. Choiseul à V. "Je reçois, ma chère Marmotte, la lettre que" Calmettes 31-34

1849. 16 juillet [1759]. V. à J.-R. Tronchin. "Je vous félicite, vous et monsieur votre frère" *V aux Tronchin*

1850. 17 juillet 1759. Bussy à V. "J'ai reçu, monsieur, la lettre" Caussy 50-51

1851. 17 juillet [1759]. V. à Mr Camp. "En arrivant aux délices, j'apprends, monsieur, que notre ami est affligé" *V aux Tronchin*

1852. 18 juillet 1759. Frédéric II à V. "Vous êtes, en vérité, une singulière créature" K et D 3:70-72

1853. 21 juillet 1759. V. à J.-R. Tronchin. "Comment va la joue de mon cher correspondant?" *V aux Tronchin*

1854. 21 juillet (1759). V. à Georges Keate. "J'ai toujours, my dear Sir, des remercîments à vous faire" Bengesco, *Lettres* 5-7

1855. 23 juillet 1759. J.-R. Tronchin à V. "Je suis bien flatté de voir des mêmes yeux" *V aux Tronchin*

1856. 27 juillet 1759. Comte César Gabriel de Choiseul à V. "You are quite right, Sir, in thinking that the death of Socrates" J M Read 2:253

1856.1. Juillet 1759. V. à d'Argental. "mon divin ange que vous dirai-je ?" *MLN* 56:504-507. 1941

1857. 28 juillet [1759]. V. à J.-R. Tronchin. "Je n'ai pû encor, mon cher Monsieur, joindre le Sr Mirani" *V aux Tronchin*

1858. 2 août 1759. V. à Mme de Bentinck. "I should die happy if I had helped" *Countess Bentinck* 1:61

1859. 2 août [1759]. V. à Mme. de Bentinck. "Votre zèle vous inspire trop de crainte" *R Paris* 35:304-305. 1896

1860. [2 août 1759]. V. à J.-R. Tronchin. "Mon cher correspondant, nous ne sommes plus si grands seigneurs que nous étions" *V aux Tronchin*

1861. 6 août 1759. Duchesse de Saxe-Gotha à V. "Je profite avec plaisir, Monsieur, de l'occasion" *Archiv* 92:154-155. 1894

1862. 7 août [1759]. V. à J.-R. Tronchin. "On parle d'une bataille" *V aux Tronchin*

1863. 14 août [1759]. V. à Mme de Bentinck. "Il n'y a pas moyen, madame, de songer" *R Paris* 35:305-307. 1896

1864. 16 août [1759]. V. à Allamand. "Vos lettres sont des cartels d'esprit, Monsieur, mais" *RHV* 6:325. 1898

1865. 20 août 1759. Allamand à V. ". . . Voilà pourtant la seconde alarme que vous me donnez" *RHV* 6:326-328. 1898

1866. 27 août 1759. V. à J.-R. Tronchin. "On varie tous les jours" *V aux Tronchin*

1867. [27 août 1759]. V. à [Clairaut]. "Votre lettre, monsieur, m'a autant fait de plaisir que votre travail m'a inspiré d'estime" *Figaro* 21 mai 1910

1868. Août 1759. V. à Frédéric II. "Vous n'êtes pas ce fils d'un insensé" K et D 3:72-73

1869. [Août 1759?]. V. à François Tronchin. "Cela coûtera moins, mon cher ami, que ne disait Murani" *V aux Tronchin*

1870. [Août 1759?]. V. à François Tronchin. "J'ay oublié de vous dire, mon cher confrère" *V aux Tronchin*

1871. [Août 1759?]. V. à Gabriel Cramer. "pour me consoler" *RR* 30:49. 1939

1872. 4 septembre [1759]. V. à J.-R. Tronchin. "Si vous n'avez pas fait usage, mon cher correspondant, des deux lettres" *V aux Tronchin*

1873. [Début de septembre 1759?]. V. à François Tronchin. "Mon cher ami, nous vous avons attendu inutilement" *V aux Tronchin*

1874. [Début de septembre 1759?]. V. à François Tronchin. "Il faut prendre un parti sur notre mur" *V aux Tronchin*

1875. 8 septembre [1759]. V. à J.-R. Tronchin. "Soit, mon cher monsieur. Les lettres de change" *V aux Tronchin*

1876. 10 septembre 1759. Algarotti à V. "Il sig. Agostino Paradisi è un gentiluomo di Reggio" *Opere Algarotti* 16:126-127

1877. 12 septembre 1759. V. à J.-R. Tronchin. "Il est vrai" *V aux Tronchin*

1878. 13 septembre 1759. Duchesse de Saxe-Gotha à V. "C'est toujours avec une satisfaction infinie" *Archiv* 92:155-156. 1894

1879. 21 septembre [1759]. V. à J.-R. Tronchin. "Comme je vous écris toujours avant de recevoir mes lettres" *V aux Tronchin*

1880. 22 septembre 1759. Frédéric II à V. "La duchesse de Saxe-Gotha m'envoie votre lettre" K et D 3:73-74

1881. 23 septembre 1759. V. à Jacob Vernes. "Nous sommes un peu brouillés pour les odes" *V Ferney* 84

1882. [24 septembre 1759]. V. à J.-R. Tronchin. "Il y a, mon cher correspondant, une lettre de Berlin du 12 du mois" *V aux Tronchin*

1883. 28 [septembre 1759]. V. à J.-R. Tronchin. "Grâces soient rendues" *V aux Tronchin*

1884. [Septembre 1759?]. V. à François Tronchin. "Maître Matey" *V aux Tronchin*

1885. [Septembre 1759?]. V. à François Tronchin. "M. Tronchin" *V aux Tronchin*

1886. [Septembre 1759?]. V. à François Tronchin. "Il n'y aura pas" *V aux Tronchin*

1887. 3 octobre [1759]. V. à J.-R. Tronchin. "Mais, mon cher monsieur" *V aux Tronchin*

1888. 4 octobre [1759]. Thiriot à V. "Vous n'êtes pas le rat des champs" *RHL* 15:347-348. 1908

1889. [Début octobre 1759?]. V. au baron de Monthou. "Monsieur, Je n'ai que le temps de vous dire" *R Paris* 32,1:513. 1925

1890. 6 octobre 1759. V. à Corboz. "Barnabé doit faire amener jeudi matin" *Arts-Lettres*, 2e année, Nos 8-9

1891. 6 octobre [1759]. V. à J.-R. Tronchin. "J'ai oublié" *V aux Tronchin*

1892. 8 octobre 1759. V. à J.-R. Tronchin. "Cette fois-ci" *V aux Tronchin*

1893. 8 octobre 1759. V. à Mme Gallatin. "Comment se porte notre malade, notre chère voisine" *Marc Peter* 11

1894. 8 octobre 1759. Duchesse de Saxe-Gotha à V. "C'est dans l'instant même que je reçois" *Archiv* 92:156-157

1895. 12 octobre [1759?]. V. à Collini. "Mon cher Colini, j'ai été sur le point de perdre" *RHL* 17:808. 1910

1896. 12 octobre [1759]. V. à J.-R. Tronchin et à Camp. "Nous sommes, oncle et nièce, aussi honteux que reconnaissants" *V aux Tronchin*

1897. [12 octobre 1759]. V. à J.-R. Tronchin. "Seconde lettre du 12. C'est pour vous dire, mon cher correspondant, qu'ayant visité ma caisse" *V aux Tronchin*

1898. 14 [octobre 1759]. V. à J.-R. Tronchin. "Mon cher monsieur, comme probablement ma lettre" *V aux Tronchin*

1899. 17 octobre [1759]. V. au baron de Monthou. "J'ai heureusement, Monsieur, trouvé l'argent" *R Paris* 32,1:513. 1925

1900. 17 octobre [1759]. V. à J.-R. Tronchin. "Les acteurs" *V aux Tronchin*

1901. 20 octobre [1759]. V. à J.-R. Tronchin. "Monsieur de Chauvelin ne part que le 21 de Paris" *V aux Tronchin*

1902. 22 octobre [1759]. V. à Grimm. "Je suis très sensible à votre souvenir mon cher profète" *MLN* 47:218-219. 1932

1903. [23 octobre 1759?]. V. à François Tronchin. "Quel Tronchin aurons-nous aujourd'hui" *V aux Tronchin*

1904. 24 octobre 1759. V. à J.-R. Tronchin. "Grâce aux bontés" *V aux Tronchin*

1905. [24 octobre 1759?]. V. à François Tronchin. "Quoi! Vous qui êtes du métier, vous n'étiez" *V aux Tronchin*

1906. 31 octobre [1759]. V. à J.-R. Tronchin. "Les trois derniers" *V aux Tronchin*

1907. [31 octobre 1759]. V. à Jacob Tronchin. "Mr jaco tronchin veut-il nous faire l'honneur de venir" *V aux Tronchin*

1908. [Fin octobre 1759?]. V. à François Tronchin. "Nous vînmes hier à la porte" *V aux Tronchin*

1909. [Octobre 1759]. V. à Frédéric II. "Dans quelque état que vous soyez, il est très-sûr" K et D 3:75-76

1910. [Octobre 1759]. V. à Vernes. "Voilà un *Pierre*, mon cher ami" *RPL* 51,1:322. 1913

1911. [Fin octobre ou début novembre 1759?]. V. au baron de Monthou. "Je suis prêt, Monsieur, à faire" *R Paris* 32,1:513-514. 1925

1912. 5 novembre [1759]. V. à J.-R. Tronchin. "Vos Délices, mon cher ami, ont été assez magnifiques" *V aux Tronchin*

1913. 9 novembre 1759. V. à J.-R. Tronchin. "Voilà, mon cher correspondant, ce que l'académie" *V aux Tronchin*

1914. 10 novembre 1759. Bettinelli à V. ". . . Tout cela m'a fixé ici" Desnoiresterres 5:335

1915. [Vers le 12?] novembre 1759. Sellon au Petit Conseil. "M. le duc de Choiseul, en me parlant de M. de Voltaire" Desnoiresterres 6:300

1916. 12 novembre [1759]. V. à J.-R. Tronchin. "Permettez" *V aux Tronchin*

1917. 12 novembre [1759]. Choiseul à V. "Avés vous connu" Calmettes 38-42

1918. 14 novembre 1759. Algarotti à V. "Dal signor marchese Albergati, che é in Bologna" *Opere Algarotti* 16:127-130

1919. 15 novembre 1759. Registre du Petit Conseil. "Dans le surplus de sa lettre, le sieur Sellon" Desnoiresterres 6:300

1920. 15 novembre 1759. Duchesse de Saxe-Gotha à V. "Je n'ai qu'un instant, Monsieur" *Archiv* 92:157. 1894

1921. 17 novembre 1759. Frédéric II à V. "Grand merci de la tragédie de *Socrate*" K et D 3:76-80

1922. 19 novembre [1759]. V. au baron de Monthou. "Je vous supplie, Monsieur, de ne pas oublier" *R Paris* 32,1:514. 1925

1923. 23 novembre [1759?]. V. à Mme de Bentinck. "J'ai bien mal aux yeux, madame" *R Paris* 35:307-308. 1896

1924. 24 novembre 1759. V. au baron de Monthou. "Monsieur, avec cérémonie, ou sans cérémonie" *R Paris* 32,1:515. 1925

1925. 24 novembre [1759]. V. au baron de Monthou. "J'ai vingt chevaux qui se recommandent" *R Paris* 32,1:514-515. 1925

1926. 26 novembre [1759]. V. à J.-R. Tronchin. "Mon cher correspondant on dit que vous vendez au roi" *V aux Tronchin*

1927. 28 novembre [1759]. Thiriot à V. "Est-ce l'augmentation des ports" *RHL* 15:348-349. 1908

1928. 30 novembre [1759]. V. à J.-R. Tronchin. "Un Suisse comme moi" *V aux Tronchin*

1929. 31 novembre 1759. V. à J.-R. Tronchin. "La nouvelle écrite de Ratisbonne, le 24" *V aux Tronchin*

1930. Mardi, aux Délices [Fin novembre 1759?]. V. au baron de Monthou. "Mon cher Monsieur, je n'ai point de fourrage" *R Paris* 32,1:515-516. 1925

1931. Aux Délices [Fin novembre 1759?]. V. au baron de Monthou. "Je vous remercie, Monsieur, de vos bontés" *R Paris* 32,1:516. 1925

1932. Jeudi [Fin novembre 1759?]. V. au baron de Monthou. "Bannissons pour jamais, Monsieur" *R Paris* 32,1:516. 1925

1933. 2 décembre 1759. V. au baron de Monthou. "Monsieur, Les inquiétudes des jurisconsultes" *R Paris* 32,1:516-517. 1925

1934. 2 décembre [1759]. V. à J.-R. Tronchin. "Mon cher correspondant, nous ne saurons que demain" *V aux Tronchin*

1935. 4 décembre [1759?]. V. à Mme de Bentinck. "Je vois, madame, par votre charmante lettre" *R Paris* 35:308-309. 1896

1936. 10 décembre 1759. V. à Algarotti. "Quando mi capitò la vostra gentile epistola stava bene" *Opere Algarotti* 16:130-133

1937. 12 décembre 1759. Duchesse de Saxe-Gotha à V. "Votre charmante lettre du 4 m'est parvenue hier" *Archiv* 92:157-158. 1894

1938. 13 décembre 1759. Frédéric II à V. "C'est donc vous qui croyez m'exhorter à la paix" *K et D* 3:83-87

1939. 15 décembre [1759?]. V. à Chenevières. "Je vous supplie, mon cher ami, de donner cours au paquet" *R Palais* 4:498. 1898

1940. 17 décembre [1759]. V. à J.-R. Tronchin. "Je commence à espérer la paix, et je pense" *V aux Tronchin*

1941. 18 décembre 1759. Duchesse de Saxe-Gotha à V. "Il seroit difficile a imaginer a quel point" *Archiv* 92:158-159. 1894

1942. 20 décembre [1759]. Choiseul à V. "Je réponds, mon cher Hermitte, à vos lettres" Calmettes 49-52

1943. 22 décembre [1759]. V. à J.-R. Tronchin. "Vous allez donc à la cour, mon cher correspondant?" *V aux Tronchin*

1944. 22 décembre [1759]. V. à Mme de Bentinck. "Vous ne sauriez croire, madame, combien" *R Paris* 35:310-311. 1896

1945. 23 décembre 1759. Mme Denis à J.-R. Tronchin. "J'apprends avec une joie extrême, Monsieur" *V aux Tronchin*

1946. 24 décembre 1759. Duchesse de Saxe-Gotha à V. "Vous voudrès bien je pense" *Archiv* 92:159. 1894

1947. 28 décembre [1759]. V. à Camp. "Je crois, Monsieur, que votre cher et estimable associé" *V aux Tronchin*

1948. 29 décembre 1759. V. à Balleidier. "Je ne suis point, Monsieur, tenu de payer" Vézinet, 13,30,40

1949. 29 décembre [1759]. Thiriot à V. "Je vous dois réponse" *RHL* 15:350-351. 1908

1950. [Décembre 1759]. V. à François Tronchin. "Eh bien! Luc est donc battu? Mais que nous importe?" *V aux Tronchin*

1950.1. [Novembre ou décembre ? 1759]. V. à Pierre Pictet. "comment se porte toutte la famille" *RR* 32:253. 1941

1951. [Décembre 1759]. V. au baron de Monthou. "Monsieur, Une indisposition de quelques jours" *R Paris* 32,1:517-518. 1925

1952. 1759. "Nº 2. Observations de M. de Chauvelin l'ambassadeur sur une lettre de M. de Voltaire au roi de Prusse, écrite par ordre du ministère, 1759" Calmettes 255-257

1953. [1759]. ? à V. "Deux bons amis, bonsieur, qui revenus de la gloire" *Nouv Revue* 119:131-133. 1899

1954. 1759. V. à ? "Ainsi Bachaumont et Chapelle— Ecrivirent dans le bon temps" *Nouv Revue* 119:133-134. 1899

1955. [1759]. V. à Lambert. Résumé de la lettre. *RHL* 16:819. 1909

1956. [1759]. V. à Mme Gallatin. "Avec 500 L. que ferons-nous" Marc Peter 14

1957. [1758-1759?]. V. à Gabriel Cramer. "il me vient" *RR* 30:48-49. 1939

1958. [1759?]. V. à Gabriel Cramer. "Mon impatience se recommande a l'indiference de mon cher gabriele" *RR* 30:49. 1939

1959. [1759?]. V. à Gabriel Cramer. "plus d'impatience ny de patience; mais reconnaissance, et de votre part" *RR* 30:50. 1939

1960. [1759?]. V. à Gabriel Cramer. "j'envoye" *RR* 30:49. 1939

1961. 1759. ? à V. "Hélas!qu'est devenu le temps, Voltaire, où ton heureux génie" J M Read 2:248

1760

1962. 3 janvier 1760. Duchesse de Saxe-Gotha à V. "J'ai une grace a Vous demander, et je me flatte" *Archiv* 92:159-161. 1894

1963. 5 janvier 1760. V. à Chenevières. "Je ne peux commencer l'année" *R Palais* 4:498-499. 1898

1964. 7 janvier 1760. V. à Mme de Bentinck. "Vous mettez, madame, des feuilles de rose" *R Paris* 35:311-312. 1896

1965. [9 janvier 1760]. V. à Fabry. "La compagnie prête à se former" *Arts-Lettres*, 2e année, Nos 8-9

1966. 10 janvier 1760. V. à M. Bertin. "Nous vous supplions" Bengesco, *Bibl* 3:302

1967. 14 janvier [1760]. Choiseul à V. "Luc, sans généraux, sans vertus, sans conduite" Calmettes 53-58

1968. 16 janvier [1760?]. V. à Chenevières. "Puisque Marmontel est à la Bastille" *R Palais* 4:500. 1898

1969. 23 janvier [1769]. V. à J.-R. Tronchin. "Vous êtes bien bon, mon cher monsieur, de songer à votre fermier" *V aux Tronchin*

1970. 24 janvier 1760. Duchesse de Saxe-Gotha à V. "Vous etes adorable en tout mon cher Monsieur de Voltaire" *Archiv* 92:161-162. 1894

1971. 25 janvier 1760. Déclaration de Mme Denis. "Nous, Marie Louise Mignot Denis" *Arts-Lettres*, 2e année, Nos 8-9

1972. [25 janvier 1760]. V. à Fabry. "Suivant la permission" *Arts-Lettres*, 2e année, Nos 8-9

1973. 26 janvier 1760. V. à Fabry. "Voicy, mon cher monsieur, la copie" *Arts-Lettres*, 2e année, Nos 8-9

1974. 26 janvier [1760]. V. à J.-R. Tronchin. "Voicy, mon cher monsieur, tout ce que nous ont rapporté" *V aux Tronchin*

1975. 27 janvier 1760. Duchesse de Saxe-Gotha à V. "Si le tems vous a parû long pour attendre la reponse" *Archiv* 92:162. 1894

1976. 27 janvier 1760. V. à Algarotti. "Eurika, Eurika ; l'ho ricevuto al fine" *Opere Algarotti* 16:134

1977. [Janvier 1760 ?]. V. à François Tronchin. "Vous savez, mon cher monsieur, qu'on m'avait prié" *V aux Tronchin*

1978. 7 février 1760. Duchesse de Saxe-Gotha à V. "Je rends grace a Dieu d'avoir" *Archiv* 92:162-163. 1894

1979. 8 [février 1760]. V. à J.-R. Tronchin. "J'ay reçu, monsieur, vos deux lettres de Paris du 2 février" *V aux Tronchin*

1980. 16 février 1760. V. à Camp. "J'ai fort mauvaise opinion, Monsieur, des billets" *V aux Tronchin*

1981. 18 février 1760. V. à Chenevières. "Je vous remercie de vos bontés, mon cher monsieur" *R Palais* 4:500-501. 1898

1982. 24 février 1760. Frédéric II à V. "De combien de lauriers vous êtes-vous couvert,- Au théâtre, au Lycée, au temple de l'histoire!" K et D 3:88-91

1983. 25 [février 1760]. V. à François Tronchin. "Mon cher confrère, vous faittes des tragédies" *V aux Tronchin*

1984. 26 février 1760. V. à Labat. "Monsieur, Il est vray que je digère mal" *V aux Tronchin*

1985. 28 février 1760. Frédéric II à V. "Vous croyez posséder" K et D 3:91-92

1986. [Février 1760]. V. à Frédéric II. "Il ne tient certainement qu'à V.M. d'accélérer la paix" K et D 3:88

1987. 1er mars 1760. V. à Camp. "Nous n'avons point encore goûté, Monsieur, du vin que" *V aux Tronchin*

1988. 3 mars 1760. Duchesse de Saxe-Gotha à V. "Je suis bien flattée Monsieur de voir" *Archiv* 92:163-164. 1894

1989. 7 mars 1760. V. à Algarotti. "Je suis malade depuis longtemps" *Opere Algarotti* 16:135-136

1990. 13 mars 1760. Choiseul à V. "Je ne vous dirai pas, mon cher Solitaire" Calmettes 62-67

1991. 14 mars [1760]. V. à Camp. "Je vous prie" *V aux Tronchin*

1992. 17 mars [1760]. V. à François Tronchin. "Vous êtes conciliant, mon cher confrère" *V aux Tronchin*

1993. 22 [mars 1760?]. V. à Gabriel Cramer. "j'attends que mon cher gabriel m'envoye" *RR* 30:50. 1939

1994. 26 mars 1760. Frédéric II à V. "Peuple plaisant" K et D 3:93-94

1995. [28 mars 1760]. V. à Camp. "Je n'ay qu'un moment" *V aux Tronchin*

1996. [29 mars 1760]. V. à J.-R. Tronchin. "Vous savez" *V aux Tronchin*

1997. 31 mars [1760?]. V. à Chenevières. "Les Delices font mille compliments" *R Palais* 4:501. 1898

1998. [Mars 1760?]. V. à Gabriel Cramer. "la lettre civile et honnete est en bien gros caracteres" *RR* 30:50. 1939

1999. [Mars 1760?]. V. à François Tronchin. "Inutile au moins" *V aux Tronchin*

2000. 3 avril 1760. Frédéric II à V. "Quelle rage vous anime encore contre Maupertuis" K et D 3:95-96

2001. 12 avril [1760]. V. à J.-R. Tronchin. "Je ne suis pas, mon cher monsieur, bien impatient du paquet" *V aux Tronchin*

2002. 13 avril 1760. Collini à V. "Mon cher Bienfaiteur, M. Pierron est mort hier d'une pleurésie" *RHL* 17:808. 1910

2003. 15 avril 1760. V. à Frédéric II. "Puisque vous êtes si grand maître,- Dans l'art des vers et des combats" K et D 3:96-97

2004. 16 avril 1760. V. à Georges Keate. "Ce n'est pas, Monsieur, parce que vous m'écrivez" Bengesco, *Bibl* 3:336-338. Bengesco, *Lettres* 12-16

2005. 17 avril [1760]. V. à Camp. "Voulez-vous bien, monsieur" *V aux Tronchin*

2006. 22 avril 1760. V. à Frédéric II. (brouillon). "Sire, un petit moine de St Just disait à Charles-Quint: sacrée majesté, n'êtes-vous pas lasse d'avoir troublé le monde?" *Annales de l'Ain* 6:322-340. 1873

2007. 22 avril 1760. V. à Frédéric II. "Sire, un petit moine" K et D 3:98-99

2008. 22 avril 1760. Choiseul à V. "La lettre que vous me confiés dattée de Frieberg" Calmettes 69-73

2009. 24 avril 1760. Montpéroux au ministère des Affaires Etrangères. "Monseigneur, Je ne sais pas ce qui peut avoir" *V Ferney* 265

2010. [Avril 1760?]. V. à Gabriel Cramer. "lecluse est arrive; il est fort drole" *RR* 30:51. 1930

2011. 1er mai 1760. Frédéric II à V. "De l'art de César et du vôtre,- J'etais trop amoureux dans ma jeune saison" K et D 3:100-103

2012. 1er mai [1760]. V. à François Tr. "Vous nous avez." *V aux Tronchin*

2013. [2 mai 1760]. V. et Mme Denis à Bussy. "Peu de paroles aux personnes occupées" Caussy 83

2014. 2 mai [1760]. V. à Camp. "Ne soyez en peine de rien" *V aux Tronchin*

2015. 4 mai 1760. Joly de Fleury à Courteilles. "Vous verrez, monsieur" Caussy 59-60

2016. 5 mai [1760?]. V. à Chenevières. "Mon cher correspondant, vous faittes" *R Palais* 4:501-502. 1898

2017. 8 mai 1760. Choiseul à V. "Connaissés-vous, mon cher Solitaire" Calmettes 75-79

2018. 12 mai 1760. Frédéric II à V. "Je sais très-bien que j'ai des défauts, et même" K et D 3:104-106

2019. 12 mai [1760]. Choiseul à V. "Je permettrais si cela était à mon pouvoir" Calmettes 82-83

2020. 14 mai 1760. Montpéroux à Bussy. "J'ai reçu la lettre sans date" Caussy 85

2021. 15 mai [1760]. V. à Hénault. "Votre amusement lyrique" *Hénault* 433-435

2022. 18 mai 1760. Joly de Fleury à V. "J'ai reçu, monsieur" Caussy 63

2023. 19 mai [1760?]. V. à Chenevières. "Les Délices font mille compliments à l'ami des Délices" *R Palais* 4:502. 1898

2024. 21 mai [1760]. V. à Camp. "Grand merci, mon cher monsieur" *V aux Tronchin*

2025. 22 mai [1760?]. V. à Mme Dupin. "La lettre dont vous m'honorez, Madame" *Portefeuille Dupin* 323-325. Bengesco, *Bibl* 3:323

2026. 25 mai [1760]. Choiseul à V. "Je ne perds pas de tems à répondre, mon cher Solitaire" Calmettes 87-92

2027. 28 mai 1760. Choiseul à V. "Je vous envoye, mon cher Solitaire, le passeport" Calmettes 95

2028. 29 mai [1760?]. V. à Chenevières. "Mon cher correspondant, vous sauvez beaucoup de pièces" *R Palais* 4:503. 1898

2029. [Mai 1760]. V. à Collini. "Il court une maladie"*RHL* 17:809. 1910

2030. [Mai 1760?]. V. à François Tronchin. "Je vous prie, mon cher amy, de m'envoier" *V aux Tronchin*

2031. [Mai 1760?]. V. à J.-R. Tronchin. "Si M. Tronchin pouvait avoir la bonté" *V aux Tronchin*

2032. 2 juin [1760]. V. à J.-R. Tronchin. "Si vous êtes parti" *V aux Tronchin*

2033. 3 juin 1760. V. à Frédéric II. "Sire, le vieux Suisse bavard prend peut-être mal" K et D 3:106-108

2034. 7 juin 1760. V. à Helvetius. "Qui eût cru que la V. . . dût venger la philosophie?" Bengesco, *Bibl* 3:334

2035. 7 juin 1760. V. à Mme de Bentinck. "Je suis obligé de dicter, madame" *R Paris* 35:312-313. 1896

2036. 10 juin 1760. Frédéric II à V. "Je reçois votre lettre dans un moment de crise" K et D 3:108

2037. 13 juin [1760]. V. à J.-R. Tronchin. "Mon cher Lyonnais" *V aux Tronchin*

2038. 13 juin 1760 [1759]. V. à Mme de Fontaine. "Comme je suis en Russie jusqu'au cou, je n'ai" Bengesco, *Bibl* 3:326-327

2039. 16 juin [1760]. Choiseul à V. "Vous êtes plus sage que moi et vous avès raison" Calmettes 97-100

2040. 17 juin 1760. J-J Rousseau à V. "Je ne pensois pas, Monsieur, me trouver jamais en correspondance avec vous" *Corr J J R* 5:133-135

2041. 18 juin 1760. Thiriot à V. "J'ai été passer une semaine" *RHL* 15:705-707. 1908

2042. 19 juin [1760]. V. à J.-R. Tronchin. "Comme je vous supplierai, mon cher monsieur" *V aux Tronchin*

2043. 19 [juin 1760]. V. à Mme Dupin. "Madame, vous avez envoyé un livre à un aveugle" Cf. 19 janvier 1771

2044. 20 juin 1760. V. à Hénault. "Mon illustre et respectable confrère, vos lettres" *Correspondant* 234:596-597. 1909

2045. 20 juin [1760?] V. à Chenevières. "Mon cher correspondant, n'espérez vous pas la paix" *R Palais* 4:503. 1898

2046. 21 juin 1760. Frédéric II à V. "Je reçois deux de vos lettres" K et D 3:109-111

2047. 22 juin 1760. V. à Balleidier. "Je prie instamment" Vézinet, 43

2048. 23 juin 1760. V. à Chenevières. "On parle d'un gros magasin" *R Palais* 4:504. 1898

2049. 27 juin 1760. V. à Grimm. "Mademoiselle Vadé a reçu la charmante lettre du cher prophète" *MLN* 47:219-220. 1932

2050. 28 juin 1760. V. à Fabry. "M. Dubu, Monsieur, m'a mandé qu'il vous avait envoïé" *Arts-Lettres*, 2e année, Nos 8-9

2051. 29 juin 1760. V. à Balleidier. "Pasteur est-il en droit de reprendre possession" Vézinet, 12

2052. 30 juin 1760. V. à Georges Keate. *"To pluck its honours off, and sink it down,- To teach an awfull moral in the dust.-* Your honours, good amiable Sir" Bengesco, *Lettres* 17-18 17-18

2053. 30 [juin 1760 ?]. V. à Fabry. "M. l'Intendant, monsieur, vous ayant remis les pièces" *Arts-Lettres*, 2e année, Nos 8-9

2054. [Mai ou juin 1760]. V. à François Tronchin. "M. le Conseiller Tronchin veut-il venir" *V aux Tronchin*

2055. 5 juillet 1760. Choiseul à V. "Je n'ai que le tems" Calmettes 102-103

2056. 5 juillet [1760]. V. à Mme de Bentinck. "Got soit béni, madame, et vous aussi" *R Paris* 35:313-314. 1896

2057. 11 juillet [1760?]. V. à Chenevières. "Depuis la victoire" *R Palais* 4:504-505. 1898

2058. 13 juillet 1760. V. à Algarotti. "Le lettere sopra la Russia" *Opere Algarotti* 16:137-138. Bengesco, *Bibl* 3:290-291

2059. 13 juillet [1760]. Choiseul à V. "Si Luc était un autre homme" Calmettes 107-111

2060. 14 juillet 1760. V. à Grimm. "Je reçois, mon cher voyant, et bien voyant, mon cher profète d'Alithée" *MLN* 47:220. 1932

2061. 16 juillet [1760]. V. à Golowkin. "La lettre" Bengesco, *Bibl* 3:355-356

2062. 30 juill 1760. V. à Woronzof. "Monsieur, Je suis obligé" Bengesco, *Bibl* 3:356-357

2063. 30 juillet [1760]. Thiriot à V. "C'est aujourd'hui" *RHL* 15:707-709. 1908

2064. [Juillet 1760]. V. à Mme de Bentinck. "I am occupied unceasingly with Mr de Triangle" *Countess Bentinck* 1:61

2065. 6 août 1760. Mémoire de V. "Aujourd'hui, 6 août 1760, maître Guillot et maître Desplace" *V et la police* 258-259

2066. 9 août [1760]. V. à Mme de Bentinck. "Quel est celui qui dans la Silésie" *R Paris* 35:314-316. 1896

2067. 11 août [1760?]. V. à Chenevières. "Mon cher correspondant, il me paraît que le Roy" *R Palais* 4:505. 1898

2068. 13 août [1760?]. V. à Chenevières. "Il me paraît" *R Palais* 4:505-506. 1898

2069. 13 août [1760]. Thiriot à V. "J'ai été ce matin" *RHL* 15:709-710. 1908

2070. 13 août 1760. V. à [J.-R. Tronchin ou à Camp]. "J'ai pris la liberté, Monsieur, de vous demander" *V aux Tronchin*

2071. [24 août 1760]. V. à J.-R. Tronchin. "Bon voiage, et tendres remerciments et compliments" *V aux Tronchin*

2072. [24 août 1760]. V. à J.-R. Tronchin. "Mon nez remercie monsieur Tronchin" *V aux Tronchin*

2073. 27 août 1760. Frédéric II au marquis d'Argens. "Autrefois, mon cher marquis, l'affaire du 15" Calmettes 262-264

2074. [Mai-août 1760?]. Mme de Pompadour à Malesherbes. "J'ai permis a Voltaire, Monsieur, de me dédier *Tancrède*" *V Ferney* 251

2075. [Août 1760?]. V. à d'Argental. "Pour ce qui est des Muses, je ne les connais plus" Janin 330-332

2076. [Août 1760?]. V. à Woronzof. "Il y a plus d'un an, monsieur, que le premier" Bengesco, *Bibl* 3:358

2077. [Août ?] 1760. V. à Mme de Bentinck. "Your enemy, and the personal enemy" *Countess Bentinck* 1:61

2078. 1er septembre 1760. V. à Woronzof. "Monsieur, Le cousin de M. Aléthof est presque" Bengesco, *Bibl* 3:358-359

2079. 2 [septembre 1760]. Choiseul à V. "Je suis assés heureux pour ne haïr aucune" Calmettes 114-116

2080. 3 septembre 1760. V. à Fabry. "Le sieur Sédillot est trop au fait" *Arts-Lettres*, 2e année, Nos 8-9

2081. 3 septembre 1760. V. à J.-R. Tronchin. "Vos petits secours, mon cher correspondant, viennent bien à propos" *V aux Tronchin*

2082. [5 septembre 1760]. V. à François Tronchin. "Nous vous envoions, Monsieur, la Lettre cy jointe" *V aux Tronchin*

2083. 5 septembre 1760. V. au Premier Syndic [Michel Lullin de Châteauvieux]. "M. Bardin le libraire m'envoya il y a 3 jours" *V aux Tronchin*

2084. [Début de septembre 1760]. V. à Théodore Tronchin. "Mon cher docteur, j'apprends" *V aux Tronchin*. *Genava* 23:79. 1945 (s.d.).

2085. 8 septembre 1760. Copie d'un arrêt du Petit-Conseil de Genève. "Par arrêt du Conseil, ce libelle a été déclaré impie et scandaleux" *V aux Tronchin*

2086. 9 septembre 1760. Copie d'un arrêt du Petit-Conseil. "Le Conseil ordonne qu'après l'éxécution du jugement de la veille" *V aux Tronchin*

2087. 9 septembre [1760?]. V. à M. le Premier Syndic. "Cette affaire n'est pas prette à finir. Je rends compte" *V aux Tronchin*

2088. 9 septembre [1760]. V. à J.-R. Tronchin. "Vous allez être surpris, mon cher compatriote genevois" *V aux Tronchin*

2089. 11 septembre 1760. Le Premier Syndic [Michel Lullin de Châteauvieux] à François Tronchin. "En vous quittant, j'ay pensé que du contenu" *V aux Tronchin*

2090. 12 septembre [1760?] ? à ? "La lettre ci contre lue en Conseil. Arrêté que M. le Premier réponde" *V aux Tronchin*

2091. 13 septembre 1760. V. à J.-R. Tronchin. "Il me semble, mon Cher correspondant, que je suis plus vif" *V aux Tronchin*

2092. 16 septembre 1760. V. à J.-R. Tronchin. "Ce cher rigolet, monsieur, ne s'attendait pas" *V aux Tronchin*

2093. 16 septembre 1760. V. à M. de Seynas (extrait [sic]). "Je ressens vivement vos bontés, monsieur, vous rendés" *V aux Tronchin*

2094. [18 septembre 1760?]. V. à François Tronchin. "Mais a ton jamais parlé de fumier quand mademoiselle Maton" *V aux Tronchin*

2095. 19 septembre [1760]. V. à J.-R. Tronchin. "Mon cher maître, pardon de vous avoir embaté des Rigolets" *V aux Tronchin*

2096. 19 septembre [1760]. Choiseul à V. "Je vous renvoye l'Epître dédicatoire" *Calmettes* 118-119

2096.1. 22 septembre 1760. V. à [Pierre Pictet]. "Je présente mes respects" *RR* 32:254. 1941

2097. 23 septembre [1760]. V. à J.-R. Tronchin. "Je vous envoie donc, mon cher correspondant, l'approbation autentique" *V aux Tronchin*

2098. 23 septembre [1760?]. V. à Chenevières. "Mon cher ami le bruit court" *R Palais* 4:506. 1898

2099. 26 septembre 1760. Algarotti à V. "Includo" *Opere Algarotti* 16:144

2100. 28 septembre 1760. Abbé de Saint-Cyr à Malesherbes. "Vous avez donné, Monsieur, les ordres les plus" *V Ferney* 250

2101. Septembre 1760. Le Brun à V. "Je saisis avec transport, monsieur, l'occasion de vous écrire" *Oeuvres Le Brun* 4:1-5

2102. [Août ou septembre 1760?]. V. à Gabriel Cramer. "voicy les deux lettres. Si on ne trouve pas" *RR* 30:133. 1939

2103. [Août- septembre 1760?]. De Lubière à ? "L'on se prépare à une très bonne comédie chez M. de Voltaire" *V Ferney* 273-274

2104. [Août-septembre 1760?]. Desfranches à ? "L'histrionage chez M. de Voltaire recommence" *V Ferney* 274

2105. [Septembre 1760?]. V. à Gabriel Cramer. "caro gabriele voicy la preface" *RR* 30:134. 1939

2106. 5 octobre [1760?]. V. à J.-R. Tronchin. "Autre petit bouche trou, mon cher correspondant" *V aux Tronchin*

2107. 8 octobre [1760]. V. à J.-R. Tronchin. "Autre petit bouche trou. Monsieur de Montmartel" *V aux Tronchin* (Voltaire a daté " 8 octobre" par erreur. La lettre est du 8 novembre. Voir notre édition des lettres Voltaire-Tronchin).

2108. 9 octobre 1760. Duchesse de Saxe-Gotha à V. "J'ai en vérité bien des obligations" *Archiv* 92:367-368. 1894

2109. 12 octobre [1760]. Choiseul à V. "Je vous renvoye, ma chère Marmotte, l'épitre" *Calmettes* 123-125

2110. 13 octobre [1760]. V. à J.-R. Tronchin. "Mon cher correspondant, il est vrai que je bâtis" *V aux Tronchin*

2111. 17 octobre [1760]. V. à J.-R. Tronchin. "Il est vrai, mon cher monsieur, que le magot s'écorne" *V aux Tronchin*

2112. 20 octobre 1760. V. à Schouvaloff. "J'ignore si les ballots que j'ay eu l'honneur" *V aux Tronchin*

2113. 21 octobre 1760. V. à Chenevières. "Il y a dans ce paquet, mon cher ami" *R Palais* 4:506-507. 1898

2114. 21 octobre [1760]. V. à J.-R. Tronchin. "J'avais refusé net"
      V aux Tronchin

2115. 22 octobre 1760. V. à Mme de Fontaine. "Vous devez" *RPL* 48,
      2:777. 1910

2116. 27 octobre [1760]. V. à J.-R. Tronchin. "Vous ai-je dit" *V aux
      Tronchin*

2117. [28 octobre 1760]. V. à J.-R. Tronchin. "Voicy un petit bouche
      trou, mon cher correspondant" *V aux Tronchin*

2118. 28 octobre 1760. V. à Hénault. "Mon très respectable et très
      aimable confrère, la moitié de l'histoire russe m'ennuie" *Cor-
      respondant* 234:597-598. 1909

2119. 29 octobre 1760. V. à Grimm. "Je suis précisément" *MLN* 47:221-
      222. 1932

2120. 31 octobre 1760. Frédéric II à V. "Je vous suis obligé" K et D
      3:112-114

2121. [Octobre 1760?]. V. à Gabriel Cramer. "Mr crammer est prié"
      RR 30:134. 1989

2122. [Octobre 1760]. Choiseul à V. "Ecrivés-vous toujours au roi de
      Prusse, mon cher Solitaire" Calmettes 120-122

2123. 2 novembre [1760]. V. à J.-R. Tronchin. "Voicy un Arabe, mon
      cher monsieur. Il est né, dit-il" *V aux Tronchin*

2124. 8 novembre [1760?]. V. à François Tronchin. "En arrivant" *V aux
      Tronchin*

2124.1. Voir 2107.

2125. 12 novembre 1760. Le Brun à V. "Je n'accepte" *Oeuvres Le Brun*
      4:8-10

2126. 13 novembre 1760. Fabry à l'abbé d'Espagnac. "Le conseil" Caussy
      52-53

2127. 19 [novembre 1760]. Choiseul à V. "Luc est l'homme du monde
      le plus extraordinaire" Calmettes 126-129

2128. 28 novembre [1760]. V. à J.-R. Tronchin. "Il se poura faire,
      monsieur, que dans quelques jours une demoiselle" *V aux
      Tronchin*

2129. 28 novembre 1760. V. à Algarotti. "Un de mes chagrins" *Opere
      Algarotti* 16:145-146

2130. 29 novembre 1760. Le Brun à V. "Je vous prie" *Oeuvres Le Brun*
      4:13-14

2131. 30 novembre 1760. Courteilles à V. "J'ai reçu, monsieur" Caussy
      67

2132. 1er décembre 1760. V. à [Turgot]. "Il y a, monsieur, peu de voya-
      geurs comme vous" *RPL* série 5,4:353-354. 1905

2133. 3 décembre 1760. J.-R. Tronchin à V. "Je lis et relis, Monsieur,
      votre bonne lettre, avec" *V aux Tronchin*

2134. [5 décembre 1760]. V. à [François Tronchin]. "Voicy, mon cher
      ami, la comedie de beaujolois" *V aux Tronchin*

2135. [7 décembre 1760]. V. à J.-R. Tronchin. "Eh! mon Dieu! mon
      cher correspondant, j'ay oublié" *V aux Tronchin*

2136. 10 décembre 1760. V. à J.-R. Tronchin. "J'ay reçu les galions qui doivent combattre les jesuittes" *V aux Tronchin*

2136.1. [10 ? décembre 1760]. V. à [Pierre Pictet]. "Je vous renvoie mon cher" *RR* 32:254. 1941

2137. 15 décembre 1760. V. à J.-R. Tronchin. "Mon cher correspondant, voicy quelques petits rafraichissements" *V aux Tronchin*

2138. 16 décembre [1760]. V. à J.-R. Tronchin. "Madame denis, mon cher monsieur, vous remercie des fauteuils" *V aux Tronchin*

2139. [19 décembre 1760]. V. à J.-R. Tronchin. "Je vous écris vendredy au soir, avant que la partie quarée" *V aux Tronchin*

2140. 22 décembre [1760]. V. à J.-R. Tronchin. "Il faut que je vous dise, mon cher monsieur, combien chimène" *V aux Tronchin*

2141. 24 décembre 1760. V. à J.-R. Tronchin. "Pardon, j'ay tiré sur vous, mon cher correspondant" *V aux Tronchin*

2142. 28 décembre 1760. V. à J.-R. Tronchin. "Mon cher monsieur, les 15 m.l. tournois en cinq petites lettres de change" *V aux Tronchin*

2143. 30 décembre [1760?]. V. à Gabriel Cramer. "Je vous prie instamment, mon cher Gabriel" *R Paris* 16,4:258. 1909

2144. [Fin décembre 1760?]. V. à François Tronchin. "Mon cher confrère, il est vray qu'il n'est pas trop bien" *V aux Tronchin*

2145. [Fin décembre 1760?]. V. à ? "Les Jésuites ne possédaient point le Domaine Crassy par anticrèse" *V aux Tronchin*

2146. [Fin décembre 1760?]. J.-R. Tronchin à V. "J'ai su ce qui s'est passé au sujet des plaisirs de Tournay" *V aux Tronchin*

2147. [1760]. V. à Théodore Tronchin. "Mémoire. Les maladies continüent dans les campagnes" *V aux Tronchin*

2148. [1760?]. V. à Gabriel Cramer. "pardon caro gabriele" *RR* 30:50. 1939

2149. [1760?]. V. à Gabriel Cramer. "avez vous des *que?*" *RR* 30:51. 1939

2150. [1760?]. V. à Gabriel Cramer. "je ne scai" *RR* 30:51. 1939

2151. [1760?]. V. à Gabriel Cramer. "je prie mon cher gabriel, mon grand acteur, de vouloir bien" *RR* 30:134. 1939

2152. [1760?]. V. à Gabriel Cramer. "la nouvelle est" *RR* 30:133. 1939

2153. [1760?]. V. à Gabriel Cramer. "il faut que le livre" *RR* 30:133. 1939

2154. [1760?]. V. à Gabriel Cramer. "Il est impossible, mon cher" Bengesco, *Bibl* 3:311-312. *Nain Jaune* 1er août 1863

2155. [1760 ?]. V. à Fabry. "L'ami Labat a cinquante mille écus à votre service" *Arts-Lettres*, 2e année, Nos 8-9

2156. [1760 ?]. V. à Fabry. "Le richard Labat, monsieur, a votre dernier mémoire" *Arts-Lettres*, 2e année, Nos 8-9

1761

2157. [Début janvier 1761 ?]. V. à Gabriel Cramer. "Je vous prie, mon cher Gabriel, de m'envoyer" *R Paris* 16,4:258. 1909

2158. 6 janvier 1761. V. à J.-R. Tronchin. "Mon cher correspondant, bénis soient les vents du midy" *V aux Tronchin*

2159. [3 ou 10 janvier, ou 4 ou 11 janvier 1761]. V. à [Gabriel Cramer]. "nos prêtres sont fort au dessus des votres, mon cher gabriel, ils assassinent" *RR* 31:348-349. 1940

2160. 12 janvier 1761. V. à [Turgot]. "Je n'ay rien de plus pressé, Monsieur, que de vous parler" *RPL* série 5, 4:354. 1905

2161. [16 janvier 1761]. V. à Mme Bergeret. "Madame Denis et moi" *RHL* 17:616. 1910

2162. 21 janvier 1761. V. à J.-R. Tronchin. "Mon cher correspondant, j'ay voulu voir une fois en ma vie" *V aux Tronchin*

2163. 22 janvier 1761. V. à de Brosses. "Je vois, monsieur, que vous vous intéressez au sieur de Croze" Desnoiresterres 6:142

2164. 22 [janvier 1761]. V. à J.-R. Tronchin. "Nous allons donc avoir deux Chimènes!" *V aux Tronchin*

2165. 22 janvier [1761?]. V. à Mme de Bentinck. "Le Suisse malade, le Suisse entouré de neiges" *R Paris* 35:316-317. 1896

2166. [30 janvier 1761]. Mémoire (au nom de Decroze). "Dans ce pays appartenant heureusement à la France, mais séparé de la France" *V aux Tronchin*

2167. [Janvier? 1761]. Le Brun à V. "M. Corneille est aussi pénétré qu'il doit l'être" *Oeuvres Le Brun* 4:22-27

2168. 2 février 1761. V. à J.-R. Tronchin. "Je reçois" *V aux Tronchin*

2169. 2 février [1761]. V. à J.-R. Tronchin. "Mon cher correspondant, avez-vous reçu mes deux lettres de change" *V aux Tronchin*

2170. 7 février 1761. L'évêque d'Annecy à Mme Denis. "Madame, L'affaire du curé de Moëns" *R Paris* 16,4:261-262. 1909

2171. 14 février 1761. V. à J.-R. Tronchin. "Un tant soit peu de goutte au poignet droit" *V aux Tronchin*

2172. 21 février [1761?]. V. à Chenevières. "Je me flatte mon cher ami" *R Palais* 4:507. 1898

2173. 25 février 1761. Le père Fessy à Le Bault. "Monsieur, vous avez vu sans doute un Mémoire" *RHL* 43:584. 1936

2174. 28 février 1761. Duchesse de Saxe-Gotha à V. "Votre charmante lettre, Monsieur, du 5 de ce mois" *Archiv* 92:368-370. 1894

2175. [Février 1761]. Mme Bourrette à J.-J. Rousseau. "J'ai l'honneur, Monsieur, de vous faire part" *V et JJR* 141-142

2176. 3 mars 1761. V. à J.-R. Tronchin. "Avez-vous, Monsieur, d'aussi mauvaises nouvelles que nous?" *V aux Tronchin*

2177. 4 mars [1761]. Mme Denis à J.-R. Tronchin. "J'ai toujours recours, Monsieur, dans vos bontés" *V aux Tronchin*

2178. 4 mars [1761]. V. à Allamand. "Je vous ai envoyé, Monsieur, un paquet de sottises" *RHV* 6:329. 1898

2179. 9 mars 1761. Richard Phelps à Lord Lyttelton. "My Lord, Having been from quarters some few days" Phillimore 2:559-563

2180. 9 mars [1761]. V. à J.-R. Tronchin. "Ceux à qui" *V aux Tronchin*

2181. 12 mars 1761. V. à la baronne de Monthou. "Madame, Si ma santé me le permettait" *R Paris* 32,1:518-519. 1925

2182. 19 [mars 1761]. V. à J.-R. Tronchin. "Ils ont dit: *la paix! la paix!* et il n'y avait point de paix" *V aux Tronchin*

2183. 20 mars [1761?]. V. à Chenevières. "Mon cher correspondant, il y a longtemps" *R Palais* 4:507-508. 1898

2184. 22 mars [1761]. V. au comte H. de Pingon. "Monsieur, Voicy ce qu'un de vos voisins" *R Sav* 183: 1934. Cf. 22 mars [1762].

2185. 28 mars [1761]. Comte H. de Pingon à V. "Monsieur, Il faudroit que je n'eus pas l'honneur" *R Sav* 184. 1934

2186. 29 mars [1761]. V. à [J.-R. Tronchin]. "Tout est venu à bon port, mon cher correspondant" *V aux Tronchin*

2187. 31 mars 1761. V. au baron de Monthou. "Monsieur, J'aurai l'honneur, dès que je le pourrai" *R Paris* 32,1:519-520. 1925

2188. 3 avril [1761]. V. au comte H. de Pingon. "Monsieur, Si vous voulez vendre votre terre de Feuillasse" *R Sav* 184-185. 1934. Cf. 3 avril [1762].

2189. 5 avril 1761. Comte H. de Pingon à V. "Monsieur, Il ne paroit pas y avoir lieu à s'arranger" *R Sav* 185-186. 1934

2190. 8 avril [1761]. V. à [J.-R. Tronchin]. "Mon cher correspondant, voicy trois gouttes d'eau" *V aux Tronchin*

2191. 22 avril 1761. V. à J.-R. Tronchin. "Le congrès" *V aux Tronchin*

2192. 22 avril 1761. V. à [Fabry]. "Je vous confie" *Arts-Lettres*, 2e année, Nos 8-9

2193. 23 avril [1761]. Choiseul à V. "Je vous demande mille pardons, mon cher" Calmettes 133-134

2194. 27 avril [1761]. V. à Trublet. "Votre lettre" Jacquart 117-119

2195. 1er mai 1761. V. au comte Algarotti. "Si je suivais mon goût" Bengesco, *Bibl* 3:291-292. *Opere Algarotti* 16:147-149

2196. 5 mai 1761. Hénault à V. "Je savais, mon cher confrère, l'anecdote" *Correspondant* 234:598-599. 10 février 1909

2197. 10 mai 1761. Trublet à V. "Mille grâces, Monsieur" Jacquart 119

2198. 16 mai 1761. Wagnière à J.-R. Tronchin. "Monsieur, J'ai été si honteux d'avoir osé vous adresser" *V aux Tronchin*

2199. 16 mai [1761]. V. à [J.-R. Tronchin]. "Il y a longtemps" *V aux Tronchin*

2200. 22 mai 1761. V. à [François Tr.]. "Dryden a dit" *V aux Tronchin*

2201. 25 mai 1761. Mme Denis à Théodore Tronchin. "On ne vous a point encor rien signifié, mon cher docteur" *V aux Tronchin*

2202. [25 mai 1761]. Mémoire. "Dès que j'eus acheté les fiefs de Fernay et de Caille" *V aux Tronchin*

2203. [Fin mai 1761?]. V. à [Mme de Pingon]. "Si Madame la Comtesse de Pingon veut mettre" *R Sav* 187. 1934

2204. 5 juin [1761]. Mme Denis à J.-R. Tronchin. "Voulez vous me permettre, monsieur, de vous consulter" *V aux Tronchin*

2205. 9 juin [1761]. Thiriot à V. "M. de Malesherbes" *RHL* 15:710-712.

2206. 16 juin [1761]. V. à J.-R. Tronchin. "Vous avez donc" *V aux Tronchin*

2207. 20 juin 1761. V. à Turgot. "Il me faut tous les Turgots, Monsieur, car il s'agit" *RPL* série 5,4:354-355. 1905

2208. 23 juin 1761. V. à J.-R. Tronchin. "Voila donc" *V aux Tronchin*

2209. 27 juin 1761. Algarotti à V. "Tornato dalla" *Opere Algarotti* 16:150-151

2210. [Juin 1761]. V. à Thiriot. "Voicy, mon cher et ancien ami" *RHL* 15:712. 1908

2211. 1er juillet [1761]. V. à J.-R. Tronchin. "Mon cher correspondant, je ne vous envoye pas autant de papier" *V aux Tronchin*

2212. 19 juillet 1761. V. à Lord Lyttelton. "My Lord, My esteem for you is so great" Phillimore 2:558

2213. 22 juillet [1761]. V. à Hénault. "L'enthousiasme ne permet point de délais" *Correspondant* 234:600-601. 1909

2214. 22 juillet 1761. V. à Georges Keate. "Je reçois votre lettre du 9, mon cher *free Briton*" Bengesco, *Lettres* 20-21

2215. 25 juillet [1761]. Choiseul à V. "Je ne vous écris pas, ma chère Marmotte, mais" Calmettes 138-139

2216. 26 juillet [1761]. V. à J.-R. Tronchin. "Vous avez" *V aux Tronchin*

2217. 7 août 1761. V. à J.-R. Tronchin. "J'ai reçu" *V aux Tronchin*

2218. 14 août 1761. V. à J.-R. Tronchin. "J'ai l'honneur" *V aux Tronchin*

2219. 31 août 1761. V. à Chenevières. "Je vous renvoie, mon cher ami, la lettre" *R Palais* 4:508-509. 1898

2220. 31 août 1761. V. à J.-R. Tronchin. "Vous nous avez renvoié François en très bonne santé" *V aux Tronchin*

2221. [Août?] 1761. H. Stanley à V. "Monsieur, C'est au père de la tragédie françoise que" W Pitt 2:133

2222. [Juillet-août?] 1761. V. à H. Stanley. "Sir, I hear that when you take our settlements, you take subscriptions too" W Pitt 2:133

2223. 2 septembre [1761]. V. à J.-R. Tronchin. "Pardonnez, monsieur, si je vous importune" *V aux Tronchin*

2224. 7 septembre [1761]. V. à J.-R. Tronchin. "Avant d'avoir reçu" *V aux Tronchin*

2225. 9 septembre [1761]. V. à J.-R. Tronchin. "Je suis aussi honteux que reconnaissant" *V aux Tronchin*

2226. 13 sept 1761. Fyot de la Marche à V. "Si je savais faire des vers" Caussy 71

2227. 14 sept 1761. V. à Algarotti. "Vous pourriez bien me dire, mon aimable Cygne" Bengesco, *Bibl* 3:292-293. *Opere Algarotti* 16:152-155

2228. 19 septembre 1761. Duchesse de Saxe-Gotha à V. "Comtés Monsieur que je conois tout le prix" *Archiv* 92:370-371. 1894

2229. 20 septembre 1761. Duc de Wurtemberg à V. "Je viens de recevoir la lettre que vous m'avez adressée le 15 du courant" Sakmann 35

2230. 21 [septembre?] 1761 ou 21 [octobre?] 1761. V. à Fyot de la Marche. "Depuis l'apparition" *R Paris* 34,4:43. 1927. Cf. 21 novembre 1761

2231. 22 septembre 1761. V. à Blin de Sainmore. "C'est à Henri IV, monsieur, et à Gabrielle d'Estrées" *RDM* 8-38:369-370. 1937

2232. 28 septembre [1761]. Choiseul à V. "Le proverbe a raison, qui mange chapon" Calmettes 140-141

2233. 1er octobre 1761. V. à J.-R. Tronchin. "J'ai diné aujourd'hui, mon cher correspondant, avec le conseiller" *V aux Tronchin*

2234. 3 octobre [1761]. V. à J.-R. Tronchin. "Pardon de la nouvelle importunité, mais" *V aux Tronchin*

2235. 6 octobre 1761. Turckheim à Jeanmaire. "Monsieur, J'ai des lettres de la propre main de M. de Voltaire qui justifient son existence" Sakmann 35-36

2236. 21 [octobre?] 1761. V. à Fyot de la Marche. Cf. 21 [septembre?] 1761.

2237. 24 oct 1761. V. à Algarotti. "J'écris bien rarement de ma propre main" Bengesco, *Bibl* 3:293-294. *Opere Algarotti* 16:155-156

2238. 28 octobre [1761]. V. à d'Argental. ". . . Je supplie mes anges gardiens" *BBB* 131. 1906

2239. 30 octobre 1761. V. à Woronzof. "Monsieur, Je ne pris pas la liberté de vous envoyer" Bengesco, *Bibl* 3:359-360

2240. Octobre 1761. Mme Samuel de Constant à Samuel de Constant. "Je compte aller dîner chez Voltaire vendredi" *V Ferney* 327-328

2241. [Octobre 1761?]. V. à Gabriel Cramer. "tenez cher gabriel voila vers et prose" *RR* 30:134-135. 1939

2242. 4 novembre 1761. V. à Fyot de la Marche. "Je sors de la fièvre" *Mém Acad Caen* 205-207. 1885. *R Paris* 34,4:44-45. 1927

2243. 4 novembre 1761. V. à Fyot de la Marche. "Mon corps est malade, Monsieur; mon âme" *Mém Acad Caen* 226-227. 1885

2244. 4 novembre 1761. V. à Hénault. "Ah, mon cher et respectable confrère" *Hénault* 435-437

2245. 13 novembre 1761. V. à J.-R. Tronchin. "A propos, monsieur, j'avais vraiment oublié" *V aux Tronchin*

2246. [vers le 15 novembre 1761 ?]. V. à Bianchi. "Vous avez prononcé, monsieur" *RHL* 18:415-416. 1911

2247. 21 novembre 1761. V. à Fyot de la Marche. "Depuis l'apparition que vous avez daigné *Mém Acad Caen* 208-209. 1885. Cf. 21 septembre 1761

2248. 21 novembre 1761. Duchesse de Saxe-Gotha à V. "Je suis trop flattée, Monsieur, de Votre chère Amitié" *Archiv* 92:371-372. 1894

2249. 24 nov 1761. Fargès à Mme Denis. "Ma négociation" Caussy 79-81

2250. 29-30 novembre [1761]. V. à J.-R. Tronchin. "Par la Vierge Marie, monsieur, notre relligion est plus chère" *V aux Tronchin*

2251. [Novembre 1761?]. V. à Choiseul. "Ecoutez, rien n'a réussi" Calmettes 265-266

2252. Novembre 1761. Frédéric II à V. "Le solitaire des Délices ne se rira-t-il pas de moi" K et D 3:114-115

2253. [Automne 1761?]. V. à Gabriel Cramer. "faites les derniers efforts de genie mon cher gabriel" *RR* 30:133. 1939

2254. 4 décembre 1761. V. au chanoine Irailh. "Vous serez étonné, Monsieur, de recevoir" *Journal des Débats*, 31 mars 1925

2255. 9 décembre 1761. V. à J.-R. Tronchin. "Mon cher correspondant est très humblement" *V aux Tronchin*

2256. 11 décembre 1761. V. à Woronzof. "Votre nom, Monsieur, est un de ceux qui doivent" Bengesco, *Bibl* 3:360-361

2257. 11 décembre [1761]. V. à J.-R. Tronchin. "On prétend" *V aux Tronchin*

2258. 14 décembre 1761. V. à Girod et de Brosses. "François de Voltaire, chevalier" Caussy 74-76

2259. 14 décembre 1761. Duchesse de Saxe-Gotha à V. "Je profite, Monsieur, avec plaisir et empressement" *Archiv* 92:372-373.   1894

2260. 15 décembre 1761. V. à Blin de Sainmore. "Mon amour-propre est vivement flatté" *RDM* 8-38:370.   1937

2261. 15 décembre [1761]. Mme Denis à [François Tronchin]. "Il y a actuellement en prison, Monsieur, un nommé Théry" *V aux Tronchin*

2262. 19 décembre 1761. V. à J.-R. Tronchin. "L'employ des coupons, monsieur, et d'une somme d'argent" *V aux Tronchin*

2263. 20 décembre 1761. M. d'Erigny à V. "Monsieur, j'ai reçu" **Caussy** 273

2264. 21 décembre [1761]. V. à J.-R. Tronchin. "C'est seulement" *V aux Tronchin*

2265. 22 décembre 1761. V. à Fyot de la Marche. "Vraiment c'est un pot de vin du marché" *R Paris* 34,4:45-46.   1927

2266. 23 décembre [1761]. V. à J.-R. Tronchin. "Vous allez, mon cher correspondant, recevoir de moy de violentes attaques" *V aux Tronchin*

2267. 30 décembre [1761]. Mme Denis à Lekain. "Nous avons ici" *Mém Lekain* 282-284

2268. [Fin de 1761]. V à Thiriot. "Je voudrais bien *RPL* 47,2:461. 1909

2269. [1761]. Horace Walpole à Sir H. Mann. "Voltaire has been charmingly absurd" Phillimore 2:559

2270. [1760-1761?]. V. à Gabriel Cramer. "jenvoye" *RR* 30:134.   1939

2271. [1761?]. Mme Samuel de Constant à ? "Il y a dans le monde un petit M. Mingard" *V Ferney* 344-345. 1762

1762

2272. 2 janvier 1762. Mme Denis à Camp. "Je ne saurais" *V aux Tronchin*

2273. 6 janvier 1762. V. à [J.-R. Tronchin ou à Camp?]. "Je n'écris pas toujours de ma main, Monsieur, parce que" *V aux Tronchin*

2274. 10 janvier 1762. V. à [J.-R. Tronchin]. "Vous me demandez mon cher monsieur, combien je vous demanderai" *V aux Tronchin*

2275. 11 janvier 1762. V. à François Tronchin. "Quoique monsieur François soit un ingrat" *V aux Tronchin*

2276. 13 janvier 1762. Mme Denis à François Tronchin. "Je partage, Monsieur, de tout mon coeur votre joie" *V aux Tronchin*

2277. 19 janvier 1762. Duchesse de Saxe-Gotha à V. "Sans une assez forte fièvre de fluxion, qui m'a" *Archiv* 92:373-374

2278. 20 janvier [1762]. V. à Camp. "Votre mari, monsieur, va bientôt quitter votre ménage" *V aux Tronchin*

2279. 23 janvier 1762. Abeille à V. "Les hommes supérieurs, monsieur, inspirent la confiance" Dupont 98

2280. 26 janvier 1762. V. à Fyot de la Marche. "Fréron ne sera pas fâché" *Mém Acad Caen* 249-250. 1885. *R Paris* 34,4:46-47. 1927

2281. [Fin janvier 1762?]. V. à Camp. "Il ne s'agit donc" *V aux Tronchin*

2282. 10 février 1762. V. à Camp. "Vous voilà donc veuf, Monsieur, et chargé seul de tout le fardeau" *V aux Tronchin*

2283. 17 février [1762]. V. à Camp. "Voicy encor monsieur" *V aux Tronchin*

2284. 21 février 1762. V. à Camp. "Je continue, monsieur" *V aux Tronchin*

2285. 26 février [1762]. V. à Camp. "Maudit soit le marchand qui est cause que nous buvons" *V aux Tronchin*

2286. 28 février [1762?]. Mme Denis à Lekain. "J'écris à M. le duc d'Aumont, Monsieur, et je vous envoie" *Mém Lekain* 288-291

2287. 1er mars [1762]. V. à Camp. "Voulez vous" *V aux Tronchin*

2288. 3 mars 1762. Thiriot à V. "Je ne suis point paresseux" *RHL* 15:712-714. 1908

2289. 4 mars 1762. Duchesse de Saxe-Gotha à V. "J'ai été malade depuis plusieurs semaines" *Archiv* 92:374-375. 1894

2290. 5 mars 1762. V. à Camp. "Je vous supplie" *V aux Tronchin*

2291. 5 mars 1762. V. à Mme de Bentinck. "Il y a environ un an, madame, que je n'ai" *R Paris* 35:317-318. 1896

2292. 12 mars 1762. V. au comte Stroganof. "Mon cher géant, je suis très edifié" *RLC* 11:271. 1931

2293. 19 mars [1762]. V. à Camp. "J'ay reçu" *V aux Tronchin*

2294. 22 mars [1762]. A Ferney. V. à M. de Pingon. "Monsieur, voici ce qu'un de vos voisins" *Gazette de Lausanne*, 27 janvier 1935. Cf. 22 mars [1761]

2295. 27 mars [1762]. V. à Camp. "Mon cher correspondant, Joyar a pu vous dire" *V aux Tronchin*

2296. Ferney, 1er avril 1762. V. à D. Gregorio Mayans. "Voltaire hombre líbero besa las manos del Señor el qual merece de ser líbero assí. Contendunt Cornelium nostrum invenisse heraclii fabulam" *MLN* 45:34-36. 1930. *Boletín de la Sociedad española de excursiones* 7:173-175. 1899

2297. 3 avril [1762], à Ferney. V. à M. de Pingon. "Monsieur, si vous voulez vendre" *Gazette de Lausanne*, 27 janvier 1935. Cf. 3 avril [1761]

2298. 4 avril 1762. V. à D.-L. de Constant d'Hermenches. "Un homme de poids, monsieur, à qui j'avais écrit" *Mélanges S de Grave* 354

2299. 11 avril [1762]. Choiseul à V. "Je ne vous écris" Calmettes 147-148

2300. 14 avril [1762]. V. à Camp. "Je vous envoie" *V aux Tronchin*

2301. 5 mai 1762. Choiseul à V. "Je ne veux point" Calmettes 149-50

2302. 6 mai 1762. V. à Camp. "J'ai été bien malade" *V aux Tronchin*

2303. 12 mai [1762]. V. à Camp. "Je peux vous écrire" *V aux Tronchin*

2304. 12 mai [1762]. Chazel à V. "Il n'est pas une seule personne" Coquerel 218

2305. 19 mai 1762. V. à Fyot de la Marche. "J'ai été sur le point, monsieur, d'aller" *Mém Acad Caen* 227-229. 1885. *R Paris* 34,4:47-49. 1927

2306. 20 mai 1762. Mme Denis à Camp. "Il y a bien" *V aux Tronchin*

2307. 28 mai [1762]. V. à Camp. "J'ay prété aujourduy neuf mille francs" *V aux Tronchin*

2308. 28 mai 1762. V. à Mme de Florian. "Si vous n'êtes" *RPL* 48,2:777-778. 1910

2309. 29 mai 1762. Choiseul à V. "J'ai lu avec attention, mon cher Suisse" Calmettes 151

2310. 31 mai 1762. Philibert Cramer à Camp. "Faites moi le plaisir, mon cher ami, de me conter" *V aux Tronchin*

2311. 31 mai 1762. V. au baron de Monthou. "Monsieur, Ma mauvaise santé ne me permet plus" *R Paris* 32,1:520. 1925

2311.1. 4 juin 1762. V. à Mazzuchelli. "J'etais très malade" *MLN* 57:355. 1942

2312. 9 juin [1762?]. V. à Chenevières. "Mon cher ami il est vrai que j'ay été très malade" *R Palais* 4:509. 1898

2313. 9 juin [1762]. V. à Fyot de la Marche. "Vous m'affligez sensible-ment, mon respectable ami" *Mém Acad Caen* 234-235. 1885

2314. [10 juin 1762?]. V. à François Tronchin. "Nous prions Monsieur Tronchin le Conseiller d'état" *V aux Tronchin*

2315. 10 juin [1762?]. V. à Balaidier. "Voicy un homme qui a été saisi emportant" *R XVIIIe S* 1:448-449

2316. 11 juin 1762. V. à Camp. "Je crois, Monsieur, que Mr Thiriot est à Lyon" *V aux Tronchin*

2317. 12 juin 1762. Duchesse de Saxe-Gotha à V. "J'ai bien des obliga-tions et a Mr Tronchin et a la bonne nature" *Archiv* 92:375-376. 1894

2318. 16 juin 1762. V. à Camp. "J'avais négligé, monsieur, de vous accuser la reception" *V aux Tronchin*

2319. 18 juin [1762]. V. à Théodore Tronchin. "Mon cher confrère, n'est-il pas vrai" *V aux Tronchin*

2320. 21 juin 1762. V. au baron de Monthou. "Monsieur, J'ai déjà eu l'honneur de vous écrire" *R Paris* 32,1:520-521. 1925

2321. 24 juin 1762. V. au baron de Monthou. "Madame Denis et moi, Monsieur, nous serons" *R Paris* 32,1:521. 1925

2322. 29 juin 1762. Damilaville à V. "Je n'ai point vu la veuve Calas; mais elle a été" *V Ferney* 367-368

2323. [29 juin 1762]. Damilaville à V. "Rien n'est plus vrai que les réfiexions de mon très illustre maître sur Rousseau" *V et JJR* 219

2324. [Juin 1762?]. V. à François Tronchin. "Monsieur et madame Tronchin veulent-ils faire l'honneur" *V aux Tronchin*

2325. 2 juillet 1762. V. à M. de Saint-Florentin. "Monseigneur, On me conjure de prendre la liberté" Coquerel 363

2326. 3 juillet 1762. V. à Chenevières. "Permettez mon cher ami que je vous recommande vivement" *R Palais* 4:510. 1898

2327. 7 juillet 1762. Duc de Villars à V. "Je viens d'écrire, Monsieur, comme vous le souhaitiez" *V Ferney* 366-367

2328. 8 juillet 1762. V. à Georges Keate. "Dear Sir, Had lady Grey writ in her days in the manner" Bengesco, *Lettres* 22-23

2329. 16 juillet 1762. V. à Fyot de la Marche. "J'ai reçu, mon respectable magistrat, le mémoire" *Mém Acad Caen* 235-237. 1885

2330. 27 juillet [1762]. Thiriot à Damilaville. "Eh bien, cher frère" *RHL* 16:179-180. 1909

2331. 30 juillet 1762. V. à Fyot de la Marche. "Je vois bien, mon respectable et vertueux" *Mém Acad Caen* 215. 1885

2332. 30 juillet 1762. V. à Fyot de la Marche. "Les tragédies de Corneille me consolent" *Mém Acad Caen* 229-230. 1885

2333. 30 juillet [1762]. V. au baron de Monthou. "Monsieur, Si vous ne pouvez venir vous-même" *R Paris* 32,1:521. 1925

2334. [Juill 1762?]. V. à Gabriel Cramer. "mon cher gabriel cest moi" *RR* 30:136. 1939

2335. [Juin ou juillet? 1762]. V. à Gabriel Cramer. "Mon cher Gab, c'est moi" *V et JJR* 233

2336. Juillet 1762. Baron de Corval à J-J Rousseau. (Rousseau attribue cette lettre à Voltaire). "Je voudrois pouvoir vous adresser, sans frais, deux de mes ouvrages" *Corr J J R* 8:43-45

2337. [Juin ou juillet? 1762]. V. à Pictet. "Je supplie M. le colonel Pictet de vouloir bien faire mieux informer" *V et JJR* 234-235

2338. 3 août 1762. Algarotti à V. "Ed è egli pur vero" *Opere Algarotti* 16:157-158

2339. 4 août 1762. V. à Camp. "Je vois, monsieur, que les finances d'un royaume sont difficiles" *V aux Tronchin*

2340. 8 août 1762. V. à M. et Mme d'Argental. "Mes divins anges, est-il vrai que nous avons été" *Correspondant* 244:665. 1911

2341. 9 août 1762. V. à ? [Camp]. (Hawkins n'indique pas de destinataire, mais les manuscrits Tronchin de Genève établissent qu'il s'agit de Camp: cf. V. à Camp, 4 août 1762 et 20 août 1762). "j'enverrai chercher, monsieur, chez cathala" *MP* 27:251-252. 1929

2342. 13 août 1762. V. au comte Algarotti. "L'éternel malade et l'éternel barbouilleur" *Opere Algarotti* 16:159-160. Bengesco, *Bibl* 3:294-295

2343. 13 août [1762]. V. à M. Ribote. "On a présenté requête; tous les esprits" *Bull S H Pr Fr* 17:398-399. 1868

2344. 14 août [1762]. Thiriot à Damilaville. "Mon très révérend frère, vos lettres" *RHL* 16:180. 1909. *V Ferney* 335-336

2345. 16 août 1762. Duchesse de Saxe-Gotha à V. "Permetès Monsieur que je me serve de l'ocasion" *Archiv* 92:376-377. 1894

2346. 20 août 1762. V. à Camp. "Madame denis, monsieur, prend avec vous de petites libertez" *V aux Tronchin*

2347. 25 août 1762. V. à Camp. "Je vous demande pardon, monsieur, de l'impatience" *V aux Tronchin*

2348.   25 août 1762. V. à Fyot de la Marche. "Je trouverai à la Marche des plaisirs plus solides" *R Paris* 34,4:49. 1927

2349.   27 août 1762. V. au baron de Monthou. "Madame Denis qui est un peu malade" *R Paris* 32,1:522. 1925

2350.   [Août 1762]. V. à Vernes. "Oui, mon cher physicien" *RPL* 51, 1:356. 1913

2351.   3 septembre 1762. V. à Camp. "Je ne voulais" *V aux Tronchin*

2352.   6 septembre 1762. V. à Camp. "N'ayant point reçu" *V aux Tronchin*

2353.   10 septembre 1762. V. à Camp. "J'ai l'honneur" *V aux Tronchin*

2354.   10 septembre 1762. V. à Mme de Bentinck. "Je ne suis point paresseux, madame" *R Paris* 35:318-319. 1896

2355.   12 septembre [1762]. V à Camp. "Je vois monsieur" *V aux Tronchin*

2356.   18 septembre 1762. Montpéroux au ministère des Affaires étrangères. "Monseigneur, Quoique M. de Richelieu" *V Ferney* 337-338

2357.   22 septembre [1762]. V. à M. Mariette. "J'attends votre mémoire, Monsieur" Bengesco, *Bibl* 3:345-346. Bengesco, *Lettres* 58-59

2358.   25 septembre 1762. V. à Camp. "Je suis un peu malade" *V aux Tronchin*

2359.   27 septembre 1762. V. à Camp. "Je vous réitère" *V aux Tronchin*

2360.   29 septembre 1762. V. à [Fabry]. "J'ai l'honneur" *Arts-Lettres*, 2e année, Nos 8-9

2361.   [Septembre 1762?]. V. à Théodore Tronchin. "Ce n'est point" *V aux Tronchin*

2362.   [Septembre 1762]. Damilaville à V. "J'ai reçu la lettre de mon très illustre maître du 9" *V et JJR* 250

2363.   3 octobre [1762]. V. à Camp. "M. le maréchal de Richelieu est arrivé" *V aux Tronchin*

2364.   9 octobre [1762]. Choiseul à V. "Je rends grâces à M. de Richelieu" Calmettes 156-159

2365.   9 octobre 1762. V. à Camp. "Mon frère Tiriot s'en retourne" *V aux Tronchin*

2366.   9 octobre 1762. Turckheim à Jeanmaire. "M. de Voltaire m'a donné propria manu un signe de son existence" Sakmann 36

2367.   12 octobre [1762]. V à Camp. "Je prendrai monsieur" *V aux Tronchin*

2368.   [Octobre 1762?]. V. à Richelieu. "On dit qu'il ne faut pas pendre le prédicant de Caussade" *Acad Tarn-Garonne* 21:49. 1905

2369.   [Octobre 1762?]. V. à Richelieu. "Qu'on pende le prédicant ou qu'on lui donne une abbaye" *Acad Tarn-Garonne* 21:49. 1905

2370.   [1er novembre 1762]. Thiriot à V. "Enfin je sors" *RHL* 15:714-715. 1908

2371.   3 novembre 1762. V. à Balleidier. ". . . Je lui ai donné plus de deux cents livres" Vézinet, 41,30.

2372.   12 novembre [1762]. Choiseul à V. "Je n'ai pas eu le temps" Calmettes 162

2373. 14 novembre [1762]. Duc de Praslin à V. "J'ai reçu" Calmettes 164

2374. 21 nov 1762. V. à Camp. "Mon cher correspondant, trouvez-vous" *V aux Tronchin*

2375. 28 novembre 1762. V. à Balleidier. "Je vous prie d'accélérer" Vézinet, 41,43.

2376. 17 décembre 1762. Algarotti à V. "Le buone feste" *Opere Algarotti* 16:161-163

2377. 18 décembre 1762. V. à Balleidier. "La veuve de Lagrange, native de Genève" Vézinet, 12,43.

2378. 19 décembre 1762. V. à [M. Mariette]. "J'espère, monsieur, que le procès des Calas" *R Paris* 16,4:266. 1909

2379. 31 décembre 1762. Duchesse de Saxe-Gotha à V. "Il ne sera pas dit que j'aye fini cette Anée sans" *Archiv* 92:377-378. 1894

2380. [1762?]. V. à Gabriel Cramer. "caro, voicy pour" *RR* 30:135. 1939

2381. 25 [1762?]. V. à Chenevières. "Notre cher correspondant de Versailles me fera un plaisir extrême" *R Palais* 4:509. 1898

1763

2382. [Commencement de 1763?]. V. à [Gabriel Cramer]. "J'envoie à mon cher gabriel" *RR* 31:349. 1940

2383. 1er janvier 1763. V. à Balleidier. "Pourriez-vous me faire l'amitié de demander" Vézinet, 39,30,40.

2384. 3 janvier 1763. V. à Fyot de la Marche. "Mon illustre magistrat, mon respectable ami, j'ai le coeur serré de la lecture de votre" *Mém Acad Caen* 237-241. 1885. *R Paris* 34,4:50-52. 1927

2385. 17 janvier 1763. V. à M. Mariette. "J'ai eu l'honneur, monsieur, de vous envoyer" *R Paris* 16,4:266-267. 1909

2386. 17 janvier 1763. V. à Algarotti. "Mon cher Cigne de Padoüe" *Opere Algarotti* 16:163-165

2387. 20 janvier 1763. V. à Balleidier. "Je vous prie, toute chose cessante, de faire descendre la justice" Vézinet, 3.

2388. 21 janvier 1763. V. à Fyot de la Marche. "Mon cher et respectable magistrat, j'ai été instruit en détail du jugement" *Mém Acad* Caen 241-244. 1885. *R Paris* 34,4:53-55. 1927

2389. 25 janvier 1763. V. à Choiseul et à Mme de Grammont. "Monseigneur et Madame, Je n'ai pas osé, mais j'ose" Bengesco, *Bibl* 3:304

2390. 30 janvier 1763. V. à François Tr. "Les aveugles" *V aux Tronchin*

2391. [Janvier 1763]. V. à Vernes. "J'ai donné" *RPL* 51,1:356.1913

2392. 2 février [1763]. Thiriot à V. "Il semble" *RHL* 15:715-716. 1908

2393. 10 février 1763. V. à Balleidier. "Sitôt la présente reçue" Vézinet, 32,44.

2394. 12 février 1763. V. à la baronne de Monthou. "Du courage, madame, cette vie est pleine de malheurs" *R Paris* 32,1:522. 1925

2395. 14 février 1763. Algarotti à V. "E quando" *Opere Algarotti* 16:166-167

2396. 14 février 1763. V. à Balleidier. "Je prie très instamment" Vézinet, 44,33.

2397. 15 février 1763. V. à Mme de Grammont et à Choiseul. "La lettre dont vous daignez m'honorer fondra nos neiges" Bengesco, *Bibl* 3:331

2398. 15 février 1763. Comte Giorgio di Polcenigo e Fanna à V. "J'ai l'honneur de vous présenter" *MLN* 54:185-186. 1939

2399. 17 février [1763]. V. à François Tronchin. "Mon cher ami" *V aux Tronchin*

2400. 18 février 1763. V. à Cideville. "Mon cher et ancien amy a sans doute ouï parler" *Bull Hist Phil* 364-365. 1894. *Grande R* 135:450. 1931

2401. 19 février 1763. Duchesse de Saxe-Gotha à V. "Vous qui aimès tant l'humanité, Vous entendrès" *Archiv* 92:378-379. 1894

2402. [21?] février 1763. Choiseul à V. "Je vous renvoye ci-jointe" Calmettes 172-173

2403. 22 février 1763. V. à Mariette. "Ne jugez point, monsieur, de notre pays par le vôtre" *R Paris* 16,4:267-268. 1909

2404. 23 février 1763. V. à Balleidier. "Je lui recommande *de la manière la plus pressante*" Vézinet, 44,33.

2405. 25 février 1763. Thiriot à V. "Vous croyez donc" *RHL* 15:717-718. 1908

2406. 28 février 1763. V. à Blin de Sainmore. "Je vois bien, monsieur, que les gens de lettres" *RDM* 8-38:371-372. 1937

2407. 3 mars 1763. V. à Balleidier. "M. Balleidier ne me rend aucune réponse" Vézinet, 45,44.

2408. 11 mars 1763. V. à Chenevières. "Il est vrai" *R Palais* 4:510. 1898

2409. 14 mars 1763. V. à Mme de Grammont. "Madame, Nous vous avons prise pour notre patronne" Bengesco, *Bibl* 3:331-332

2410. 15 mars 1763. V. à Mme Calas. "Je félicite M. Dumas, je l'embrasse de tout mon coeur" Coquerel 227

2411. 15 mars 1763. V. à Mme Calas. ". . . Observez, madame, que l'ordre donné au parlement de Toulouse" Coquerel 245

2412. 18 mars 1763. V. à Mme de Grammont. "Madame, Il faut" Bengesco, *Bibl* 3:332-333

2413. 19 mars 1763. V. à l'abbé de Voisenon. "En qualité" Bengesco, *Bibl* 3:354-355

2414. 21 mars 1763. V. au comte Giorgio di Polcenigo e Fanna. "Je vous suis doublement redevable" *MLN* 54:186. 1939

2415. 22 mars 1763. V. à François Tronchin. "J'apprends" *V aux Tronchin*

2416. [23 mars 1763]. Thiriot à V. "Votre distique" *RHL* 15:718-720. 1908

2417. 25 mars 1763. V. à Balleidier. "J'attends" Vézinet, 28,30,45,102.

2418. 27 mars 1763. V. à Chenevières. "J'ai envoié, mon cher ami, à M. Tronchin" *R Palais* 4:510-511. 1898

2419. [Fin mars 1763]. V. à [François Tronchin]. "Mon cher, la sérénissime est donc puissamment riche" *V aux Tronchin*

2420. 2 avril 1763. Duchesse de Saxe-Gotha à V. "Je serois au desespoir si Vous pouviès encor" *Archiv* 92:379-380. 1894

2421. 8 avril 1763. V. à Bielfeld. "Vous croyés, monsieur, que je n'ai point d'amour-propre" *Jahrb Gesch Oldenburg* 16:442-444. 1908

2422. 12 avril 1763. V. à Balleidier. "L'affaire presse" Vézinet, 44,104.

2423. 14 avril 1763. V. à Balleidier. "Je ne conçois pas comment je n'ai point une procuration légale" Vézinet, 105.

2424. 3 mai 1763. Comtesse de Bassevitz à V. "Monsieur ! Depuis un an, je n'ai rien eû l'honneur" *Archiv* 92:391-392. 1894

2425. 5 mai 1763. V. à Algarotti. "Vous n'êtes pas un homme à être encore à Pise" *Opere Algarotti* 16:168-169. Bengesco, *Bibl* 3:295

2426. [14 mai 1763]. Mme Denis à Louis XV. "Supplie humblement Marie-Louise Mignot Denis" *R Paris* 16,4:270-271. 1909

2427. 14 mai 1763. V. au [duc de Praslin]. "Monseigneur, lorsque M. le duc de Choiseul" *R Paris* 16,4:269-270. 1909

2428. 19 mai 1763. V. à [M. de Montpéroux]. "Voyez, monsieur, si pour éviter les doubles emplois" *R Paris* 16,4:271. 1909

2429. 20 mai 1763. Montpéroux à Praslin. "Monsieur, vous verrez avec plaisir, par la copie ci-jointe" Desnoiresterres 8:143

2430. 21 mai 1763. V. à Balleidier. "On m'assure, Monsieur, que la procuration" Vézinet, 105,44,53.

2431. 26 mai 1763. Mme de Bentinck à V. "I like odd projects" *Countess Bentinck* 1:50-56

2432. 28 mai [1763 ?]. [V. au duc de Praslin]. "Monseigneur, Je n'ai point vu ce qu'on a imprimé" *R Paris* 16,4:272. 1909

2433. 29 mai 1763. [Duc de Praslin à V.]. "J'ai reçu, monsieur, la lettre que vous m'avez" *R Paris* 16,4:272-273. 1909

2434. 30 mai 1763. [V. au duc de Praslin]. "Monseigneur, Pardon de mes indiscrétions. On ennuie" *R Paris* 16,4:273-274. 1909

2435. [Printemps 1763]. V. à Théodore Tronchin. "Ce n'est point, *V aux Tronchin*

2436. 1er juin 1763. V. à Balleidier. ". . . la famille de MM. de Crassy" Vézinet, 106-107

2437. 2 juin 1763. V. au [duc de Praslin]. "Monseigneur, Mes anges me mandent" *R Paris* 16,4:274-275. 1909

2438. 4 juin 1763. V. à Balleidier. "Par la coutume de Bourgogne" Vézinet, 29

2439. 6 juin 1763. V. au duc de Praslin. "Monseigneur, Tant que j'aurai un oeil, je serai" *R Paris* 16,4:275-277. 1909

2440. 9 juin 1763. M. de Saint-Florentin à V. "Le Roi ayant bien voulu, monsieur, permettre" *R Paris* 16,4:277. 1909

2441. 23 juin [1763]. V. à [M. Mariette]. "Je vous suis très obligé, monsieur" *R Paris* 16,4:279-280. 1909

2442. 24 juin [1763?] V. à Schouvalof. "Mr. Je ne pourais jamais" *RLC* 11:271-272. 1931

2443. 27 juin [1763?] V. à Chenevières. "Je ne scais, mon cher confrère" *R Palais* 4:511. 1898

2444. 7 juillet [1763]. Duc de Villars à V. ". . . C'est à peu près ce que j'ai cru devoir dire à M. de Saint-Florentin" Coquerel 228

2445. 9 juillet 1763. Duchesse de Saxe-Gotha à V. "Il n'y a en vérité Monsieur ni ostentation ni vertu" *Archiv* 92:380-381. 1894

2446. 26 juillet 1763. V. à Georges Keate. "Monsieur, un de vos compatriotes s'était chargé" Bengesco, *Lettres* 25-26

2447. 26 juillet 1763. V. à Algarotti. "Toute l'ambassade vénitienne" *Opere Algarotti* 16:170. Bengesco, *Bibl* 3:296

2448. 27 juillet [1763]. Choiseul à V. "Madame de Pompadour, madame de Gramont" Calmettes 176-180

2449. 29 juillet 1763. Gilly à [François Tronchin]. "C'est sous les auspices de M. votre frère, avec qui" *V aux Tronchin*

2450. 30 juillet [1763]. Thiriot à V. "Frère Thierot" *RHL* 15:720-721. 1908

2451. [Début d'août 1763]. V. à François Tronchin. "M. de Voltaire présente" *V aux Tronchin*

2452. 6 août 1763. Duchesse de Saxe-Gotha à V. "On ne peut assurément rien lire de plus étifiant" *Archiv* 92:381-382. 1894

2453. 10 août 1763. Mme d'Aubonne à Rosset de Rochefort. "Sir, I shall always be delighted" J M Read 2:183-184

2454. 12 août 1763. V. à Favre. "M. de Boisy et M. le colonel Pictet ont dû vous écrire" *RHL* 8:143-144. 1901

2455. 12 août 1763. V. au [prince Galitzine]. "Monsieur, je prends la liberté d'adresser à V.E. ce paquet" *Revue Hist* 32:148-149. 1886

2456. 13 août 1763. M. de Budé à M. Favre. "Je m'adresse à vous, mon cher cousin" *RHL* 8:144-145. 1901

2457. 13 août 1763. V. à François Tronchin. "Comme c'est à vous, monsieur, que je dois la lettre de Monsieur Gilly" *V aux Tronchin*

2458. 25 août 1763. V. au [prince Galitzine]. "Monsieur, voicy le quatrième envoi que je prends la liberté" *Revue Hist* 32:149. 1886

2459. 28 août 1763. V. au duc de Praslin. "Monseigneur, Nous vous supplions de daigner" *R Paris* 16,4:281-282. 1909

2460. 12 septembre 1763. V. à Balleidier. "Monsieur Balleidier est prié de descendre sur le champ" *Mélanges Lanson* 319

2461. 14 septembre 1763. Mme Denis à Balleidier. "Mon intention, Monsieur, n'est point" Vézinet, 41-42

2462. 20 septembre [1763]. Choiseul à V. "Je vais écrire à M. de Burlamaqui" Calmettes 181-183

2463. 8 octobre 1763. V. à M. Balleidier. "Sir Mr Balleidier m'avait instruit" *Mélanges Lanson* 320

2464. 10 octobre 1763. M. de Praslin à M. de la Marche. "Je viens, monsieur, de mettre sous les yeux de Sa Majesté" *Grande R* 130:27. 1929

2465. 10 octobre 1763. Duc de Praslin à V. "Je me fais un plaisir, monsieur, de vous annoncer" *RHL* 8:145-146. 1901

2466. 15 octobre 1763. V. à Favre. "Je me hâte, monsieur, de vous envoyer la copie de la lettre" *RHL* 8:145. 1901

2467. 25 octobre [1763?]. V. à Chenevières. "Je reçois, mon cher ami, votre lettre pour Mlle Bazincour" *R Palais* 4:511. 1898

2468. [Début novembre 1763?]. M. de la Marche à V. "Il n'est que trop commun, monsieur, qu'avec de mauvais procédés" *RHL* 8:147. 1901

2469. 5 novembre 1763. V. à Favre. "J'ai l'honneur" *RHL* 8:146. 1901

2470. 11 novembre 1763. V. à Favre. "Comme il n'est" *RHL* 8.147-148. 1901

2471. 25 novembre 1763. V. à Kaunitz. "Monseigneur, Soufrez que j'importune un moment" *J Savants* nouvelle série 10:129-130. 30 mars 1912

2472. 26 novembre 1763. V. à Favre. "Je suis obligé d'avoir l'honneur de faire part au Conseil" *RHL* 8:148-149. 1901

2473. [27 novembre 1763]. V. à Balleidier. "Si la chose ne coûte pas beaucoup, il est bon de faire un exemple" Vézinet, 3.

2474. [Fin novembre 1763]. V. à Gabriel Cramer. "Je viens de faire l'errata" *Cabinet de l'Amateur* 99. *Nain Jaune* 11 juillet 1863.

2475. Jeudi [fin novembre 1763]. V. à Gabriel Cramer. "Demain j'enverrai a M. Caro" *Cabinet de L'Amateur* 99-100. *Nain Jaune* 11 juillet 1863

2476. [Novembre 1763?]. V. à Gabriel Cramer. "caro, je crois" *RR* 30:139. 1939

2477. 5 décembre 1763. Algarotti à V. "Eccomi di nuovo" *Opere Algarotti* 16:171-173

2478. 8 décembre 1763. V. à J.-R. Tronchin. "Si vous recevez" *V aux Tronchin*

2479. 8 décembre 1763. Duchesse de Saxe-Gotha à V. "Dans l'aprehension d'etre effacée" *Archiv* 92:382. 1894.

2480. 13 décembre 1763. V. à Mme de Bentinck. "Vous ne savez pas, madame, que j'ai perdu" *R Paris* 35:319-320. 1896

2481. 23 décembre 1763. V. à François Tronchin. "L'hermite" *V aux Tronchin*

2482. 24 décembre 1763. V. à François Tronchin. "J'ai eu" *V aux Tronchin*

2483. 26 décembre 1763. V. à la baronne de Monthou. "Madame Denis et moi nous étions flattés" *R Paris* 32,1:522-523. 1925

2484. 30 décembre 1763. V. à MM. les Comédiens français. "Je suis aussi sensible au mérite" *R Rétrospective* 3:377. 1838

2485. 30 décembre 1763. Prince de Ligne à V. "Je crois avoir eu l'honneur de vous dire" *R Paris* 14,2:729-730. 15 avril 1907

2486. [Fin décembre 1763?]. V. à la baronne de Monthou. "Nous remercions tendrement" *R Paris* 32,1:523. 1925

2486.1. [1762-1763?]. V. à [Pierre Pictet]. "mon cher voisin voicy une piece" *RR* 32:255. 1941

2487. [1763?]. V. à Gabriel Cramer. "je suppose caro que vous avez envoye ces cartons" *RR* 30:137. 1939

2488. [1763?]. V. à Gabriel Cramer. "je vous prie mon cher monsieur de vouloir bien rapporter" *RR* 30:137. 1939

2489. [1763?]. V. à Balleidier. "Je souhaite pouvoir acheter avec sûreté" Vézinet, 30.

2490. [1763?]. V. à Gabriel Cramer. "Monsieur Cramer est suplié d'envoier chez mr Souchay" *RR* 30:139. 1939

2491. [1763?]. V. à Gabriel Cramer. "caro vous aurez demain matin Zulime" *RR* 30:138. 1939

2492. [1763?]. V. à Gabriel Cramer. "caro nallez pas vous aviser d'etre auditeur" *RR* 30:137-138. 1939

2493. [1763?]. V. à Gabriel Cramer. "mon cher gabriel s'est enfui sans rien dire" *RR* 30:137. 1939

2494. [1763?]. V. à Gabriel Cramer. "faites pour le mieux caro gabriele et pour vos interets" *RR* 30:138. 1939

2495. [1763?]. V. à Gabriel Cramer. "je prie instamment Monsieur Cramer de m'envoier le plus" *RR* 30:138-139. 1939

2496. [1763?]. V. à Gabriel Cramer. "caro si vous aviez" *RR* 30:136-137. 1939

2497. [1763?]. V. à Gabriel Cramer. "caro le meilleur party" *RR* 30:136. 1939

2498. [Fin 1763]. V. à Gabriel Cramer. "Vous savez" Bengesco, *Bibl* 3:313-314. *Nain Jaune* 1er août 1863.

1764

2499. 5 janvier 1764. Allamand à V. "Oh! Monsieur, la belle, la bonne et l'excellente chose que ce *Traité sur la Tolérance*" *RHV* 6:330-331. 1898

2500. 8 janvier 1764. V. à Allamand. "Si vous avez lu, Monsieur, le *Traité sur la Tolérance*" *RHV* 6:331-332. 1898

2501. 11 janvier 1764. V. à Louis Necker. "J'écris sur-le-champ à M. le duc de Choiseul" Bengesco, *Bibl* 3:346-347. *Bull S H Arch G* 1:213. 1892-1897

2502. 15 janvier 1764. V. à ? "Monsieur, Je croirais manquer" *V aux Tronchin*

2503. 12 février 1764. Duc de Praslin à Montpéroux. "Je vous ai fait passer plusieurs paquets de brochures à l'adresse de M. de Voltaire" Desnoiresterres 8:144

2504. 15 février 1764. V. à Louis Necker. 'Ayez la bonté" Bengesco, *Bibl* 3:347-348. *Bull S H Arch G* 1:214. 1892-1897

2505. 16 février 1764. V. à Végobre. ". . . Je ne sais si vous savez que M. le duc de Choiseul a delivré des galères le nommé Chaumont" Desnoiresterres 6:459

2506. 18 février 1764. Montpéroux au duc de Praslin. "J'ai fait passer exactement à Voltaire tous les paquets" Desnoiresterres 8:145

2507. 24 février 1764. V. au chanoine Irailh. "J'attendais, Monsieur, pour vous remercier" *Journal des Débats*, 31 mars 1925

2508. 24 février 1764. Collini à V. "Mon cher Protecteur, Mgr l'Électeur a lu la lettre" *RHL* 17:809-810. 1910

2509. 28 février [1764]. V. à Debrus. "L'affaire des Calas" *MLN* 39:479. 1924

2510. 1er mars 1764. V. à Végobre. "Pourriez-vous avoir la bonté de vous informer" Desnoiresterres 6:462

2511. 2 mars 1764. V. à Fabry. "On ne peut être, Monsieur, plus sensibles" *Arts-Lettres*, 2e année, Nᵒˢ 8-9

2512. 4 mars 1764. V. à Végobre. ". . . Si j'ai été assez heureux, Monsieur" Desnoiresterres 6:459-460

2513. 5 mars 1764. V. à Louis Necker. "Je crains bien, Monsieur, de ne pas m'élever" *Bull S H Arch G* 1:215. 1892-1897

2514. 14 mars 1764. V. à Fyot de la Marche. "Mon respectable et digne magistrat" *Mém Acad Caen* 1885:244-246. *R Paris* 34,4:55-56. 1927

2515. 19 mars 1764. V. à Louis Necker. "Il faut d'abord vous dire, Monsieur" *Bull S H Arch G* 1:215-217. 1892-1897

2516. 29 mars 1764. Mme Denis à Cideville. ". . . Ce que j'en aime le mieux, c'est qu'il est grand joueur d'échets" Desnoiresterres 7:271

2517. 6 avril 1764. V. à Louis Necker. "Il est necessaire, Monsieur, que je reçoive" *Bull S H Arch G* 1:217-218. 1892-1897

2518. 23 avril [1764?]. V. à Chenevières. "Mon cher ami, nous ne sommes pas assurément" *R Palais* 4:512. 1898

2519. 2 mai 1764. D.-L. de Constant d'Hermenches à V. "My Dear Benefactor, Upon my arrival here" J M Read 2:224-225

2520. 13 mai 1764. V. à Chenevières. "Les gens ayant à peu près septante ans" *R Palais* 4:512-513. 1898

2521. 23 mai 1764. V. à Balleidier. "Je vous prie" Vézinet, 28,30,44.

2522. [Mai?] 1764. V. à Végobre. "M. de Voltaire fait bien ses compliments à M. de Végobre" Desnoiresterres 6:463

2523. 9 juin 1764. V. à Végobre. ". . . M. de Beaumont, l'avocat" Desnoiresterres 6:463

2524. 13 juin 1764. V. à Chenevières. "Mon cher confrère, Maman Denis et moi" *R Palais* 4:513. 1898

2525. 22 juin 1764. V. à Blin de Sainmore. "J'avais déjà pris mes mesures, monsieur" *RDM* 8-38:372-373. 15 mars 1937

2526. 28 juin 1764. J. Sarasin à Wagnière. "Monsieur, J'aurois" *V aux Tronchin*

2527. 28 juin 1764. Duchesse de Saxe-Gotha à V. "Votre ombre, Monsieur, si ombre il y a" *Archiv* 92:383-384. 1894

2528. 29 juin 1764. V. à Georges Keate. "Je vous remercie, Monsieur, de ce que vos vers" Bengesco, *Lettres* 28-29

2529. 30 juin 1764. V. à François Tronchin. "Je demande votre protection mon cher ami" *V aux Tronchin*

2530. 30 juin 1764. V. à Lekain. "Mon cher ami, j'ai peur de n'avoir pas répondu" *Mercure* 78:445-446. 1ᵉʳ avril 1909

2531. 4 juillet [1764]. V. à François Tronchin. "Je suis bien honteux, mon cher ami, de vous importuner" *V aux Tronchin*

2532. [Début de juillet 1764?]. V. à Théodore Tronchin. "Mon cher esculape, j'ay recours a votre amitié" *V aux Tronchin*

2533. 11 juillet 1764. V. à Antoine Maillet du Clairon. "Je suis très-flatté, Monsieur, de l'honneur que vous me faites" *Annales Acad Mâcon* 10:119-120. 1872

2533.1. 16 juillet 1764. V. à Pierre Pictet. "Je vous suis bien obligé" *RR* 32:255. 1941

2534. 18 juillet 1764. V. à M. Lullin de Chateauvieux. "nous vous prions madame Denis et moy de vouloir bien permettre" *RHL* 8:149. 1901

2535. 18 juillet 1764. V. à [Lullin de Chateauvieux]. "Monsieur, nous vous prions, madame Denis et moy, de vouloir bien permettre" Desnoiresterres 6:299

2536. 19 juillet 1764. V. à [François Tronchin]. "J'apprends, mon cher ami, que quelques malins débitent" *V aux Tronchin*

2537. 19 juillet 1764. François Tronchin à V. "Je reçois votre billet; vous pensés bien que je n'ai jamais soupçonné" *V aux Tronchin*

2538. 20 juillet 1764. V. et Mme Denis à Balleidier. "Antoine Bramevel" Vézinet, 34.

2539. 21 juillet [1764]. V. à Théodore Tronchin. "Mon cher Esculape, il y a une maladie que vous ne guérirez jamais" *V aux Tronchin*

2540. 21 juillet [1764]. V. à François Tronchin. "Mon cher amy, je n'ay pas vu plus que vous cette rapsodie" *V aux Tronchin*

2541. 21 juillet 1764. François Tronchin à V. "Votre dénonciation est entre les mains de M. le Premier" *V aux Tronchin*

2542. [Juillet 1764]. V. à [François Tronchin]. "Mon cher ami, j'ai fait ce que j'ai pu pour avoir" *V aux Tronchin. Genava* 23:80. 1945

2543. 26 juillet 1764. V. à Elie de Beaumont. "Autrefois, Monsieur, on jugeait comme on pouvait" *Nouv Rev Retr* 1897:217-218

2544. 29 juillet 1764. V. à Balleidier. "Lorsque M. de Voltaire eut acheté l'Hermitage" Vézinet, 9,30,44.

2545. 29 juillet 1764. V. à M. Balleidier. "Mr de Voltaire ne reçut qu'hier la réponse de monsieur Balleidier" *Mélanges Lanson* 320-321

2546. 29 juillet 1764. V. à la baronne de Monthou. "Madame, Si vous pouvez par votre entremise" *R Paris* 32,1:523. 1925

2547. 30 juillet 1764. V. et Mme Denis à Balleidier. "M. de Voltaire et Mme Denis prient M. Balleidier" Vézinet, 9,39,41.

2548. 31 juillet 1764. V. à Collini. "Le sieur Duchesne, libraire de Paris, m'ayant demandé" Janin 382

2549. [Fin juillet 1764]. V. à Fr Tronchin. "Rien de nouveau" *V aux Tronchin*

2550. 9 août 1764. V. à Blin de Sainmore. "Vous avez montré, monsieur, autant de courage que de raison et de goût" *RDM* 8-38:373-374. 1937

2551. [9 août 1764?]. V. à [Gabriel Cramer]. "Eh bien, envoiez moi, je vous en prie, deux ou trois éxemplaires" *RR* 31:350. 1940

2552. 13 août 1764. V. à Helvétius. "Il ne faut jamais rien donner sous son nom" Desnoiresterres 6:324

2553. 18 août [1764]. V. à Théodore Tronchin. "Mon cher Esculape, vous allez mettre fin à vos plaisanteries et à vos calomnies" *V aux Tronchin*

2554. 18 août 1764. Collini à Duchesne. "Monsieur, j'ai négocié encore avec M. de Voltaire" Janin 382-383

2555. 21 août 1764. V. à Marmontel. "Je reçois, mon cher ami, votre lettre du 7 d'auguste" *Correspondant* 244:665-666. 1911

2556. 7 sept 1764. V. à Blin de Sainmore. "Vous voila, monsieur, engagé" *RDM* 8-38:375-378. 1937. *Correspondant* 244:666-669. 1911

2557. 15 septembre 1764. V. à Collini. "Mon cher ami, voilà la lettre pour votre sérénissime" *RHL* 17:810. 1910

2558. 20 septembre [1764?]. V. à Chenevières. "Vous m'envoiez de jolis vers, mon cher confrère" *R Palais* 4:513-514. 1898

2559. 24 septembre 1764. V. à Blin de Sainmore. "Vous faites très bien, monsieur, de ne pas répondre" *RDM* 8-38:378-379. 15 mars 1937

2560. 26 septembre 1764. Montpéroux au ministre des Affaires étrangères. "Monseigneur, Le *Dictionnaire philosophique* a fait tant de bruit ici" *RLC* 11:587. 1931

2561. 26 septembre 1764. V. à Lekain. "Mon cher grand acteur, je vous adresse" *Mercure* 78:446. 1909.

2562. 27 septembre 1764. Sauvage de Verney et Fabry à Louis XV. "Au Roi en son Conseil. Les syndics et habitants de la Province de Gex" *R Paris* 16,4:622-623. 1909

2563. 29 septembre 1764. V. au duc de Praslin. "Monseigneur, Malgré mon extrême crainte de parler" *R Paris* 16,4:621. 1909

2564. 1er octobre [1764]. Mme Denis au duc de Praslin. "Je n'ai osé encore, Monseigneur, vous marquer" *R Paris* 16,4:622. 1909

2565. 27 [octobre 1764]. Choiseul à V. "Pourquoi diable" Calmettes 184-185

2566. 2 novembre 1764. V. à Blin de Sainmore. "Les choses que j'ai vues de vous, monsieur" *RDM* 8-38:379. 15 mars 1937

2567. 14 novembre 1764. V. à Georges Keate. "J'ai une plaisante destinée, mon cher monsieur" Bengesco, *Lettres* 26-27

2568. 23 novembre 1764. Wilkes à V. "Mr. W. . . presents his very respectfull compliments" Bengesco, *Lettres* 59, note 1

2569. 27 novembre 1764. V. à François Tronchin. "Mon cher ami, vous me rendez un vrai service" *V aux Tronchin*

2570. 28 novembre 1764. V. à François Tronchin. "Nous ne savions pas, mon cher ami" *V aux Tronchin*

2571. [Novembre 1764?]. ? à [François Tronchin?]. "J'apris hier que Monsieur de V. avoit envoyé à Du Villard" *V aux Tronchin*

2572. [Novembre 1764?]. V. à Wilkes. "Sir, I return you many thanks. You set me in flames" Bengesco, *Lettres* 59

2573. 20 décembre [1764?]. V. à Jacob Tronchin. "Le vieux de la montagne avait eu l'honneur d'écrire ce matin" *V aux Tronchin*

2574. 22 [décembre 1764?]. V. à [François Tronchin]. "Vous penserez peut-être, mon cher ami, qu'il est très essentiel" *V aux Tronchin*

2575. [22 décembre 1764?]. V. à [François Tronchin?] au sujet de J J
Rousseau. "1o L'Evangile traitté de livre *scandaleux, téméraire, impie*" *V aux Tronchin*

2576. Mardi 25 décembre 1764. James Boswell à Mme Denis. "I am a hardy and a vigorous Scot" *Malahide Castle papers* 4:16

2577. Mardi 25 décembre 1764. [V.] à James Boswell (Voltaire a écrit, dit Boswell, "in his own hand, but in the character of Madame Denis"). "You will do us much honour and pleasure" *Malahide Castle papers* 4:16-17

2578. [1764]. V. à Gabriel Cramer. "Il faut laisser passer l'orage jésuitique" Bengesco, *Bibl* 3:313. *Nain Jaune* 1er août 1863

2579. Nancy, [1763-1764]. Garrick à V. "Sir, I think" *Corr Garrick* 2:362

2580. [1763-1764?]. Garrick à V. "Sir, I have taken" *Corr Garrick* 2:365

2581. [1762? 1764?]. V. à Gabriel Cramer. "a demain la prose" *RR* 30:135. 1939

2582. [1764?]. V. à Gabriel Cramer. "on a envoye ce matin trois grands articles" *RR* 30:139. 1939

2583. [1764?]. V. à Gabriel Cramer. "maman a pris le royaume en interdit" *RR* 30:139-140. 1939

2584. [1764?]. V. à Théodore Tronchin. "Le spectacle d'un jeune pédant de 70 ans conduisant un cabriolet" P A Sayous 2:506. Bengesco, *Bibl* 3:353

2585. [Après 1763?]. V. à Lauraguais. "J'ai peut-être employé moins de temps à faire une chose quelconque qu'à jouer aux échecs" Desnoiresterres 6:273

1765

2586. 1er janvier 1765. Frédéric II à V. "Je vous ai cru si occupé à écraser" K et D 3:116-117

2587. 4 janvier [1765]. Choiseul à V. "Je ferai, ma chère Marmotte, ce que je pourai" Calmettes 187

2588. 9 janvier [1765]. V. à Bollioud. "Nous sommes fort inquiets de la santé de Mme" *Hist Acad Lyon* 1:49-50

2589. 10 janvier 1765. V. à François Tronchin. "Vous ferez comme vous voudrez, mon cher ami" *V aux Tronchin*

2590. 12 janvier 1765. V. à François Tronchin. "Je remets à Monsieur Robert Tronchin la maison" *V aux Tronchin*

2591. 12 janvier 1765. V. à François Tronchin. "Mon cher ami, voicy ma démission" *V aux Tronchin*

2592. 12 janvier 1765. V. à Mme Gallatin. "M. de Voltaire" Marc Peter 15

2593. 13 janvier 1765. V. à Chenevières. "Je suis tout émerveillé, mon cher ami" *R Palais* 4:514. 1898

2594. 13 janvier 1765. V. à M. de Beaumont. "Vous jouez un beau rôle, monsieur, vous êtes" *Correspondant* 244:669. 1911

2595. 15 janvier 1765. François Tronchin à V. "J'ai reçu" *V aux Tronchin*

2596. 22 [janvier 1765?]. V. à [François Tronchin?]. "Extrait mot à mot d'une lettre du 16 janvier: J'ay montré a Monsieur de Praslin ce que vous" *V aux Tronchin*

2597. 24 janvier 1765. V. à d'Argental (fragment). "Vous serez peut-être surpris que Luc m'écrive toujours" Cayrol et François 1:578

2598. 30 janvier 1765. V. à Florian. "Je reçois" Cf. 30 janvier [1767?].

2599. [Janvier 1765?]. Gabriel Cramer à Grimm (*in re* le *Sentiment des Citoyens*). "Tout ce que je puis vous dire" P A Sayous 1:304

2600. [Avant février 1765?]. V. à [François Tronchin]. "Nos lits valent pourtant mieux que la pièce" *V aux Tronchin*

2601. [Avant février 1765]. V. à François Tronchin. "Mr. de Voltaire fait bien des compliments" *V aux Tronchin*

2602. [Avant février 1765]. Mme Denis à François Tronchin. "J'ai la plus grande envie, monsieur" *V aux Tronchin*

2603. 2 février [1765]. Mme Denis à J.-R. Tronchin. "L'estime" *V aux Tronchin*

2604. 3 février 1765. V. à François Tronchin. "Mon cher amy, madame denis a été un peu piquée" *V aux Tronchin*

2605. 3 février 1765. V. à J.-R. Tronchin. "Monsieur, Madame denis ma niece m'a dit" *V aux Tronchin*

2606. 3 février 1765. François Tronchin à V. "Je reçois" *V aux Tronchin*

2607. 4 févr 1765. V. à François Tronchin. "Nous ne pouvons" *V aux Tronchin*

2608. 8 février 1765. V. à Blin de Sainmore. "Oui, sans doute, monsieur, je souscrirai, et surtout" *RDM* 8-38:380-381. 1937

2609. 11 février 1765. V. à James Boswell. "My distempers and my bad eyes" *Malachide Castle papers* 4:29

2610. 13 février 1765. François Tronchin à V. "M. V[asserot] de Chat[eauvieux] vient de me communiquer le billet" *V aux Tronchin*

2611. 13 février 1765. Mémoire envoyé par [Voltaire] à [Rougeot]. "Le 27 janvier 1765, les sieurs Galline" Cayrol et François 1:400-401

2612. 14 février 1765. François Tronchin à V. "J'avais bien raison" *V aux Tronchin*

2613. 14 février 1765. V. à François Tronchin. "Mon cher ami, en vérité, Labat n'a pas mieux réussi" *V aux Tronchin*

2614. 25 février 1765. V. à Blin de Sainmore. "Je souscris avec bien moins de plaisir, monsieur" *RDM* 8-38:381. 1937

2615. 28 février [1765]. Mme Denis à François Tronchin. "Je vous envoie, Monsieur, Mlle Maton" *V aux Tronchin*

2616. [Début 1765]. Rey à J.-J. Rousseau. ". . . On dit que M. de Voltaire crie et braille comme un enragé" *V et JJR* 368-369

2617. 1er mars 1765. François Tronchin à Mme Denis. "J'ai trouvé" *V aux Tronchin*

2618. 3 mars 1765. Hénault à V. ". . . Pour moy, j'y ai ma place comme vostre ami" Desnoiresterres 1:191

2619. 3 mars 1765. François Tronchin à V. "J'ai reçu" *V aux Tronchin*

2620. 5 mars [1765]. V. à François Tronchin. "Mon cher ami, c'est avec grand regret que j'ai quitté les Delices" *V aux Tronchin*

2621. 7 mars 1765. Damilaville à V. "J'ai passé deux heures aujourd'hui en prison avec Mme Calas" Desnoiresterres 6:416-417

2622. 11 mars 1765. François Tronchin à V. "Ce n'est que d'aujourd'huy, mon cher ami, que ma femme" *V aux Tronchin*

2623. 11 mars 1765. V. à Hénault. "Eheu! fugaces, Postume, Postume,- Labuntur anni, Notre chronologie, mon cher et illustre confrère" *Hénault* 437-439

2624. [11 mars 1765]. V. à François Tronchin. "Mon cher ami, peut être que ce climat cy n'est pas trop bon" *V aux Tronchin*

2625. 17 mars 1765. V. à Mme Calas. "Vous devez, madame, être accablée de lettres et de visites" Coquerel 253

2625.1. [Vers le 17 mars 1765]. V. à Mme Samuel de Constant. "Les ames les plus vertueuses" *RR* 32:256. 1941

2626. 20 mars 1765. V. à Chenevières. "Vous avez assisté à deux belles pièces" *R Palais* 4:514-515. 1898

2627. 21 mars 1765. V. à François Tronchin. "Je sais bien mauvais gré, mon cher ami" *V aux Tronchin*

2628. 22 mars 1765. Marquise de Gentil à V. "Quelle gloire touchante pour vous, Monsieur, que" *V Ferney* 370-371

2629. 22 mars [1765]. Mme Denis à J.-R. Tronchin. "Nous avons terminé hyer, Monsieur, avec Monsieur votre frere" *V aux Tronchin*

2630. 29 mars 1765. V. à Chenevières. "Voicy, mon cher confrère, la réponse d'Esculape Tronchin" *R Palais* 4:515. 1898

2631. [Mars 1765]. Mme Denis à François Tronchin. "J'ai été" *V aux Tronchin*

2632. [Mars 1765]. V. à François Tronchin. "Mme Denis" *V aux Tronchin*

2633. [Mars 1765?]. Damilaville à V. "Mon très illustre" *V Ferney* 369-370

2634. 3 avril [1765]. Choiseul à V. "Il est vrai que j'ai eu du chagrin pour ma colonie" Calmettes 190-192

2635. 7 avril [1765]. Mme Denis à François Tronchin. "J'ai reçu" *V aux Tronchin*

2636. 22 avril 1765. Damilaville à V. "Nous perdons" *V Ferney* 380-381

2637. 22 avril 1765. Damilaville à V. "Mon très illustre maître, nous sommes bien heureux" *V Ferney* 372-374

2638. 29 avril 1765. Damilaville à V. "J'ai eu mille peines *V Ferney* 376-377

2639. [Avril] 1765. Elie de Beaumont à V. "Après les premiers" Coquerel 257

2640. [Avril ou mai 1765]. V. à ? "La Fontaine a fait" *V aux Tronchin*

2641. 3 mai [1765]. Choiseul à V. "Mon cher Suisse, l'on ne peut" Calmettes 194-195

2642. 5 mai [1765]. Marin à V. "Nos pauvres diables ne sont pas heureux" *Mercure* 72:638-639. 1908

2643. 8 mai 1765. V. à Mme de Florian. "Nous vous attendons, ma chère nièce" *RPL* 48,2:778. 1910

2644. 20 mai 1765. V. à Théodore Tronchin. "Mon cher Esculape, vous êtes entouré de vos dévots" *V aux Tronchin*

2645. [31 mai 1765]. J.-J. Rousseau à V. "Si M. de Voltaire a dit qu'au lieu d'avoir été secretaire" *Corr J J R* 13:347

2646. 5 juin 1765. V. à François Tronchin. "Je suis bien sensible, mon cher ami, à la bonté" *V aux Tronchin*

2647. 7 juin 1765. V. à François Tronchin. "J'ai diné aujourd'hui, mon cher ami, avec une partie" *V aux Tronchin*

2648. 12 juin 1765. V. à François Tronchin. "Nous avons, mon cher ami, ressenti une joie" *V aux Tronchin*

2649. 19 juin 1765. V. à la baronne de Monthou. "Etant ruiné en bâtiments, je suis obligé" *R Paris* 32,1:523-524. 1925

2650. 28 juin 1765. V. à Jeanmaire. "Je vous prie, Monsieur, de vouloir bien donner" *Carnet hist* 5:318

2651. 3 juill 1765. Thiriot à V. "Il y a 18 mois" *RHL* 16:160-161. 1909

2652. 3 juillet 1765. V. à M. Ethis. "Mes vaches et moi, monsieur, nous vous avons beaucoup d'obligation" *Correspondant* 244:669-670. 1911

2653. 10 juillet 1765. V. à Blin de Sainmore. "Vous pardonnez sans doute, monsieur, à un vieillard malade" *RDM* 8-38:382. 15 mars 1937

2654. [Fin juillet 1765]. V. à Théodore Tronchin. "Vous me direz peut être, mon cher Esculape" *V aux Tronchin*

2655. 5 août 1765. Thiriot à V. "Je vis hier arriver" *RHL* 16:161-163. 1909

2656. 22 août 1765. Th. Tronchin au comte d'Albaret. "Que n'étiez-vous à Ferney, mon cher d'Albaret" *V Ferney* 382

2657. 7 septembre 1765. Duchesse de Saxe-Gotha à V. "Cest avec des transports de joye et de reconoissance" *Archiv* 92:384-385. 1894

2658. 10 sept 1765. Thiriot à V. "Notre grand maître" *RHL* 16:163-164. 1909

2659. 22 septembre 1765. V. à Chenevières. "M. Bernard, mon cher ami, est un digne correspondant" *R Palais* 4:516. 1898

2660. 25 septembre 1765. V. à Mme [de Pingon]. "Madame, je voudrais avoir des lits pour vous" *R Sav* 186. 1934

2661. [Septembre 1765?]. V. à Blin de Sainmore. "Vous devez être accoutumé, monsieur, aux délais" *RDM* 8-38:382. 1937

2662. 11 oct [1765]. Marin à V. "Le Diacre Trublet" *Mercure* 72:639-640. 1908

2663. 16 octobre 1765. La comtesse André de Schouvaloff à V. "Je n'aurais jamais osé vous écrire, Monsieur" *Alexeyeff* 14-15

2664. 19 octobre 1765. V. à Jean-André De Luc. "Mémoire. Monsieur Marc Chapuis sait que je" *Bull S H Arch G* 3:407-409. 1913

2665. 20 octobre 1765. V. à Jean-André De Luc. "C'est un grand bonheur pour moi, Monsieur" *Bull S H Arch G* 3:409-410. 1913

2666. 22 octobre 1765. Mme de Gentil de Langalerie à V. "I have returned from a court, Sir, of which you are the idol" J M Read 2:212-213

2667. 27 octobre 1765. V. à [Turrettini?]. "Je dois avoir l'honneur de vous faire part" *RHL* 8:149-150. 1901

2668. 28 octobre 1765. Le comte André de Schouvaloff à V. "Vous pouvés, Monsieur, concevoir aisément le plaisir" Alexeyeff 16-17

2669. [Octobre-novembre 1765?]. V. à Gabriel Cramer. "Mr. caro est prie de venir diner lundi, et non dimanche" *RR* 30:140. 1939

2670. 16 novembre 1765. V. à Lekain. "Je vous prie, mon cher grand acteur" *Mercure* 78:447. 1909

2671. 20 nov [1755-1765?] V. à Thiriot. "Je vois par vos lettres, mon ancien ami, que la rivière Dain" *Intermédiaire* 32:483. 1895

2672. [21 novembre 1765?]. V. à Jean-André De Luc. "Vous savez, monsieur, que les mauvais propos" *Bull S H Arch G* 1:220. 1892-1897

2673. 22 novembre [1765?]. V. à [Jean-André De Luc]. "J'ay lu, monsieur, les papiers que vous m'avez" *Bull S H Arch G* 1:219-220. 1892-1897

2674. 25 novembre 1765. Frédéric II à V. "Cet extrait" K et D 3:117-119

2675. 25 novembre 1765. V. à Balleidier. ". . . au moyen de quoi M. Balleidier est prié" Vézinet, 3.

2676. 26 novembre 1765. V. à Jean-André De Luc. "On ne vous a point trompé, Monsieur" *Bull S H Arch G* 3:410-412. 1913

2677. 27 novembre 1765. V. à d'Ivernois. "Plus j'ai connu vos citoyens, plus ils me sont devenus chers" D'Ivernois 1:203

2678. 29 novembre 1765. V. à Jean-André De Luc. "Si vous voulez, Monsieur, nous faire l'honneur" *Bull S H Arch G* 3:412-413. 1913

2679. 2 décembre 1765. V. à d'Alembert. "Tout cela, mon cher et vrai philosophe, a été conduit" *Corr d'Alembert* 310-311

2680. [2 décembre 1765]. V. à d'Alembert. "Luc méprise beaucoup Jean-Jacques; il lui a donné quelque protection à Neufchâtel" *V et JJR* 453

2681. 21 décembre 1765. V. à Jean-André De Luc. "Je vous prie de me renvoyer, monsieur" *Bull S H Arch G* 3:413. 1913

2682. 23 décembre 1765. Hennin à Praslin. ". . . M. de Voltaire est entré fort avant dans cette affaire" Desnoiresterres 7:9-10

2683. 23 décembre 1765. Hennin à Praslin. ". . . J'allai jeudy dernier chez M. de Voltaire" Desnoiresterres 7:11-12

2684. 25 décembre 1765. V. à [Déodon?]. "Il est vrai, monsieur, que M. de Hennin me fit l'honneur" Desnoiresterres 7:11

2685. 26 décembre [1765]. Choiseul à V. "Je n'ai point eu de mérite, mon cher Suisse" Calmettes 198-199

2686. 27 décembre [1765]. V. à Jean-André De Luc. "La consultation des avocats a été faite" *Bull S H Arch G* 3:413-414. 1913

2687. 28 décembre 1765. [V.] à du Peyrou. "Quoiqu'il ne s'agisse pas" *Corr J J R* 15:14-15. *V et JJR* 443-444

2688. 30 décembre 1765. Duchesse de Saxe-Gotha à V. "Soyès per-
       suadès Monsieur, que c'est toujours avec" *Archiv* 92:385-386.
       1894

2689. [Décembre 1765]. Thiriot à V. "Frère Damilaville" *RHL* 16:164-
       166. 1909

2690. [Novembre ou décembre 1765]. Mme Denis à François Tronchin.
       "Je vous envoie cette lettre, et je crois qu'il faut" *V aux Tronchin*

2691. [1765?]. V. à Blin de Sainmore. "Vous avez servi, monsieur, la
       famille des Calas en vers" *RDM* 8-38:381. 1937

2692. [1765?]. Mme Samuel de Constant à Samuel de Constant. "J'ai
       trouvé Voltaire avec les yeux comme du sang" *V Ferney* 377

2693. [1765?]. V. à Mlle Clairon. "Vous allez être surprise, Made-
       moiselle, qu'un homme comme moi" *R Gascogne* 32:77-78. 1891

2694. [1765?]. V. au comte d'Argental. "Vous n'avez pas lu le tome II
       d'un mauvais livre?" *Janin* 351

2695. [1765?]. V. à Gabriel Cramer. "mon cher caro nous vous de-
       mandons madame denis et moy" *RR* 30:140. 1939

2696. [1765?]. V. à Gabriel Cramer. "Il est fort bien, Monsieur Caro,
       de jouer la comédie" Bengesco, *Bibl* 3:310. *Nain Jaune* 18
       juillet 1863

2697. [1765?]. V. à Gabriel Cramer. "remercie de tout mon coeur Mon-
       sieur Cramer" *RR* 30:140. 1939

2698. Jeudi matin [1765?]. V. à Gabriel Cramer. "Si Monsieur Caro
       avait quelque dessein de" Bengesco, *Bibl* 3:311. *Nain Jaune* 1er
       août 1863

2699. [Fin de 1765?]. V. à [Allamand?] ou [N. Polier de Bottens?]. "It
       has never been asked whether the Dogma" J M Read 2:159-160

                            1766
2700. 8 janvier 1766. Hennin au duc de Praslin. ". . . M. de Voltaire
       s'est jetté un peu trop dans le parti de la bourgeoisie" Desnoir-
       esterres 7:13

2701. 8 janvier 1766. Frédéric II à V. "Non, il n'est point de plus
       plaisant vieillard que vous" K et D 3:119-121

2702. 11 janvier 1766. V. à Jean-André De Luc. "En attendant, Mon-
       sieur, que je sache l'adresse" *Bull S H Arch G* 3:414-415. 1913

2703. 13 janvier 1766. V. à la baronne de Monthou. "Madame, Toute la
       maison de Ferney vous remercie" *R Paris* 32,1:524. 1925

2704. 14 janvier 1766. Marin à V. "Vous m'avez envoyé" *Mercure*
       72:640-641. 1908

2705. 16 janvier 1766. Freudenreich à V. "J'ai conservé toutes les
       lettres que vous m'avez fait l'honneur de m'écrire" Desnoir-
       esterres 6:357-358

2706. [16 janvier 1766]. Freudenreich à V. "Vous m'étonnez en
       m'apprenant qu'on ose vous soupçonner" *V et JJR* 439-440

2707. 20 janvier 1766. V. à Théodore Tronchin. "Mon cher Esculape,
       vos malades vous accompagneront" *V aux Tronchin*

2708.   [Avant le 22 janvier 1766?]. V. à [François Tronchin]. "Vous
        nous avez parlé, mon cher ami, de deux sindics" *V aux Tronchin*

2709.   [Avant le 22 janvier 1766]. V. à François Tronchin. "Mon cher
        amy, j'ay été a quatre portes de quatre sindics" *V aux Tronchin*

2710.   24 janvier 1766. Thiriot à V. "Mon ancien ami" *RHL* 16:166-167.
        1909

2711.   [25 janvier 1766]. V. à [François Tronchin]. "Mon cher ami, il
        me semble tres important de détruire" *V aux Tronchin*

2712.   25 janvier 1766. V. à Lullin. "Monsieur, Je suis obligé de vous
        informer de la calomnie que le sieur Rousseau a répandue dans
        Paris" *V aux Tronchin. V et JJR* 438

2713.   29 janvier 1766. Lullin à V. "Monsieur, J'ay eu l'honneur de
        mettre sous les yeux du Conseil" *Corr J J R* 15:40

2714.   [1er février 1766]. D'Ivernois à J.-J. Rousseau. "J'ai vaincu ma
        répugnance, j'ai été enfin chez Voltaire" *V et JJR* 433-436

2715.   1er février 1766. V. à Frédéric II. "Sire, je vous fais très-tard mes
        remercîments" K et D 3:121-122

2716.   6 février 1766. V. à Charles Pictet. "Monsieur, La lettre que
        j'écrivis ces jours passés" *Bull S H Arch G* 3:417. 1913

2717.   6 février 1766. Charles Pictet à V. "Monsieur, Je croirois man-
        quer à mon devoir" *Bull S H Arch G* 3:416. 1913

2718.   15 février 1766. V. à Balleidier. "Je prie M. Balleidier de ne point
        oublier" Vézinet, 4,14,44.

2719.   17 février 1766. V. à [Spallanzani]. "Je reçus, il y a quelques
        semaines, par la voie de Genève" *MLN* 47:222-223. 1932

2720.   18 février 1766. Duchesse de Saxe-Gotha à V. "Comme je viens
        de lire quelques lettres sur les miracles" *Archiv* 92:386. 1894

2721.   25 février 1766. Frédéric II à V. "J'aurais été fâché" K et D
        3:122-123

2722.   28 février 1766. D.-L. de Constant d'Hermenches à V. "Sir,- If
        you could doubt" J M Read 2:226-229

2723.   3 mars [1766]. Marin à V. "Un libraire" *Mercure* 72:642-643.
        1908

2724.   7 mars 1766. V. à Blin de Sainmore. "Le chantre de Henri IV
        remercie bien tendrement le chantre de Gabrielle" *RDM* 8-38:383.
        1937

2725.   22 mars 1766. Duchesse de Saxe-Gotha à V. "Il n'y a plus de
        guerre et par concéquend" *Archiv* 92:386-387. 1894

2726.   25 mars 1766. V. au comte Giorgio di Polcenigo e Fanna. "Je
        vous remercie de la seconde consolation" *MLN* 54:186-187. 1939

2727.   5 avril 1766. V. à d'Alembert. "Mon cher et grand philosophe,
        dans un fatras de lettres" *Corr d'Alembert* 312-314

2728.   7 avril 1766. Michel Servan à V. "Il vous serait" *RHL* 15:315-317.
        1908

2729.   12 avril [1766]. Choiseul à V. "Je ne vous avais pas répondu"
        Calmettes 200

2730. [19 avril 1766?]. [V. aux Médiateurs]. Compliment composé par Voltaire et présenté aux Médiateurs par les Natifs le 20 avril 1766. "Très illustres et très excellents Seigneurs, Les Natifs prennent bien tard la liberté de présenter" Cornuaud 17-18

2731. 20 avril 1766. V. à Auzière. "Ce n'est qu'un compliment de perdu, tenez-vous tranquilles, demain vous aurez de mes nouvelles" Cornuaud 20

2732. 21 avril 1766. [V. aux Médiateurs]. Requête composée par V. et présentée aux Médiateurs par les Natifs le 23 avril 1766. "Très illustres et très excellents Seigneurs, Les Natifs de Genève présentent leurs profonds respects" Cornuaud 745-746

2733. 30 avril 1766. Servan à V. "Vous avez raison" RHL 15:317-319. 1908

2734. 1er mai 1766. Taulès à V. "Ce qui se passa ici" Taulès 220-221

2735. 2 mai 1766. Beauteville à Choiseul. "Je ne veux pas excuser M. de Voltaire" Desnoiresterres 7:52-53

2736. [Début mai 1766]. Gallatin, Premier Syndic, à Auzière. "Messeigneurs vous censurent de ce que" Cornuaud 37

2737. 5 mai 1766. Registre du Petit Conseil. "Le Conseil, réfléchissant sur la conduite qu'a tenu le Sr de Voltaire" Desnoiresterres 7:55-56

2738. 7 mai 1766. Beauteville à Choiseul. "J'ai eu l'honneur de vous faire part des inquiétudes" Desnoiresterres 7:56-57

2739. 12 mai 1766. Choiseul à V. "Ma chère Marmotte, votre guerre de Genève" Calmettes 204-205

2740. 16 mai [juin] 1766. Thiriot à V. "Mon doux et consolant ami" RHL 16:169-170. 1909

2741. [21 mai 1766]. Thiriot à V. "O mon tendre et bienfaisant ami" RHL 16:167-168. 1909

2742. 24 mai [1766]. Mme Denis à J.-R. Tronchin. "M. camp m'a dit" V aux Tronchin

2743. 28 mai 1766. V. au comte Giorgio di Polcenigo e Fanna. "Approffitto dell' occasione" MLN 54:187. 1939

2744. [Mai 1766?] Mme Denis à Camp. "Une fluction" V aux Tronchin

2745. [1er juin 1766]. Prince de Ligne à V. "Dans tout mon héritage" R Paris 14,2:730-732. 1907

2746. 11 juin [1766]. Mme Denis à J.-R. Tronchin. "J'accepte" V aux Tronchin

2747. 14 juin 1766. V. à D.-L. de Constant d'Hermenches. "Le bon vieillard Siméon, Monsieur, dira son cantique" Mélanges S de Grave 355

2748. 21 juin 1766. V. à Catherine II. "Madame, c'est maintenant vers l'étoile du Nord" Revue Hist 32:149. 1886

2749. 7 juillet 1766. V. à Mme de Florian. "Les ermites de Ferney" RPL 48,2:778. 1910

2750. 16 juillet 1766. Vernes à Louis Salles. "Je souhaitterois, monsieur et cher ami, de pouvoir faire" Desnoiresterres 7:147-148

2751. 16 juillet [1766]. Marin à V. "Cet *Ignorant*" *Mercure* 72:643-644. 1908

2752. [17 juillet 1766]. Thiriot à V. "Mon bienfaisant et consolant ami" *RHL* 16:170-172. 1909

2753. 19 juillet [1766]. Marin à V. "Après avoir" *Mercure* 72:644-645. 1908

2754. [Juillet 1766]. Frédéric II à V. "Vous présumez mieux de moi que je ne le fais moi-même" K et D 3:123-124

2755. [Juillet 1766]. V. à Hennin. "Omitte mirari" Hennin 76

2756. [Juillet 1766]. V. à Hennin. "Les Solitaires de Ferney font demander si M. le Résident et M. le chevalier de Taulès" Hennin 79

2757. 3 août 1766. Mme de Saxe-Gotha à V. "Vous recevrès" *Archiv* 92:387-388. 1894

2758. 4 août 1766. V. à Théodore Tronchin. "Le fait est, mon cher Esculape, que le Roi de Prusse" *V aux Tronchin*

2759. 7 août 1766. Frédéric II à V. "Mon neveu m'a écrit qu'il se proposait de visiter" K et D 3:125-126

2760. 11 août 1766. V. au marquis de Florian. "Hornoy est donc devenu le séjour des Muses?" *RPL* 48,2:778. 1910

2761. 13 août 1766. Frédéric II à V. "Je compte que vous" K et D 3:126-128

2762. 20 août 1766. V. à Théodore Tronchin. "Mon cher Esculape, je suis honteux et affligé de ne vous consulter" *V aux Tronchin*

2763. [21 août 1766]. Théodore Tronchin à [son fils?]. "La manifestation de la folie et de la méchanceté de Rousseau" *V et JJR* 528

2764. [Août 1766]. Frédéric II à V. "Je crois que" K et D 3:128-130

2765. 1er septembre 1766. Frédéric II à V. "Vous aurez vu" K et D 3:130-131

2766. 3 septembre 1766. V. à Théodore Tronchin. "Vôtre dernière Lettre, mon Esculape, m'a sensiblement affligé" *V aux Tronchin*

2767. [5 septembre 1766]. V. à d'Alembert. "Oui, sans doute, mon digne philosophe, il faut publier la lettre de ce polisson" *Corr d'Alembert* 314-315. *V et JJR* 508

2768. 8 septembre 1766. V. à Damilaville. "Vous savez sans doute que Rousseau avait fait un projet de sédition dans Genève" *V Ferney* 393-394

2769. 9 septembre 1766. V. à Blin de Sainmore. "Vous m'avez écrit quelquefois" *RDM* 8-38:383-384. 1937

2770. 13 septembre 1766. Frédéric II à V. "Vous n'avez pas besoin de me recommander les philosophes" K et D 3:131-133

2771. [Vers le 15 sept 1766]. Blin de Sainmore à V. *Résumé*: "J'ai répondu à Voltaire qu'on l'avait mal informé" . *RDM* 8-38:384. 1937

2772. 16 septembre 1766. V. à Théodore Tronchin. "Je ne peux écrire de ma main à mon Esculape" *V aux Tronchin*

2773. 22 septembre 1766. V. à Blin de Sainmore. "Je suis très éloigné de penser" *RDM* 8-38:384-385. 1937

2774. 23 septembre 1766. V. à Georges Keate. "Je n'ai reçu, Monsieur, que depuis peu de jours" Bengesco, *Lettres* 29-30

2775. 6 octobre 1766. V. à Antoine Maillet du Clairon. "Je suis votre confrère en littérature, Monsieur" *Annales Acad Mâcon* 10:123. 1872

2776. 8 octobre 1766. Th. Tronchin à son fils. "Je voudrais bien que tu m'eusses dit si Voltaire persiste à vouloir s'expatrier" *V et JJR* 528-529

2777. 12 oct 1766. Mme de Saxe-Gotha à V. "J'ai reçu" *Archiv* 92:388. 1894

2778. 24 octobre [1766]. Frédéric II à V. "Si je n'ai pas l'art de vous rajeunir" K et D 3:133-135

2779. 24 octobre 1766. V. à Hume. "J'ai lû, Monsieur, les piéces du procès que vous avez eu" *Corr J J R* 16:111-115

2780. 27 octobre 1766. V. à Vernes. "J'ai eu" *RPL* 51,1:356-357. 1913

2781. 27 octobre 1766. V. à d'Alembert. "Je viens de lire le procès d'un philosophe bienfaisant" *Corr d'Alembert* 316-317

2782. 28 octobre 1766. Marmontel à V. "Ce n'est pas sans envie, mon illustre maître" *Oeuvres Marmontel* 7:809-810

2783. Octobre 1766. V. à ? "Son venuto" *MLN* 47:223. 1932

2784. 3 novembre 1766. Frédéric II à V. "Je ne suis pas" K et D 3:135-137

2785. 4 novembre 1766. V. à Vernes. "Je ne vous ai point" *RPL* 51,1:357. 1913

2786. 7 novembre 1766. V. à Antoine Maillet du Clairon. "J'ai l'honneur, Monsieur, de vous envoyer" *Annales Acad Mâcon* 10:124. 1872

2787. 19 novembre [1766]. Choiseul à V. "Je ne puis pas, ma chère Marmotte, autoriser" Calmettes 209-210

2788. 20 novembre 1766. V. à Taulès. "Le couvent de Ferney envoie savoir des nouvelles" Taulès 221

2789. 24 novembre 1766. Ribaute-Charon à V. "Comme vous êtes sensible aux malheurs de l'humanité" *Acad Tarn-Garonne* 21:51-52. 1905

2790. 28 novembre 1766. V. au Conseil de Montbéliard. "Étant obligé de vous écrire, et ne sachant pas vos noms" *S Em M* 35:179-180. 1908

2791. [Novembre 1766?]. V. à Taulès. "Mille tendres respects à M. le chevalier de Taulès. Les lettres de Venise de Jean-Jacques" Taulès 229

2792. 1er décembre 1766. V. à Elie de Beaumont. "Vous allez être encore une fois, mon cher Cicéron" *Nouv Rev Rétr* 218-220. 1897

2793. 1er décembre 1766. Thiriot à V. "Mon tendre" *RHL* 16:172-174. 1909

2794. 2 décembre 1766. V. à d'Alembert. "Mon cher philosophe, vous êtes mon philosophe" *Corr d'Alembert* 317-319

2795. 5 décembre 1766. Duc de Praslin à Antoine Maillet du Clairon. "M. de Voltaire m'a prié, Monsieur, de vous engager à lui procurer" *Annales Acad Mâcon* 10:124-125. 1872

2796. 7 décembre 1766. Marmontel à V. "Après avoir fait part de votre lettre à madame Geoffrin" *Oeuvres Marmontel* 7:810-811

2797. 10 décembre [1766]. Choiseul à V. "Je vous envoye votre pièce; vous savés que rien" Calmettes 211-212

2798. 29 décembre [1766?]. V. à d'Alembert. "Mon cher et vrai philosophe, ma petite école de campagne" *Corr d'Alembert* 320

2799. [Décembre 1766]. Frédéric II à V. "Je vous fais mes remercîments de la belle tragédie" K et D 3:137-138

2799.1. [1766?]. V. à [Pictet). "il y a pres d'un mois" *RR* 32:257. 1941

2800. [1766?]. V. à Lekain. "On travaille pour vous, courage, priez Dieu" *Mercure* 78:447-448. 1er avril 1909

2801. [Vers 1766?]. V. à Monsieur de Rieux. "Monsieur, je vous ai des obligations en anglais et en gaulois" Bengesco, *Lettres* 61-62

2802. [Sans date, 1766]. V. à Théodore Tronchin. "Vous me direz peut-être, mon cher Esculape" *Genava* 23:81. 1945

1767

2803. 5 janvier 1767. V. à Frédéric II. "Sire, je me doutais" K et D 3:138-142

2804. 8 janvier 1767. Mme Denis à Maugié. ". . . abergé et remis à titre de rente perpétuelle" Vézinet, 10-11

2805. 10 janvier 1767. V. à Balleidier. "Le nommé Bouquet, Suisse, fermier de M. Duval à Vérat" Vézinet, 8.

2806. 10 janvier 1767. V. à Bournonville. "J'ai eu l'honneur d'écrire ce matin" Caussy 212-214

2807. 16 janvier 1767. Frédéric II à V. "J'ai lu toutes les pièces que vous m'avez envoyées" K et D 3:142-143

2808. 19 [janvier 1767]. Choiseul à V. "Il est impossible que les moyens de force" Calmettes 214-215. Desnoiresterres 7:164-165

2809. 30 janvier [1767?]. V. à Florian. "Je reçois, mon cher grand écuyer, votre lettre du 22" Bengesco, *Bibl* 3:325-326. (L'éditeur des *Pièces inédites de Voltaire*, Paris, 1820, date cette lettre de 1765. Bengesco propose 1767.)

2810. 30 janvier 1767. V. à Florian. "Je reçois, mon cher grand écuyer, votre lettre du 22" *RPL* 48,2:778-779. 1910

2811. 30 janvier 1767. V. à d'Alembert. "Voici une lettre, mon cher philosophe, qui vous surprendra" *Corr d'Alembert* 320-321

2812. Janvier 1767. V. à Hennin. "M. le duc de Choiseul daigne m'écrire du 19" Desnoiresterres 7:164

2813. [Entre le 1er février et le 27 mars 1767]. V. à Jean-André De Luc. "M. De Luc doit faire convenir M.J.J.R. de la valeur du mot" *MLN* 38:207. 1923 (daté à tort 1766). *Corr J J R* 16:229. E. Chapuisat (d'après une copie des manuscrits Du Pan-Freud-enreich) *Salons et Chancelleries*, 158.

2814. 9 février 1767. Michel Servan à V. "Quand vous ne m'auriez pas comblé" *RHL* 15:319-321. 1908

2815. 10 février 1767. Frédéric II à V. "L'accident" K et D 3:144-145

2816. 20 février 1767. Frédéric II à V. "Je suis bien aise" K et D 3:146-148

2817. 20 février 1767. V. au [colonel Frey?]. "Monsieur, Pour répondre à la confiance dont vous m'honorez" *J Genève* 29 octobre 1933

2818. 24 février 1767. V. à D.-L. de Constant d'Hermenches. "Mon amitié est hardie, mon cher Colonel" *Mélanges S de Grave* 355-357

2819. 28 février 1767. Frédéric II à V. "Je félicite" K et D 3:148-150

2820. 3 mars 1767. V. à Frédéric II. "Sire, j'entends très-bien" K et D 3:150-151

2821. 6 mars 1767. V. à d'Alembert. "Mon cher philosophe, il y a une dizaine de fautes ridicules" *Corr d'Alembert* 321-322

2822. 12 mars [1767]. Mme Denis à M. de La Tourrette. "Mon oncle, Monsieur, vous envoie les *Scythes* à Lyon" *Hist Acad Lyon* 1:50

2823. 20 mars 1767. V. à Elie de Beaumont. "Votre mémoire, Monsieur, en faveur des Sirven" Bengesco, *Bibl* 3:44-45

2824. 24 mars 1767. Frédéric II à V. "Je vous plains de ce que votre retraite est entourée" K et D 3:151-153

2825. 28 mars 1767. V. à Desplaces. "Si nous ne consultons que l'équité naturelle" Vézinet, 36-37.

2826. 30 mars 1767. V. à Elie de Beaumont. "Sirven et ses filles sortent de chez moi, Monsieur" *Nouv Rev Rétr* 221-224. 1897

2827. 5 avril 1767. V. à Frédéric II. "Sire, je ne sais plus" K et D 3:153-155

2828. 13 avril 1767. V. à d'Alembert. "Je me suis douté, monsieur, que vous ne seriez pas content" *Corr d'Alembert* 322-324

2829. 21 avril 1767. V. à Woronzof. "Monsieur, Mme Cramer m'a dit qu'elle vous avait" Bengesco, *Bibl* 3:361

2830. 25 avril [1767]. V. à Jacob Vernes. "Oui, sans doute" *RHL* 19:896. 1912

2831. 28 avril 1767. V. à Woronzof. "Monsieur, j'ai l'honneur" Bengesco, *Bibl* 3:361-362

2832. 2 mai 1767. V. à Frédéric II. "Je rends grâce" K et D 3:155-156

2833. 3 mai [1767]. V. à Balleidier. "J'ai fait des offres convenables" Vézinet, 25,40-41.

2834. 5 mai 1767. Frédéric II à V. "J'aurais cru" K et D 3:156-158

2835. 11 mai 1767. V. et Mme Denis à Balleidier. "Madame Denis recommande à M. Belleidier" Vézinet, 44,26.

2836. 16 mai 1767. V. à P. Rabaut. "La personne qui m'a fait l'honneur de m'écrire" *Bull S H Pr Fr* 40:537-541. 1891

2837. [19 mai 1767?]. V. à M. et Mme Gallatin. "Madame Denis et M. de Voltaire prient M. et Madame Galatin" Marc Peter 26

2838. 24 mai 1767. V. à Mme Elie de Beaumont. "Vous croiez bien, Madame, que je ne perds pas un moment" *Nouv Rev Rétr* 224-225. 1897

2839. 13 juin [1767]. V. à Georges Keate. "Vous pardonnez" Bengesco, *Lettres* 31-32

2840. 25 juin 1767. V. à Mme de la Beaumelle. "The lady who writes to me is the daughter of a man whom I esteem" J M Read 2:188-189

2841. [30 juin 1767]. Prince de Ligne à V. "on m'a fait espérer, monsieur" R Paris 14,2:732-733. 1907

2842. 16 juill 1767. V. à Balleidier. "Vous n'avez que trop raison" Vézinet, 27.

2843. 20 juillet 1767. V. à Panckoucke "Je retiens, Monsieur, un examplaire" Mercure 84:83-84. 1910

2844. 24 juillet 1767. Duchesse de Saxe-Gotha à V. "C'est toujour avec un vrai ravissement que je reçois" Archiv 92:389-390. 1894

2845. 25 juillet 1767. V. à d'Alembert. "Mon cher et vrai philosophe, vous avez dû recevoir" Corr d'Alembert 324

2846. 27 juillet 1767. V. à d'Alembert. "Je suis enchanté, mon cher et grand philosophe" Corr d'Alembert 325

2847. 27 juillet [1767]. V. à Gabriel Cramer. "sera t'il permis mon cher monsieur au Sr Coge regent de college" RR 30:140-141. 1939

2848. 31 juillet 1767. Frédéric II à V. "J'ai cru avec le public que vous aviez changé" K et D 3:158-160

2849. [Juill 1767]. V. à [Cathala?] "M. de Beaumont mande que l'affaire des Sirven est plus sûre que celle des Calas" Bull S H Pr Fr 40:515. 1891

2850. 1er août 1767. Duchesse de Saxe-Gotha à V. "Vous ayant deja dis Monsieur dans ma precedente" Archiv 92:390. 1894

2851. 1er août 1767. Prince de Ligne à V. "Je viens de recevoir une lettre" R Paris 14,2:733-734. 1907

2852. 2 août 1767. Le prince de Condé à V. "J'ai reçu, Monsieur, la lettre que vous m'avez écrite et le Mémoire qui y était joint" Beffroy de Reigny 1:260

2853. 7 août 1767. Marmontel à V. "Je reçois" Oeuvres Marmontel 7:811-813

2854. 12 août 1767. V. à Elie de Beaumont. "Chacun a son procès dans ce monde, mon cher Cicéron" Nouv Rev Rétr 225-227. 1897

2855. 19 août 1767. Mme de Beauharnais à V. "J'ai toujours été révoltée de la dureté" Dorat 167

2856. 25 août 1767. V. à Woronzof. "Monsieur, Je suis, il est vrai" Bengesco, Bibl 3:362

2857. 27 août [1767]. Thiriot à V. "Après beaucoup d'embarras" RHL 16:174-175. 1909

2858. [Août 1767?]. V. à d'Argental. "Réflexions soumises à celles de M. d'Argental" Mém Lekain 257-261

2859. 22 septembre 1767. V. à Woronzof. "Monsieur, je reçois aujourd'hui la lettre" Bengesco, Bibl 3:362-363

2860. [Septembre 1767?]. V. à Gabriel Cramer. "Monsieur caro est prie de me renvoier le tome" RR 30:142. 1939

2861. 22 octobre 1767. V. à Mme Gallatin. "Vous vous y prenez bien tard, Madame, on dit qu'on a déjà publié dimanche" Marc Peter 12

2862. [Octobre 1767]. Prince de Ligne à V. "Votre lettre" *R Paris* 14,2:734-737. 1907

2863. 8 novembre 1767. Collini à V. "Mon cher Protecteur, J'ai sur le coeur votre cardinal d'Auvergne" *RHL* 17:810-812. 1910

2864. [10 novembre 1767]. V. au Conseil de Montbéliard. "Messieurs, Je dois vous informer" *S Em M* 35:185-186. 1908

2865. 19 novembre 1767. V. à Mme Gallatin. "Voici l'état des choses, Madame: Monpitan m'est venu trouver" Marc Peter 15-16

2866. [21 nov 1767]. Conseil de Montbéliard à V. *Résumé. S Em M* 35:186. 1908

2867. 28 novembre 1767. V. au Conseil de Montbéliard. "Messieurs, Je reçois la lettre dont vous m'honorez" *S Em M* 35:187-188. 1908

2868. [Novembre 1767?]. Marquis de Villette à V. "Le secret d'ennuyer est celui de tout dire" *Oeuvres Villette* 89-90

2869. [4 déc 1767]. Conseil de Montbéliard à V. *Résumé S Em M* 35:188. 1908

2870. 6 décembre 1767. V. à Blin de Sainmore. "Je vois, monsieur, que les éditeurs des commentaires de Racine" *RDM* 8-38. 386. 1937

2871. [11 déc 1767]. Conseil de Montbéliard à V. *Resumé. S Em M* 35:189. 1908

2872. 17 décembre 1767. V. à Mme Gallatin. "Je suis obligé d'avertir Madame Galatin" Marc Peter 17

2873. 18 décembre 1767. V. à Balleidier. "Vous avez fait assigner, Monsieur" Vézinet, 46

2874. Vendredi 18 [décembre 1767 ?]. V. à Balleidier. "Quoi ! sur un billet non signé par lequel je dis" Vézinet, 46-47,48.

2875. 21 [décembre 1767 ?]. V. à Balleidier. "Le sieur Raffo, notaire, a copié chez vous" Vézinet, 48,49,50.

2876. 22 décembre 1767. V. au Conseil de Montbéliard. "Messieurs, aiant eu l'honneur de recevoir" *S Em M* 35:181. 1908

2877. 25 décembre 1767. V. au duc de Wurtemberg. "Monseigneur, Je me tourne de tous les côtés" *S Em M* 35:182-183. 1908

2878. 29 décembre 1767. V. au Conseil de Montbéliard. "Messieurs, Je dois d'abord vous dire que Mr Jeanmaire" *S Em M* 35:183-184. 1908

2879. 30 décembre 1767. V. au marquis de Florian. "Le solitaire envoie au solitaire" *RPL* 48,2:779. 1910

2880. Décembre 1767. Frédéric II à V. "Bon jour et bon an au Patriarche de Ferney" K et D 3:160-161

2881. [1767]. V. à Blin de Sainmore. "Je vous fais bien tard mes remerciements, monsieur" *RDM* 8-38:385. 1937

2882. [1767?]. V. à Gabriel Cramer. "voicy caro quelques additions" *RR* 30:141. 1939

2883. [1767?]. V. à Gabriel Cramer. "cette piece" *RR* 30:141. 1939

2884. [1767?]. V. à [Gabriel Cramer]. "Toute la maison de ferney" *RR* 31:351. 1940

2885. [1767?]. V. à [Gabriel Cramer]. "Nous ne pumes pas" *RR* 31:350. 1940

1768

2886. [Début janvier 1768]. Michel Servan à V. "Je respecte trop vos occupations" *RHL* 15:321-324. 1908

2887. 6 janvier 1768. V. au Conseil de Montbéliard. "Messieurs, J'ai reçu de Strasbourg" *S Em M* 35:189-190. 1908

2888. 8 janvier 1768. V. à Georges Keate. "Vous voulez, Monsieur, que je vous écrive" Bengesco, *Bibl* 3:339. Bengesco, *Lettres* 32-34

2889. 15 janvier 1768. L'abbé d'Olivet à V. "Bon jour, et bon an. C'est ce matin seulement" Lachèvre 143-146

2890. [Début 1768?]. V. à ? "Vous pouvez dire à Mr Nekre qu'on m'a promis" *RLC* 11:273. 1931

2891. 18 janvier 1768. V. à Chenevières. "Mon cher ami, vous ai-je prié de remercier" *R Palais* 4:516. 1898

2892. 22 janvier 1768. V. au duc de Wurtemberg. "Monseigneur, Je suis obligé d'informer Votre Altesse" *S Em M* 35:190-191. 1908

2893. 28 janvier 1768. V. à Georges Keate. "Le vieux solitaire malade fait bien ses complimens à monsieur Keate" Bengesco, *Lettres* 34

2894. 29 janvier 1768. V. à M. Ethis de Moreau. "Monsieur, La Chambre des finances de montbeliard" *S Em M* 35:191. 1908

2895. 2 février 1768. Taulès à V. "L'amour seul de la vérité, monsieur" Taulès 240-250

2896. 2 février 1768. V. au Conseil de Montbéliard. "Messieurs, vous devez être aussi embarassés que moi" *S Em M* 35:192. 1908

2897. Début de février 1768. Moultou à V. "I thank you a thousand times for the excellent news which you give me" J M Read 2:257-258

2898. 6 février 1768. V. à Hénault. "J'allais vous écrire, Monsieur, lorsque M. Dupuis" *Correspondant* 234:601-602. 10 février 1909

2899. 6 février 1768. V. à Blin de Sainmore. "Je vous supplie, monsieur, de vouloir bien faire porter" *RDM* 8-38:386. 1937

2900. 6 février 1768. Duc de Wurtemberg à V. "J'ai reçu la lettre que vous m'avez écrite le 22 du mois passé" Sakmann 37

2901. 8 février 1768. V. à [Turgot]. "Votre souvenir m'enchante, Monsieur" *RPL* série 5,4:355. 1905

2902. 10 février 1768. Conseil de Montbéliard à V. "Nous ne sommes aucunement embarassés au sujet" *S Em M* 35:192-193. 1908

2903. 16 février 1768. V. à Woronzof. "Monsieur, mon ami Bourdillon" Bengesco, *Bibl* 3:363-364

2904. 18 février 1768. V. à Jeanmaire. "J'espère" *S Em M* 35:195-196. 1908

2905. 18 février 1768. V. au Conseil de Montbéliard. "Messieurs, J'ai reçu la lettre que vous avez bien voulu" *S Em M* 35:193-194. 1908

2906. 26 février 1768. V. au Conseil de Montbéliard. "Messieurs, comme le paquet concernant les délégations" *S Em M* 35:196-197. 1908

2907. 29 février 1768. Paul Rabaut à Moultou. "Ayant eu le plaisir de lire des extraits" Paul Rabaut, *Lettres à Divers* 2:78-82.

2908. 1 mars 1768. V. au Conseil de Montbéliard. "Messieurs, Le Sr. Jaquelot vient de me signer" *S Em M* 35:198. 1908

2909.   2 mars 1768.   Jeanmaire à V.   "M. Nous avons écrit" *S Em M* 35:197.   1908

2910.   5 mars 1768.   V. à d'Alembert.   "Mon cher et illustre confrère, je compte sur votre amitié" *Corr d'Alembert* 325-327

2911.   7 mars 1768.   Hugues Maret à Piron.   "Apprenez donc par moi, Monsieur" Desnoiresterres 7:195-196

2912.   8 mars 1768.   V. au Conseil de Montbéliard.   "Messieurs, Je reçois la lettre dont vous m'honorez" *S Em M* 35:198-199.   1908

2913.   14 mars 1768.   V. à Hénault.   "Non, mon illustre et cher confrère, non" *Hénault* 439-441

2914.   16 mars 1768.   V. au Conseil de Montbéliard.   "Messieurs, J'ai reçu les deux billets de son Altesse" *S Em M* 35:200-201.   1908

2915.   21 mars [1768].   Choiseul à V.   "Je ne vous écrirai pas" Calmettes 223-224

2916.   21 mars 1768.   V. à la baronne de Monthou.   "Madame, il n'y a rien que je ne fasse" *R Paris* 32,1:524.   1925

2917.   22 mars 1768.   V. à Mme Gallatin.   "Je vous envoie" Marc Peter 40-41

2918.   22 mars 1768.   V. à Mme Gallatin.   (pour remettre à Grasset). "Vous pouvez vendre en toute sûreté au porteur" Marc Peter 41

2919.   22 mars 1768.   Marquise de Gentil de Langalerie à V.   "Our country is about to lose its most resplendent figure, Sir!" J M Read 2:213-214

2920.   22 mars 1768.   Marquise de Gentil de Langalerie à V.   "Notre pays va perdre son plus beau lustre" *V Ferney* 419-420

2921.   28 mars 1768.   V. à Woronzof.   "Monsieur, si la satisfaction dont j'ai vu" Bengesco, *Bibl* 3:364

2922.   28 mars [1768].   V. à Jacob Vernes.   "Le brave ennemi" *RHL* 19:897.   1912

2923.   29 mars 1768.   V. au Conseil de Montbéliard.   "Messieurs, Le Sr. Meivel, directeur des forges" *S Em M* 35:201.   1908

2924.   29 mars 1768.   V. au duc de Wurtemberg.   "Monseigneur, Je suis obligé d'informer Votre Altesse" *S Em M* 35:202.   1908

2925.   [Mars 1768].   V. à Jacob Vernes.   "Prêtre d'un Dieu père de tous" *RHL* 19:896-897.   1912

2926.   [Peu après mars] 1768.   V. à M. de la Touraille.   "Je vois, monsieur, que les Parisiens" Desnoiresterres 7:209

2927.   1er avril 1768.   V. au Conseil de Montbéliard.   "Messieurs, Je reçois aujourd'hui les deux soumissions" *S Em M* 35:203-204.   1908

2928.   1er avril 1768.   V. au duc de Wurtemberg.   "Monseigneur, La chambre de Montbelliard vient de m'envoïer" *S Em M* 35:204-205.   1908

2929.   2 avril [1768?].   V. à Gabriel Cramer.   "caro il se trouve" *RR* 30:141.   1939

2930.   4 avril 1768.   M. L. (de Bordeaux) à V.   "Monsieur, Vous êtes un Académicien illustre" *Intermédiaire* 27:439-440.   20 avril 1893

2931. 8 avril 1768. Note de Voltaire. "Note des frais nécessaires employés" *S Em M* 35:205-206. 1908

2932. 9 avril 1768. V. au Conseil de Montbéliard. "Je réponds, Messieurs, à votre lettre du 3 avril" *S Em M* 35:207-208. 1908

2933. 9 avril 1768. V. au duc de Wurtemberg. "Monseigneur, au milieu des consolations que l'équité" *S Em M* 35:209. 1908

2934. 9 avril 1768. V. au Conseil de Montbéliard. "Messieurs, n'aiant jamais reçu la moindre reponse" *S Em M* 35:206-207. 1908

2935. 11 avril 1768. V. à d'Alembert. "Si je recevrai des grands d'Espagne qui ne sont point superstitieux!" *Corr d'Alembert* 327-328

2936. 12 avril 1768. V. à Jacob Tronchin. "Je ne savais pas" *V aux Tronchin*

2937. 12 avril 1768. V. à Jeanmaire. "*Mémoire.* Par le compte de messieurs Jeanmaire et Surleau" *S Em M* 35:210-211. 1908

2938. 14 avril 1768. La Harpe à ? ". . . Tout Paris a su la scène édifiante que s'est passée" Desnoiresterres 7:208

2939. 16 avril 1768. V. à Georges Keate. "Monsieur, j'ai vu le poème dont vous m'avez honoré" Bengesco, *Lettres* 35-36

2940. 19 avril 1768. V. à Georges Keate. "Un jeune Anglais" Bengesco, *Lettres* 37-38

2941. 19 avril 1768. V. à Mme de Bentinck. "J'ai toujours" *R Paris* 35:321. 1896

2942. 27 avril 1768. Conseil de Montbéliard à V. "M. Nous aurions répondu plutot aux lettres" *S Em M* 35:207. 1908

2943. 3 mai 1768. V. à Jeanmaire. "Je reçois" *S Em M* 35:212. 1908

2944. 5 mai 1768. Hennin à Mme Denis. "Il m'eût été facile" *V Ferney* 429

2945. 6 mai 1768. V. à M. L. (de Bordeaux). "Je suis si vieux, Monsieur, et si malade, que vous m'excuserez" *Intermédiaire* 27:440. 20 avril 1893

2946. 9 mai 1768. V. à Mme de Florian. "Ma chère nièce, je ne vous écris ni de ma main" *RPL* 48,2:779. 1910

2947. 9 mai 1768. Wagnière à Sirven. "Deux heures après que vous fûtes parti, M. de Voltaire" C Rabaud, *Sirven* 153-154

2948. 13 mai 1768. V. à d'Alembert. "Mon cher et vrai philosophe, lisez la page 48 de la nouvelle édition" *Corr d'Alembert* 328

2949. 17 mai 1768. V. à Georges Keate. "Enfin, Monsieur, je viens de recevoir" Bengesco, *Lettres* 38-40. Bengesco, *Bibl* 3:339-340

2950. 19 mai 1768. Mme Denis à Rieu. ". . . Mandez-moi ce que fait le jésuite" Desnoiresterres 7:271, 291

2951. 4 juin 1768. Collini à V. "Mon cher protecteur, Comment! Est-ce un songe? je vous reverrais!" *RHL* 17:812. 1910

2952. 14 juin 1768. Saint-Florentin à Mgr Biord. "J'ai, Monsieur, mis sous les yeux du roi" Desnoiresterres 7:221-222

2953. 18 juin 1768. [Saint-Florentin?] à V. "Le Roi a, Monsieur, été informé, par les plaintes" *Carnet hist* 6:479-480

2954. 20 juin 1768. V. à Balleidier. "Monsieur Balleidier est prié de vouloir bien dire" *Mélanges Lanson* 321

2955. 20 juin 1768. V. à Balleidier. "M. Balleidier est très instamment prié de me mander" Vézinet, 45.

2956. 21 juin 1768. H. Walpole à V. "Sir, you read English with so much more facility than I can write French" Toynbee, *Letters Walpole* No 1219

2957. 22 juin 1768. V. à d'Alembert. "Un homme qui" *Corr d'Alembert* 329

2958. 28 juin 1768. V. à Rosé. "J'ai compté sur vous, monsieur" *S Em M* 35:213. 1908

2959. [Juin 1768?]. Mme Denis à d'Argental. "J'ai l'honneur de vous renvoier, monsieur, la pièce" Nisard 74

2960. [Milieu 1768?]. La Harpe à Hennin. "Rien de nouveau en littérature que ce qu'on attend" *V Ferney* 434-435

2961. 3 juillet 1768. Choiseul à V. "J'ai lû, Monsieur, les pièces que j'ai trouvé" Calmettes 230

2962. 5 juillet 1768. Allamand à V. "Je viens de lire et relire les conseils raisonnables" *RHV* 6:353-354. 1898

2963. 5 juillet 1768. V. à Rosé. "Vous pouvez, monsieur, m'envoyer les sept mille francs en or" *S Em M* 35:213-214. 1908

2964. 8 juillet 1768. V. à Allamand. "Il ne peut y avoir rien de neuf pour vous" *RHV* 6:354. 1898

2965. 9 juillet 1768. Mme Denis à Dupont. "Il est très-possible que M. le duc de Wurtemberg chicanât" Desnoiresterres 7:291

2966. 9 juillet [1768]. Mme Denis à Hennin. "Votre lettre Monsieur me prouve que vous avez conservé" *V Ferney* 430-432

2966.1 10 juillet 1768. V. à [Mme Pierre Pictet]. "Le Solitaire de ferney a reçu" *RR* 32:257. 1941

2967. 19 juillet 1768. Allamand à V. "I thoroughly believe, Sir, that it is one of the views of our George Withers" J M Read 2:152-154

2968. 19 juillet 1768. Allamand à V. ". . . Au fond, la profession du théisme reconnaît formellement" *RHV* 6:354-355. 1898

2969. 22 juillet 1768. Mme du Deffand à V. "Je viens de recevoir" Lewis, *Walpole Corr* 8:147

2970. 27 juillet 1768. V. à Allamand. "Le corps est faible chez moi" *RHV* 6:355. 1898

2971. 27 juillet 1768. H. Walpole à V. "One can never, Sir, be sorry to have been" Toynbee, *Letters Walpole* No 1222

2972. 29 juillet 1768. Mme Denis à Samuel de Constant. "J'ai été bien flattée, Monsieur, de votre souvenir" *V Ferney* 432-434

2973. 10 août 1768. V. à Mme Gallatin. "Vous êtes bénie de Dieu, Madame, il y a six ans que je plante des figuiers" Marc Peter 22

2974. 19 août 1768. Allamand à V. "Me voilà rétabli dans mon presbytère" *RHV* 6:356. 1898

2975. 24 août 1768. V. à Allamand. "Ce vieux philosophe fait mille tendres compliments" *RHV* 6:357. 1898

2976. [Août 1768?]. V. à Mme Gallatin. "Vos figues, Madame, sont un présent d'autant plus beau" Marc Peter 23

2977. [Août 1768?]. V. à Mme Gallatin. "J'avois déjà vu vos figues, madame, avant d'avoir vu votre billet" Marc Peter 24

2978. 5 septembre 1768. Pomaret à Chiron. "Comme j'ai toujours bien espéré" Paul Rabaut, *Lettres à Divers* 2:3

2979. 17 septembre 1768. V. à Woronzof. "Monsieur, Par la dernière lettre" Bengesco, *Bibl* 3:364-365

2980. 25 septembre 1768. Le comte André de Schouvaloff à V. "Quoique vous ne m'aiés prévenu sur rien, Monsieur" Alexeyeff 19-21

2981. 7 octobre 1768. V. à Rosé. "Je me flatte" *S Em M* 35:214. 1908

2982. 11 octobre 1768. Rosé à V. "Monsieur, Je viens" *S Em M* 35:214-215. 1908

2983. 18 octobre 1768. V. à Rosé. "Je fais mes compliments à Monsieur Roset sur ses mines" Sakmann 40

2984. 5 novembre 1768. Wagnière à Collini. "Il faut, mon cher Monsieur, que l'on ait le diable au corps" *RHL* 17:813. 1910

2985. 11 novembre 1768. V. à Blin de Sainmore. "Les vieillards" *MLN* 49:472. 1934

2986. 16 novembre [1768]. Choiseul à V. "L'abbé de La Bléterie n'a jamais dit" Calmettes 232-233

2987. 20 novembre 1768. Prince de Ligne à V. "Je n'ai pas l'honneur d'être" *R Paris* 14,2:737-738. 15 avril 1907

2988. 29 novembre 1768. V. au duc de Wurtemberg. "Monseigneur, ayant su que votre Altesse Sérénissime" *S Em M* 35:215-216. 1908

2989. 9 décembre 1768. Allamand à V. "Il faut que" *RHV* 6:357-358. 1898

2990. 12 déc 1768. Mme de Bentinck à V. "You have filled me with gratitude and joy, Sir, in rendering to me the honour" J M Read 2:164-166

2991. 26 déc 1768. V. à Mme du Deffand. "Ce n'est pas assurément" Lewis, *Walpole Corr* 8:151

2992. 26 décembre 1768. V. à Dupuits. "En vous remerciant" Lewis, *Walpole Corr* 8:149

2993. [1768]. V. à [Gabriel Cramer]. "J'ai envoié hier" *RR* 31:351-352. 1940

2994. [1768]. Prince de Soubise à V. "J'ai lu, monsieur, avec la plus grande attention" *V Ferney* 116-117

2995. [1762-1768 ?]. V. à Gabriel Cramer. "il n'y a point" *RR* 30:135. 1939

2996. [Hiver 1768-1769]. Mme Gabriel Cramer à Hennin. "Il est bien difficile, monsieur, d'être juste" *V Ferney* 435-436

1769

2997. 4 janvier 1769. V. à M. et Mme de Florian. "Je remercie tendrement la dame picarde" *RPL* 48,2:779-780. 1910

2998. 5 janvier 1769. Mme du Deffand à V. "Ah ! vraiment, monsieur" Lewis, *Walpole Corr* 8:153

2999. 11 janvier 1769. V. à Rosé. "J'attends de vous" *S Em M* 35:216. 1908

3000. 14 janvier 1769. V. à M. et Mme Elie de Beaumont. "Jouissez, couple aimable; je suis fâché, seulement" *Nouv Rev Rétr* 227-228. 1897

3001. 27 janvier 1769. V. à Lekain. "I have asked, my dear Friend, the publisher Pankouke to let you" *J M Read* 2:133

3002. 28 janvier 1769. Mme Gallatin à Frédéric II de Hesse. ". . . Je me suis determinée par les conseils" *ZFSL* 7:180. 1885

3003. 2 février 1769. V. à Lekain. "J'ai retrouvé" *Mercure* 78:448. 1909

3004. 3 février 1769. V. à Tabareau. "I was not aware" *J M Read* 2:254

3005. 6 février 1769. Thiriot à V. "Vous m'avez fait" *RHL* 16:176-178. 1909

3006. 9 février 1769. Mme de Choiseul à V. "On parle" Desnoiresterres 7:375

3007. 22 mars 1769. Mme Gallatin à Frédéric II de Hesse. "Si monseigneur le Landgrave vient dans ce pays" *ZFSL* 7:180-181. 1885

3008. 24 mars 1769. V. à Pierre Gros, curé de Ferney. "Les ordonnances portent qu'au troisième accès de fièvre" *R Sav* 21. 1922

3009. 29 mars 1769. V. à ? "Vous vous êtes adressé, monsieur, à un homme très indigne" *MLN* 47:224. 1932

3010. 30 mars 1769. V. (par le notaire Raphoz) à Pierre Gros, curé de Ferney. "François-Marie de Voltaire, gentilhomme" *R Sav* 22. 1922

3011. Ferney, 5 avril 1769. V. au marquis de Thibouville. "J'ai été sur le point de mourir" *Intermédiaire*, 20 janvier 1908

3012. [Avril 1769?]. Saint-Florentin à Mgr Biord. "Je ne puis vous dissimuler, Monsieur, que j'ai été très surpris" *R Sav* 22-23. 1922. Cf. 27 mai 1769.

3013. 5 mai 1769. Mgr Biord à V. "Vous n'ignorez pas ce que l'on a pensé de votre communion" *RHL* 43:576-579. 1936

3014. 6 mai 1769. V. à Balleidier. "Mme Denis ne veut le bien de personne" Vézinet, 5-6

3015. 9 mai 1769. V. à [M. Bachelier]. "Le livre" *MLN* 47:223-224. 1932

3016. 14 mai 1769. V. à la baronne de Monthou. "Madame, Vous ne pouviez me donner une nouvelle" *R Paris* 32,1:525-526. 1925

3017. 17 mai 1769. [Mauléon] (Voltaire?) à Mgr Biord. "Me trouvant dans le Château de Ferney auprès de Mr. de Voltaire, mon Oncle à la mode de Bretagne, qui est très malade depuis deux mois" *RHL* 43:580-581. 1936

3018. 27 mai 1769. Saint-Florentin à Mgr Biord. "Je ne puis vous dissimuler, monsieur, que j'ai été très surpris" (Cf. [avril 1769?], du même au même) Desnoiresterres 7:223

3019. [Avril-mai] 1769. Théodore Tronchin à sa fille. "On m'a envoyé la confession de foi de Voltaire" Desnoiresterres 7:235-236

3020. [Fin mai ou juin 1769?]. Mgr Biord à V. "Je ne suis point de ces personnes qui après avoir enfanté" *RHL* 43:581-582. 1936

3021. 13 juin 1769. Wagnière à Mlle Sirven. "Je vous répète encore, Madame, que vous soyez aussi tranquille" C Rabaud, *Sirven* 159

3022. 14 juin 1769. Hennin à Mme Denis. "Madame, En arrivant" *V Ferney* 439-441

3023. 28 juin 1769. V. à Rosé. "Vous avez" *S Em M* 35:218. 1908

3024. 18 juillet 1769. V. à Allamand. "Le bibliothécaire" *RHV* 6:358. 1898

3025. 9 août [1769]. Mme Denis à Hennin. "Il y a un siècle" *V Ferney* 444-446

3026. 15 août 1769. V. au Conseil de Montbéliard. "Messieurs, Agréez mes remerciements de la déclaration" *S Em M* 35:220-221. 1908

3027. 20 août 1769. V. au marquis de Ximénès. "J'ai été si malade, monsieur" *Correspondant* 244:670-671. 1911

3028. 22 août 1769. Hennin à Mme Denis. "Madame, Je ne voulois" *V Ferney* 447-449

3029. 30 août 1769. V. à l'abbé Audra. "Mon cher Professeur en histoire, il faudra mettre" *BBB* 223-224. 1906

3030. [Été 1769?]. Mme Denis à Hennin. "Je suis pénétrée" *V Ferney* 442-444

3031. [Été 1769?]. Saint-Florentin à Mgr Biord. "J'ai Monsieur, remis sous les yeux du Roi la lettre" *R Sav* 1922:20-21

3032. 6 septembre 1769. V. au Conseil de Montbéliard. "Messieurs, Je reçois dans ce moment une lettre" *S Em M* 35:221-222. 1908

3033. 11 septembre [1769]. Mme Denis à Hennin. "Je ne peux" *V Ferney* 450-453

3034. 15 septembre 1769. Michel Servan à V. "Vous êtes un jeune vieillard, Monsieur" *RHL* 15:324-326. 1908

3035. 24 septembre 1769. V. à ? "Monsieur, Ayant écrit au juge de Sirven, nommé par vous" Bengesco, *Bibl* 3:320-321

3036. 3 octobre 1769. V. à Rosé. "Vous m'avez fait" *S Em M* 35:221. 1908

3037. 4 octobre 1769. V. à Collini. "Je suppose" *RHL* 17:813-814. 1910

3038. 20 octobre 1769. Marmontel à V. "J'étais" *Oeuvres Marmontel* 7:831-832

3039. 26 octobre 1769. Thiriot à V. "Votre dernière lettre" *RHL* 16:178-179. 1909

3040. [Octobre] 1769. V. à Frédéric II. "Sire, un Bohémien" K et D 3:162-164

3041. 13 novembre 1769. V. à M. et Mme de Florian. "Le vieux malade envoie à la troupe" *RPL* 48,2:780. 1910

3042. 18 novembre 1769. Mme Denis à Balleidier. "Il est très important d'observer" Vézinet, 16-17

3043. 25 novembre 1769. Frédéric II à V. "Vous avez trop de modestie, si vous avez pu croire" K et D 3:164-166

3044. 28 novembre 1769. Wagnière à Mlles Sirven. "Je vous apprends avec le plus grand empressement que votre père" C Rabaud, *Sirven* 170

3045. 29 novembre 1769. Sirven à V. "Monsieur, J'ai l'honneur de vous informer que vendredi" C Rabaud, *Sirven* 172-173

3046. 8 décembre 1769. V. à Elie de Beaumont. "Vous voilà, je crois, revenu à Paris, mon très-cher Cicéron" *Nouv Rev Rétr* 228-231. 1897

3047. 9 décembre 1769. V. à Frédéric II. "Quand Thalestris" K et D 3:166-167

3048. 19 décembre 1769. Michel Servan à V. "Quand je serois" *RHL* 15:326-328. 1908

3049. 21 décembre 1769. V. à Balleidier. "Monsieur Balleidier, lorsque M. de Brosses me vendit sa terre" Vézinet, 6-7.

3050. 22 décembre 1769. V. à Elie de Beaumont. "Quoique bien malade et bien languissant" *Nouv Rev Rétr* 231-232. 1897

3051. 30 décembre 1769. V. à Rosé. "M. de Voltaire souhaite" Sakmann 43

3052. Ce lundi [1768-1769?]. Mme Denis à Hennin. "Certainement" *V Ferney* 436-437

3053. [1769?]. V. à Gabriel Cramer. "mon cher gabriel a raison" *RR* 30:143. 1939

3054. [1769?]. V. à Gabriel Cramer. "j'ay peur que" *RR* 30:142. 1939

3055. [1769?]. V. à Gabriel Cramer. "il faudrait" *RR* 30:142. 1939

1770

3056. 4 janvier 1770. Frédéric II à V. "Le vieux citadin" K et D 3:167-169

3057. 4 janvier 1770. Rosé à V. "Mes voeux pour vous" *S Em M* 35:223. 1908

3058. 25 janvier 1770. Allamand à V. ". . . Pendant que j'étais à travailler de toutes mes forces" *RHV* 6:358-361. 1898

3059. 29 janvier 1770. Rosé à V. "Monsieur, Je viens" *S Em M* 35:224. 1908

3060. 31 janvier 1770. V. à Rosé. "Je me flatte" *S Em M* 35:224-225. 1908

3061. Janvier 1770. V. à Frédéric II. "Mon cher Lorrain, je ne sais pas comment" K et D 3:169-170

3062. 5 février 1770. Duc de Praslin à V. "J'ai reçu" Calmettes 235-236

3063. 11 février 1770. V. à Rosé. "Je vous envoie" *S Em M* 35:225. 1908

3064. 17 février 1770. Frédéric II à V. "Le pauvre Lorrain dont vous vous souvenez" K et D 3:170-171

3065. 2 mars [1770?]. Choiseul à V. "Je vous dois, mon cher Hermitte, devenu depuis Capucin" Calmettes 239-240

3066. 3 mars 1770. V. à Elie de Beaumont. "En vérité, mon cher Cicéron, vous êtes plus Cicéron que jamais" *Nouv Rev Rétr* 233-235. 1897

3067. 7 mars 1770. V. à Mme de Bentinck. "Je vous ai bien reconnue" *R Paris* 35:322. 1896

3068. 9 mars 1770. V. à Frédéric II. "C'en est trop d'avoir" K et D 3:171-172

3069. 12 mars 1770. V. à Choiseul. "Notre bienfaicteur, Je viens tout d'un coup au faict" Caussy 242-244

3070. [16 mars 1770]. V. à Choiseul. "Pierre-Paul Gobriac" Caussy 249

3071. [Mars 1770 ?]. V. à [Jacob Tronchin ?]. "Monsieur, les équivoques ont de tout temps" *V aux Tronchin*

3072. 3 avril 1770. Rosé à V. "Monsieur, J'arrive de Colmar" *S Em M* 35:225. 1908

3073. 27 avril 1770. V. à Frédéric II. "Sire, quand vous étiez" K et D 3:173-175

3074. [Avril 1770]. Frédéric II à V. "De Chaulieu l'épicurien,- Je n'eus point en don le génie" K et D 3:172-173

3075. 4 mai 1770. V. à Frédéric II. "Sire, je me flatte que votre santé" K et D 3:175

3076. 10 mai 1770. V. à l'abbé Pezzana. "La raison qui m'empêche" *RHL* 6:133. 1899

3077. 19 mai 1770. Wagnière à Mme Ramond (née Sirven). "Ceux qui vous disent, Madame, que M. de Voltaire" C Rabaud, *Sirven* 179-180

3078. 23 mai 1770. Wagnière à Mme Ramond (née Sirven). "J'ai fait part, Madame, de vos craintes à M. de Voltaire" C Rabaud, *Sirven* 180

3079. 24 mai 1770. Frédéric II à V. "Je vous crois très-capucin, puisque vous le voulez" K et D 3:176-177

3080. 31 mai 1770. Balleidier à Wagniere. ". . . dire à M. de Voltaire" Vézinet, 40.

3081. 2 juin 1770. V. à Balleidier. "Si Choudens ose poursuivre, on l'assignera" Vézinet, 18,40.

3082. 7 juin 1770. V. et Mme Denis à Balleidier. "A l'égard de Choudens" Vézinet, 11,18,45.

3083. 8 juin [1770]. V. à Frédéric II. "Quand un cordelier" K et D 3:177-178

3084. 11 juin 1770. V. à [Fabry]. "Vraiment, Monsieur" *Arts-Lettres*, 2e année, Nos 8-9

3085. 11 juin 1770. V. et Mme Denis à Fabry. "Nous apprenons dans ce moment" *Arts-Lettres*, 2e année, Nos 8-9

3086. 16 juin 1770. Marin à V. "Dites-moi un peu" *Mercure* 72:645-647. 1908

3087. 17 juin 1770. V. à Hennin. "Monsieur, J'apprends par beaucoup de témoins" *Bull S H Arch G* 3:242-243. 1913

3088. 17 juin 1770. V. à Fabry. "Les gens qui viendront" *Arts-Lettres*, 2e année, Nos 8-9

3089. 17 juin 1770. Hennin au syndic Rigot. "Monsieur, Si je vous presse sur l'affaire" *Bull S H Arch G* 3:244-245. 1913

3090. 21 juin 1770. Hennin à Rigot. "Je viens de Ferney où j'ai parlé à M. de Voltaire" Desnoiresterres 7:371

3091. 23 juin 1770. V. à de La Tourrette. "Vous savez" *Corr J J R* 19:336

3092. 24 juin [1770]. Huber à Hennin. "Ma Singerie est très sensible à votre souvenir" *V Ferney* 456-457

3093. 7 juillet 1770. Frédéric II à V. "Que le saint-père ait fait brûler" K et D 3:179-182

3094. 8 juillet 1770. V. à [Fabry]. "Mme Denis n'a" *Arts-Lettres*, 2e année, Nos 8-9

3095. 20 juillet 1770. V. à Fabry. "J'ai l'honneur" *Arts-Lettres*, 2e année, Nos 8-9

3096. 22 juillet 1770. V. à Lekain. "Pigalle, mon cher ami" *Mercure* 78:449. 1909

3097. 27 juillet 1770. V. à Frédéric II. "Sire, vous et le roi de la Chine vous êtes à présent" K et D 3:182-184

3098. 19 août 1770. Frédéric II à V. "Ne cachez point votre lumière sous le boisseau" K et D 3:184-185

3099. 18 août 1770. V. et Mme Denis à Balleidier. "Nous pensons, Monsieur, qu'il faut poursuivre" Vézinet, 10,45.

3100. 20 août 1770. V. à Frédéric II. "Sire, le philosophe d'Alembert" K et D 3:186-188

3101. 29 août 1770. V. à Rosé. "J'ai attendu" *S Em M* 35:227-228. 1908

3102. 5 septembre 1770. Michel Servan à V. "Que de bontés" *RHL* 15:328-329. 1908

3103. [8 septembre 1770]. V. à messieurs Cramer. "monsieur le procureur General de besançon qui a diné chez moy" *RR* 31:352. 1940

3104. 10 septembre 1770, Ferney. V. à Gabriel Cramer. "M. Cramer peut mander à ses correspondants" *Nain Jaune*, 1er août 1863

3105. 17 septembre 1770. Choiseul à V. "Je vois, Monsieur, par votre lettre du 7 de ce mois" Calmettes 245

3106. 19 septembre 1770. Mme Gallatin à Frédéric II de Hesse. ". . .Nôtre ami se porte bien, il m'envoya" *ZFSL* 7:181. 1885

3107. 26 septembre 1770. Frédéric II à V. "Je n'ai point été" K et D 3:188-190

3108. 29 septembre 1770. V. à Rosé. "Je vous serai" *S Em M* 35:228. 1908

3109. 5 octobre 1770. V. à Rosé. "Je vous suis très" *S Em M* 35:228-229. 1908

3110. 6 octobre 1770. Mme Gallatin à Frédéric II de Hesse. "Monseigneur J'esperois pouvoir" *ZFSL* 7:181. 1885

3111. 12 octobre 1770. V. à Frédéric II. "Sire, nous avons été heureux pendant" K et D 3:190-191

3112. 18 octobre 1770. V. au lieutenant de justice de Genève. "Monsieur, Le nommé Sandoz, Genevois" Caussy 252-253

3113. 22 octobre 1770. V. à Allamand. "En vous remerciant" *RHV* 6:361. 1898

3114. 24 octobre 1770. Allamand à V. ". . . Ici par exemple" *RHV* 6:361-362. 1898

3115. 30 octobre 1770. Frédéric II à V. "Une mite qui végète dans le nord de l'Allemagne" K et D 3:192-194

3116. 31 octobre 1770. Mme Gallatin à Frédéric II de Hesse. ". . . Notre ami se porte très bien, et a bien ri" *ZFSL* 7:181. 1885

3117. 10 nov 1770. Mme Gallatin à Frédéric II de Hesse. ". . . nôtre ami ne trouve point d'expressions" *ZFSL* 7:181-182. 1885

3118. 12 novembre 1770. V. à Allamand. "Je vous dois depuis long-temps une réponse" *RHV* 6:363. 1898

3119. 21 novembre 1770. V. à Frédéric II. "Sire, Votre Majesté, peut-être ciron ou mite" K et D 3:194-195

3120. 21 novembre 1770. V. à M. de la Houlière. "Voici votre Brevet, mon cher neveu" *Mém Acad Montpellier* 7:425. 1886

3121. 28 novembre 1770. Mme Gallatin à Frédéric II de Hesse. ". . . Vous aurez reçu Mon Cher Prince" *ZFSL* 7:182. 1885

3122. 4 décembre 1770. Frédéric II à V. "Je vous suis obligé" K et D 3:196-197

3123. [4 déc 1770]. Frédéric II à V. "En dépit de l'Europe" K et D 3:197-199

3124. 12 décembre 1770. Frédéric II à V. "Le damné de philosophe" K et D 3:200

3125. [12 décembre 1770]. Frédéric II à V. "J'avais lu Platon, et je n'y comprenais rien" K et D 3:200-204

3126. 15 déc 1770. Mme Gallatin à Frédéric II de Hesse. ". . . Vous êtes donc contens Monseigneur de L'anciclopedie de Nôtre ami" *ZFSL* 7:182. 1885

3127. 20 décembre 1770. V. à Frédéric II. "Sire, en vérité, ce roi de la Chine écrit de jolies lettres" K et D 3:204-206

3128. 24 décembre [1770?]. V. à Balleidier. "Visite d'experts ne doit point être admise" Vézinet, 18.

3129. 27 décembre 1770. Mme Calas à Voltaire. "Monsieur, Si je ne me feusse pas trouvé" Coquerel 370

3130. [27 décembre 1770]. Lavaysse à V. "Trouvés bon" Coquerel 370-371

3131. 29 décembre 1770. V. à Balleidier. "Monsieur Balleidier est prié de dire pourquoi" Vézinet, 19-21.

3132. 31 décembre 1770. V. à M. de la Houlière. "J'ai différé long-temps à vous écrire" *Mém Acad Montpellier* 7:425. 1886

3133. 1770. M. de Villette à V. "En vous voyant hier" *Oeuvres Villette* 95-97

3134. [1770?]. Saurin à V. "Le bruit avait couru" *V Ferney* 498

3135. [1770?]. V. à la marquise d'Antremont. "Le mourant à qui vous envoyâtes" Bengesco, *Bibl* 3:299

3136. [1770?]. V. à Gabriel Cramer. "Je renverrai" *RR* 30:143. 1939

1771

3137. 9 janvier 1771. Mme Gallatin à Frédéric II de Hesse. "Monseigneur J'aurois repondu plutot" *ZFSL* 7:182-183. 1885

3138. 11 janvier 1771. V. à Frédéric II. "Grand prophète, vous ressemblez à vos devanciers" K et D 3:206-207

3139. 14 janvier 1771. V. à la baronne de Monthou. "Je suis très sensible, Madame, au souvenir" R Paris 32,1:526. 1925

3140. 19 janvier 1771. V. à Mme Calas. "C'était à moi, madame, de vous remercier" Coquerel 371

3141. 19 janvier 1771. V. à Collini. "Mon cher ami, comme je n'ai point de beau plâtre" RHL 17:814. 1910

3142. 19 janvier 1771. V. à Lekain. "Dieu du théâtre! M. Lantin m'écrit" Mercure 78:450. 1909

3143. A Ferney, 19 janvier 1771. V. à Mme Dupin. "Madame, vous avez envoyé un livre à un aveugle" Portefeuille Dupin 325. (Bengesco, Bibl 3:324, donne cette même lettre et propose la date du 19 [juin 1760]).

3144. 20 janvier 1771. V. à Mme Gallatin. "Le vieux malade" Marc Peter 18-19

3145. 23 janvier 1771. Mme Gallatin à Frédéric II de Hesse. ". . . Vous rajeunirez nôtre ami, qui m'a bien Effrayée" ZFSL 7:183. 1885

3146. 23 janvier 1771. V. à Mme de Florian. "Je ne sais, ma chère nièce, si vous avez" RPL 48,2:780. 1910

3147. 23 janvier 1771. V. à M. de la Houlière. "Je ne fais point d'élégie, mon cher neveu" Mém Acad Montpellier 7:426. 1886

3148. 29 janvier 1771. Mme Gallatin à Frédéric II de Hesse. ". . . J'allay vendredi dernier diner chez nôtre ami" ZFSL 7:183. 1885

3149. 29 janvier 1771. Frédéric II à V. "En lisant votre lettre, j'ai cru que la correspondance" K et D 3:207-209

3150. 31 janvier 1771. Collini à V. "Mon cher bienfaiteur, comment pourrai-je reconnaître" RHL 17:814-815. 1910

3151. 15 février 1771. V. à Frédéric II. "Sire, tandis que vos bontés me donnent des louanges" K et D 3:209-211

3152. 1er mars 1771. V. à Frédéric II. "Sire, il n'est pas juste que je vous cite" K et D 3:211-212

3153. 2 mars 1771. Mme Gallatin à Frédéric II de Hesse. ". . . Aussi nôtre ami vous mets au dessus" ZFSL 7:184. 1885

3154. 10 mars 1771. V. à M. de la Houlière. "Vous êtes bien bon, mon cher neveu, de consulter" Mém Acad Montpellier 7:427. 1886

3155. 12 mars 1771. V. à Rosé. "Je vous renvoie" S Em M 35:229. 1908

3156. 16 mars 1771. Frédéric II à V. "Il y a longtemps que je vous aurais répondu" K et D 3:213-214

3157. 19 mars 1771. Frédéric II à V. "Quels agréments, quel feu vous possédez encore!" K et D 3:215-216

3158. 24 mars 1771. V. à Tabareau. "Du Nil au Bosphore" J M Read 2:254

3159. 1er avril 1771. V. à Rosé. "Ce qui est passé" S Em M 35:229-230. 1908

3160. 5 avril 1771. V. à Frédéric II. "Sire, on a dit que j'étais tombé en jeunesse" K et D 3:216-218

3161. [6 avril 1771]. V. à Damilaville. "Je salue toujours les frères et les fidèles" *V et JJR* 136

3162. [9 avril 1771]. Rosé à V. ". . . que le Post-Amt de Bâle répond" *S Em M* 35:230. 1908

3163. 12 avril 1771. V. à Frédéric II. "Sire, il n'est ni honnête ni respectueux d'écrire" K et D 3:218

3164. 13 avril 1771. Mme Gallatin à Frédéric II de Hesse. ". . . J'ay été 3 fois de suitte diner Chez nôtre ami" *ZFSL* 7:184. 1885

3165. 26 avril 1771. V. à Rosé. "Si vous avez" *S Em M* 35:230-231. 1908

3166. 27 avril 1771. V. à M. de la Houlière. "Ce qui fait que j'ai été plus d'un mois" *Mém Acad Montpellier* 7:427-428. 1886

3167. 8 mai 1771. Frédéric II à V. "J'ai eu le plaisir de recevoir deux de vos lettres" K et D 3:219-221

3168. [Printemps 1771]. Mme Denis à François Tr. "Mr de Voltaire et Mme Denis envoient savoir des nouvelles" *V aux Tronchin*

3169. 1er juin 1771. Mme Gallatin à Frédéric II de Hesse. ". . . Nôtre ami rajeunira, il est mieux" *ZFSL* 7:184. 1885

3170. 5 juin 1771. V. à Georges Keate. "Il y a bien longtemps, Monsieur, que je ne vous ai écrit" Bengesco, *Lettres* 40-41

3171. 14 juin 1771. V. à M. de la Houlière. "Le chapelet de vos parents se défile" *Mém Acad Montpellier* 7:428-429. 1886

3172. 17 juin 1771. V. à Allamand. "Une partie de ce que je désirais, Monsieur" *RHV* 6:363-364. 1898

3173. 20 juin 1771. Mme de Beauharnais à V. "Je vois souvent un homme qui a infiniment d'esprit" Desnoiresterres, *Dorat*, 168

3174. 21 juin 1771. Clauseau cadet à V. "Monsieur, la commission que vous me donnâtes" Desnoiresterres 7:480-481

3175. 26 juin 1771. L'abbé Terray à V. "J'ai reçu, monsieur" Caussy 255

3176. 29 juin 1771. V. à Amelot, intendant de Dijon. "Monsieur, vos bontés" Desnoiresterres 7:481. Bengesco, *Bibl* 3:296-298

3177. 29 juin 1771. Frédéric II à V. "Ce poëte empereur si puissant qui domine- Sur les Mandchoux et sur la Chine" K et D 3:221-222

3178. 11 juillet 1771. V. à Gabriel Cramer. "Est-il vrai que M. Caro va donner incessamment une édition" Bengesco, *Bibl* 3:315-316. *Nain Jaune* 1er août 1863

3179. 20 juillet 1771. Mme Gallatin à Frédéric II de Hesse. "Faites moi la grace de me mander si vous avez" *ZFSL* 7:184-185. 1885

3180. [Juillet] 1771. Mme de Beauharnais à V. "L'espoir que vous me donnez pour l'Académie" Desnoiresterres, *Dorat*, 169

3181. 3 août 1771. V. à la duchesse d'Aiguillon. "Je vous demande pardon en qualité d'aveugle" *MLN* 47:224-225. 1932

3182. 4 août 1771. V. à Mme Gallatin. "Je ferai assurément" Marc Peter 48

3183. 14 août 1771. V. à Mme Gallatin. "Le vieil aveugle" Marc Peter 49

3184. 19 août 1771. V. à M. de la Houlière. "Je suis fâché, mon cher neveu" *Mém Acad Montpellier* 7:429. 1886

3185. 21 août 1771. V. à Frédéric II. "Sire, Votre Majesté va rire de ma requête" K et D 3:223-224

3186. 28 août 1771. V. à Blin de Sainmore. "Quoique je sois devenu, monsieur, presque entièrement aveugle" *RDM* 8-38:387. 1937

3187. 7 septembre 1771. Hugonet à Balleidier. "Je vous suis infiniment obligé" Vézinet, 35.

3188. 11 septembre 1771. V. à Balleidier. "Si M. Balleidier peut faire payer" Vézinet, 53.

3189. 13 septembre 1771. V. à Francis Hastings, Earl of Huntingdon. "Mr. de Voltaire présente ses très humbles respects" *MLN* 49:181. 1934

3190. 16 septembre 1771. Frédéric II à V. "Un homme qui a longtemps instruit l'univers" K et D 3:224-225

3191. 28 septembre 1771. Mme Gallatin à Frédéric II de Hesse. ". . . C'est Monsieur Joly conseillé d'État qui a quitté" *ZFSL* 7:185. 1885

3192. 8 octobre 1771. V. à Rosé. "Je vous envoie" *S Em M* 35:231. 1908

3193. 15 octobre 1771. V. à [Gabriel Cramer]. "Je vois" *RR* 31:352-353. 1940

3194. 18 octobre 1771. V. à Frédéric II. "Sire, vous êtes donc comme l'Océan, dont les flots" K et D 3:226

3195. 24 octobre 1771. V. à lord Chesterfield. "M. le comte de Huntingdon m'a fait l'honneur" *Letters Chesterfield* 5:443-444

3196. 9 novembre 1771. Mme Gallatin à Frédéric II de Hesse. ". . . je vais voir quelques fois nôtre ami" *ZFSL* 7:185. 1885

3197. 14 nov 1771. Marmontel à V. "Je viens de" *Oeuvres Marmontel* 7:832-833

3198. 18 novembre 1771. Frédéric II à V. "Vous vous moquez de moi, mon bon Voltaire" K et D 3:227-228

3199. 20 novembre 1771. Comte André Schouvalof à V. "Monsieur, Sa Majesté l'Impératrice a daigné" *Archives Russes* 34-35. janvier 1864

3200. [20 novembre 1771]. André Schouvalof à V. Resumé de la lettre. *Intermédiaire* 1:240. 30 septembre 1864

3201. 21 novembre 1771. François Tronchin à V. "Il y a longtems" *V aux Tronchin*

3202. 30 novembre 1771. V. à Balleidier. "On attend de l'argent, et dès qu'on en aura" Vézinet, 53.

3203. 1er décembre 1771. V. à François Tronchin. "Mon cher Successeur des Délices, M. de Florian" *V aux Tronchin*

3204. 6 décembre 1771. V. à Frédéric II. "Sire, je n'ai jamais si bien compris qu'on peut" K et D 3:228-230

3205. 11 décembre 1771. Mme Gallatin à Frédéric II de Hesse. ". . . Son A.S. merite (dit-il) que l'on lui soit attaché" *ZFSL* 7:185-186. 1885

3206. 15 décembre 1771. D.-L. de Constant d'Hermenches à V. "My dear Benefactor,- I am quite persuaded that if you could give me a regiment" J M Read 2:229

3207. 25 décembre 1771. L'abbé Castin aux agents du clergé. "Je jouis présentement de la paix la plus parfaite dans" *RHL* 42:221-222. 1935

3208. 25 décembre 1771. V. au comte André Schouvalof. "Monsieur le comte, je viens d'avoir l'honneur de recevoir" *Archives Russes* 35-36. janvier 1864

3209. [25 décembre 1771]. V. au comte André Chouvaloff. Resumé de la lettre. *Intermédiaire* 1:240. 30 septembre 1864

3210. 27 décembre 1771. Marmontel à V. "Nous venons de perdre, mon illustre maître, un excellent homme dans M. Helvétius" *Oeuvres Marmontel* 7:333-334

3211. [1771]. V. à Mme Gallatin. "Le vieux malade présente" Marc Peter 48-49

3212. [1771?]. V. à Gabriel Cramer. "il vous faut encor dix pages vous les aurez" *RR* 30:143. 1939

3213. [1771?]. V. à Gabriel Cramer. "Autre douleur. M. Suard se plaint qu'on ait" Bengesco, *Bibl* 3:312. *Nain Jaune* 1er août 1863

3214. 1771. François Tronchin à V. "Les gens peu faits au costume antique" Desnoiresterres 7:348

3215. [1771]. V. à Frédéric II. Epître dédicatoire de l'*Ecclésiaste* au roi de Prusse. "Sire, on impute au troisième roi de la Judée" K et D 3:230

3216. [Hiver 1771-1772]. Mme Denis à François Tronchin. "Mr de Voltaire et Mme Denis envoient savoir des nouvelles" *V aux Tronchin*

1772

3217. 8 janvier 1772. Wagnière à Balleidier. "Je ne sais" Vézinet, 54.

3218. 11 janvier 1772. Mme Gallatin à Frédéric II de Hesse. "Monseigneur J'ay toujours" *ZFSL* 7:186. 1885

3219. 12 janvier 1772. Frédéric II à V. "Je conviens que je me suis imposé l'obligation" K et D 3:231-233

3220. 13 janvier 1772. V. à M. de la Houlière. "Le vieillard de Ferney, plus malade et plus aveugle que jamais" *Mém Acad Montpellier* 7:430. 1886

3221. 13 janvier 1772. V. à Passerat de La Chapelle. "Le vieillard qui devient presque entièrement" *R Universitaire* 1:161. 1898

3222. 25 janvier 1772. V. à Frédéric II de Hesse. "J'interrompais ma longue agonie; je mettrais un habit" *ZFSL* 7:173. 1885

3223. 1er février 1772. V. à Frédéric II. "Sire, mon coeur, quoique bien vieux" K et D 3:233-234

3224. 7 février 1772. Mme Gallatin à Frédéric II de Hesse. ". . . Mr. le Professeur Mallet doit être arrivé" *ZFSL* 7:186-187. 1885

3225. 21 février 1772. V. à Panckoucke. "Comment voulez-vous, Monsieur, que je puisse" *Mercure* 84:85-86. 1910

3226. 28 février 1772. Frédéric II de Hesse à V. "Mr Mallet me remit ces jours passés Votre lettre" *ZFSL* 7:173-174. 1885

3227. 1er mars 1772. Frédéric II à V. "Je suis, en vérité, tout honteux des sottises" K et D 3:234-236

3228. 4 mars 1772. V. à de Ialeu. "Je prie" Desniiresterres 7:470

3229. 11 mars 1772. Mme Gallatin à Frédéric II de Hesse. ". . . Je suis charmée que vous soyez content" ZFSL 7:187-188. 1885

3230. 24 mars 1772. V. à Frédéric II. "Sire, quand même MM. Formey, Prémontval" K et D 3:236-237

3231. 1er avril 1772. Marmontel à V. "Si mea cum" Oeuvres Marmontel 7:834-835

3232. 1er avril 1772. V. à Allamand. "Le vieux malade" RHV 6:365. 1898

3233. 4 avril 1772. Saint-Florentin à V. "Je vois, monsieur" Caussy 153

3234. 13 avril 1772. V. à Bacon. ". . . S'il faut encore de l'argent" Desnoiresterres 7:470

3235. 15 avril 1772. Mme Gallatin à Frédéric II de Hesse. ". . . J'allay hier voir nôtre ami, lui donner de vos nouvelles" ZFSL 7:188. 1885

3236. 22 avril 1772. Frédéric II à V. "Il ne s'est point rencontré de poëte assez fou" K et D 3:238-239

3237. 25 avril 1772. V. à Mme Gallatin. "Le vieux malade de Ferney présente ses respects" Marc Peter 10

3238. [Avril? 1772]. V. à Blin de Sainmore. "Vous êtes" RDM 8-38:387. 1937

3239. 2 mai 1772. Wagnière à Rosé. "M. de Voltaire, monsieur" Sakmann 49

3240. 6 mai 1772. Mme Gallatin à Frédéric II de Hesse. "Monseigneur Je n'ay qu'un instant pour m'informer" ZFSL 7:188. 1885

3241. 27 mai 1772. D.-L. de Constant d'Hermenches à V. "I cannot resist, my dear Benefactor, the temptation of offering" J M Read 2:230-231

3242. 8 juin 1772. Wagnière à Sirven. "Il y a plus de deux mois" C Rabaud, Sirven 191

3243. 20 juin 1772. Mme Gallatin à Frédéric II de Hesse. ". . . vous rajeunirez nôtre ami. Il étoit" ZFSL 7:188-189. 1885

3244. 27 juin 1772. Mme du Deffand à V. "J'attendais d'être à Paris pour vous écrire" Deffand 200-202

3245. [4 juillet 1772], [samedi]. V. à [Richard Neville-Neville et à Fr. Tronchin]. "Je suis bien malade" Revue britannique, décembre 1850, 454.

3246. 31 juillet 1772. V. à Frédéric II. "Sire, permettez-moi" K et D 3:239-240

3247. 12 août 1772. Mme Gallatin à Frédéric II de Hesse. ". . . J'ay été dans la derniere surprise que Mr. Mallet" ZFSL 7:189-190. 1885

3248. 13 août 1772. V. à Rosé. "Je n'ai pu, Monsieur" S Em M 35'231-232. 1908

3249. 14 août 1772. Frédéric II à V. "Je vous remercie" K et D 3:240-241

3250. 22 août 1772. V. à Marin. "Voici un petit bouquet qu'on m'a donné pour la fête de la Saint-Barthélemy" Cayrol et François 289-290

3251. 26 août 1772. Mme Gallatin à Frédéric II de Hesse. "Monseigneur Vôtre A.S. recevrat un paquet" *ZFSL* 7:190-192. 1885

3252. 29 août 1772. V. à Marin. "Maître Petit-Jean sera toujours" *RHL* 17:815. 1910

3253. 2 septembre 1772. V. à M. de la Houlière. "Tout paresseux que je suis, mon cher" *Mém Acad Montpellier* 7:430-431. 1886

3254. 15 septembre 1772. V. à Frédéric II de Hesse. "Madame Galatin m'a fait voir la Lettre" *ZFSL* 7:174. 1885

3255. 16 septembre 1772. Frédéric II à V. "J'ai reçu du Patriarche de Ferney des vers charmants" K et D 3:241-242

3256. 18 septembre 1772. Mme Gallatin à Frédéric II de Hesse. ". . . La Vestale est, dit-on, bonne, mais nôtre ami dit" *ZFSL* 7:192. 1885

3257. 29 septembre 1772. V. à Marin. "Mon cher véritable historiographe, si les affaires" *RHL* 17:815-816. 1910

3258. Septembre 1772. V. à Dupleix. "Le nommé Glauss" Caussy 157

3259. 6 octobre 1772. Frédéric II de Hesse à V. "J'ai reçu par Mme Gallatin Votre lettre" *ZFSL* 7:174-175. 1885

3260. 12 octobre 1772. V. à Marin. "Mon gros doyen" *RHL* 17:816. 1910

3261. 14 octobre 1772. V. à Lekain. "Mon cher ami, je présume que M. le maréchal" *Mercure* 78:450. 1909

3262. 14 octobre 1772. V. à M. Tabareau. "J'espère toujours que mon cher correspondant" *Correspondant* 244:671. 1911

3263. 16 octobre 1772. V. à Frédéric II. "Sire, la médaille est belle, bien frappée" K et D 3:242-243

3264. 17 octobre 1772. Mme Gallatin à Frédéric II de Hesse. ". . . Nôtre ami est très bien, je ne peus vous exprimer" *ZFSL* 7:192-193. 1885

3265. 17 octobre 1772. V. à Jeanmaire. "Vous ignorez, Monsieur, que j'ai établi à Ferney" *S Em M* 35:232. 1908

3266. 19 octobre 1772. V. à Mme Gallatin. "Je vous remercie, Madame, et je remercierai Mgr le Landgrave" Marc Peter 42

3267. 23 octobre 1772. V. à Lekain. "Je vous prie" *Mercure* 78:451. 1909

3268. 27 octobre 1772. V. à Rosé. "Je compte" *S Em M* 35:232-233. 1908

3269. 28 octobre 1772. V. à Frédéric II de Hesse. "J'ai hésité longtems si je prendrais la liberté" *ZFSL* 7:175-176. 1885

3270. 1er novembre 1772. Frédéric II à V. "Vous saurez que, ne me faisant jamais peindre" K et D 3:243-245

3271. 2 novembre 1772. V. à Marin. "Mon cher ami, M. de Morangiès m'intéresse de plus en plus" *RHL* 17:816. 1910

3272. 6 novembre 1772. Mme Gallatin à Frédéric II de Hesse. ". . . Je remis â notre ami votre lettre" *ZFSL* 7:193-194. 1885

3273. 10 novembre 1772. Frédéric II de Hesse à V. "J'ai reçu Votre lettre avec tout le plaisir" *ZFSL* 7:176-177. 1885

3274. 13 novembre [1772]. V. à Frédéric II. "Sire, hier il arriva dans mon ermitage" K et D 3:245-246

3275. 18 novembre 1772. V. à Frédéric II. "Sire, vous convenez que la belle Italie" K et D 3:247-248

3276. 20 novembre 1772. V. à Frédéric II de Hesse. "Je me doutais" *ZFSL* 7:177. 1885

3277. 20 novembre 1772. V. à Marin. "Je vous envoie" *RHL* 17:816-817. 1910

3278. 27 novembre 1772. V. à Marin. "Je recommande" *RHL* 17:817. 1910

3279. 28 novembre 1772. Mme Gallatin à Frédéric II de Hesse. ". . .je reçeu hier" *ZFSL* 7:194-195. 1885

3280. 4 décembre 1772. Frédéric II à V. "Ayant reçu votre lettre, j'ai fait venir" K et D 3:248-249

3281. 6 décembre 1772. Frédéric II à V. "Sur la fin des beaux jours dont vous fîtes l'histoire" K et D 3:249-251

3282. 7 décembre 1772. V. à François Tronchin. "Je prie instamment" *V aux Tronchin*

3283. 8 décembre 1772. V. à Frédéric II. "Sire, votre trés-plaisant poëme sur les confédérés" K et D 3:251-253

3284. 9 décembre 1772. V. à Rosé. "Voici bientôt"*S Em M* 35:233. 1908

3285. 9 décembre 1772. V. à Marin. "On me mande" *RHL* 17:817. 1910

3286. 9 décembre 1772. V. à [Beaumarchais ?]. "Permettez, monsieur, que sans avoir l'honneur" Caussy 258-259

3287. 22 décembre 1772. V. à Frédéric II. "Sire, en recevant votre jolie lettre et vos jolis vers" K et D 3:253-254

3288. [22 décembre 1772]. V. à Gabriel Cramer. "je vous prie" *RR* 30:144. 1939

3289. 25 décembre 1772. V. au Conseil de Montbéliard. "Messieurs, j'ai frappé aux portes de tous les hommes" S Em M 35:233-234. 1908

3290. 29 décembre 1772. V. à Rosé. "Dans ma détresse, Monsieur, qui est très grande" S Em M 35:234-235. 1908

3291. [1772]. V. à Mme Gallatin. "Je suis très peu informé" Marc Peter 19

3292. [1772?]. V. au colonel Frey. "Le malade octogénaire de Ferney est dans un très triste état" *J Genève* 29 octobre 1933

3293. [1772?]. V. à Gabriel Cramer. "je vous remercie" *RR* 30:144. 1939

3294. [1772?]. V. à Gabriel Cramer. "je suis infiniment" RR 30:144. 1939

1773

3295. 15 janvier 1773. V. à Rosé. "Je vous envoie" *S Em M* 35:236. 1908

3296. 16 janvier 1773. Frédéric II à V. "Je me souviens que lorsque Milton" K et D 3:254-256

3297. 25 janvier 1773. V. à Marin. "Avez-vous des nouvelles" *RHL* 17:817. 1910

3298. 27 janvier 1773. V. à Marin. "Les bruits qui courent sur M. de Morangiès" *RHL* 17:817-818. 1910

3299. 31 janvier 1773. Frédéric II à V. "Que Thiriot a de l'esprit,- Depuis que le trépas en a fait un squelette!" K et D 3:256-59

3300. 1er février 1773. V. à Frédéric II. "Sire, je vous ai remercié de votre porcelaine" K et D 3:259-261

3301. 6 février 1773. V. à [Fabry]. "Il y a deux bouchers à Ferney" *Arts-Lettres*, 2e année, Nᵒˢ 8-9

3302. 8 février 1773. V. à Fabry. "La conservation des bestiaux étant de la plus grande importance" Vézinet, 34.

3303. 20 février 1773. Hennin à son frère. "M. de Voltaire est assez malade, et je commence" *V Ferney* 481-482

3304. 20 février 1773 (sic). Frédéric II à V. "J'ai reçu votre lettre et vos vers charmants" K et D 3:261-263

3305. 1ᵉʳ mars 1773. V. à Marin. "It is at my twenty-third attack of fever that I make up this packet" J M Read 2:255

3306. 17 mars 1773. V. à Marin. "Mon cher ami, je crois, Dieu me pardonne, que je suis" *RHL* 17:818. 1910

3307. 19 mars 1773. V. à Frédéric II. "Sire, votre lettre du 29 février, qui est apparemment" K et D 3:263-264

3308. 20 mars 1773. Mme Gallatin à Frédéric II de Hesse. ". . . je n'ay pas eû l'honneur de vous remerçier" *ZFSL* 7:195. 1885

3309. 23 mars 1773. V. à Fabry. "On dit, Monsieur, qu'on a besoin d'un homme" *Arts-Lettres*, 2e année, Nᵒˢ 8-9

3310. 26 mars 1773. V. à Passerat de La Chapelle. "Vous me faites aimer la vie, monsieur" *R Universitaire* 1:161-162. 1898

3311. 29 mars 1773. V. à Marin. "Est-il vrai" *RHL* 17:818-819. 1910

3312. 31 mars 1773. V. à Frédéric II de Hesse. "Je serais" *ZFSL* 7:178. 1885

3313. [Premiers mois de 1773?]. Th. Tronchin à ? ". . . Et Voltaire en est réchappé! je ne m'y étais pas attendu" *V Ferney* 483

3314. 4 avril 1773. Frédéric II à V. "Vous savez que tous les princes ont des espions" K et D 3:264-266

3315. 12 avril 1773. Christin à Mme Denis. ". . . Il ne manque pas de source d'eau" Vézinet, 8-9

3316. 17 avril 1773. Frédéric II de Hesse à V. "C'est d'un coeur" *ZFSL* 7:178-179. 1885

3317. 19 avril 1773. V. à Marin. "Si vous aviez un moment de loisir, je vous prierais" *RHL* 17:819. 1910

3318. 20 avril 1773. Marin à V. "J'ai l'honneur" *Mercure* 72:647. 1908

3319. 22 avril 1773. V. à Frédéric II. "J'allais passer les trois rivières,- Phlégéthon, Cocyte, Achéron" K et D 3:266-268

3320. 4 mai 1773. V. à Rosé. "Je compte aujourd'hui" *S Em M* 35:237. 1908

3321. 15 mai 1773. Mme Gallatin à Frédéric II de Hesse. " . . J'allay voir nôtre ami le jour que" *ZFSL* 7:195. 1885

3322. 17 mai 1773. V. à Marin. "Si vous avez quelque chose" *RHL* 17:819. 1910

3323. 17 mai 1773. Frédéric II à V. "Si je n'atais pas surchargé d'affaires" K et D 3:268-269

3324. 18 mai [1773]. Marin à V. "J'ai l'honneur, Monsieur, de vous envoyer" *Mercure* 72:647-648. 1908

3325. 24 mai 1773. V. à Marin. "Voici, mon cher ami" *RHL* 17:819. 1910

3326. 25 mai 1773. V. à Rosé. "Par mon contrat" *S Em M* 35:237-238.
1908

3327. 10 juin 1773. V. à Passerat de La Chapelle. "Madame Denis,
monsieur, a été malade" *R Universitaire* 1:162. 1898

3328. 20 juin (1773?). V. à Rosé. "Vous ne me répondez point, Monsieur, je vous prie cependant de me dire" *S Em M* 35:290. 1908

3329. 3 juillet 1773. V. à Rosé. "J'ai reçu" *S Em M* 35:238-239. 1908

3330. [3 juillet 1773]. V. à Rosé. "Je prie" *S Em M* 35:238. 1908

3331. 7 juillet 1773. V. au Conseil de Montbéliard. "Messieurs, Agréez
mes remerciements de l'argent" *S Em M* 35:239. 1908

3332. 12 juillet 1773. V. à Marin. "Voici, mon cher ami, un petit mot
que je vous prie de faire" *RHL* 17:820. 1910

3333. [Juillet 1773]. V. au marquis de Florian. "M. Fabry, avant de
répartir les contributions" *RPL* 41,1:386-387. 1911

3334. 11 août [1773?]. V. à Marin. "Ma foi, mon cher historien, je me
flatte que cette lettre" *RHL* 17:820. 1910

3335. 12 août 1773. Frédéric II à V. "Puisque les trinités sont si fort
à la mode" K et D 3:269-270

3336. 16 août 1773. V. à François Tronchin. "Si le vieux malade de
Ferney pouvait avoir un rayon de santé" *V aux Tronchin*

3337. 17 août 1773. V. à Balleidier. "Le sieur Wagnière est à Genève"
Vézinet, 54.

3338. 25 août 1773. V. à Marin. "J'ai reçu" *RHL* 17:820. 1910

3339. 31 août 1773. V. à François Tronchin. "Le vieux malade de
Ferney n'est pas infiniment exact" *V aux Tronchin*

3340. [4] septembre 1773. V. à Frédéric II. "Sire, si votre baron" K et
D 3:270-272

3341. 7 septembre 1773. V. à Balleidier. "Je suis tout prêt, Monsieur, à
solder votre compte" Vézinet, 54.

3342. 9 sept 1773. Fr. Tronchin à V. "Après les félicitations" *V aux
Tronchin*

3343. 9 septembre 1773. V. à François Tronchin. "Le vieux malade est
bien sensible aux bontés" *V aux Tronchin*

3344. 9 septembre [1773?]. V. à Marin. "Le vieux malade ressuscite un
moment par l'excès" *RHL* 17:820. 1910

3345. 18 septembre 1773. Mme Gallatin à Frédéric II de Hesse. ". . . Nôtre
ami nous a aussi mis fort en peine hier" *ZFSL* 7:195-196. 1885

3346. 22 septembre 1773. V. à Frédéric II. "Sire, il faut que je vous
dise que j'ai bien senti" K et D 3:273-274

3347. 24 septembre 1773. V. à M. de la Houlière. "Vous avez, mon cher
Brigadier, un parent" *Mém Acad Montpellier* 7:431-432. 1886

3348. 30 septembre 1773. V. au Conseil de Montbéliard. "Messieurs,
Permettez que je vous réitère ma juste prière" *S Em M* 35:240.
1908

3349. [Septembre 1773]. V. à Tissot. "Le vieux malade de Ferney se
tient fort heureux" Bengesco, *Bibl* 3:352

3350. 9 octobre 1773. Frédéric II à V. "Je m'aperçois avec regret" K et
D 3:274-277

3351. [10 octobre] [1773?]. V. à Marin. "Honneur et gloire encore une
fois à M. Marin, qui n'a pas" *RHL* 17:821. 1910

3352. 20 octobre 1773. V. à Rosé. "La chambre" *S Em M* 35:241. 1908

3353. 24 octobre 1773. Frédéric II à V. "S'il m'est interdit de vous
revoir à tout jamais" *K et D* 3:277-278

3354. 28 octobre 1773. V. à Frédéric II. "Monsieur Guibert, votre
écolier" K et D 3:279-280

3355. 28 octobre 1773. V. au comte de Jounouviel. "Monsieur, Un vieillard de quatre-vingt ans, à peine échappé" *BBB* 1906:132

3356. 2 novembre 1773. V. à Marin. "J'ai reçu votre petit billet, mon
cher historiographe" *RHL* 17:821. 1910

3357. 8 novembre 1773. V. à Frédéric II. "Sire, la lettre dont Votre
Majesté m'a honoré" K et D 3:280-281

3358. 13 novembre 1773. V. à Balleidier. "Vous savez, Monsieur, que
votre compte aurait été payé" Vézinet, 55.

3359. 15 nov 1773. V. à Marin. "Puis-je vous prier, mon cher ami,
de vouloir bien contresigner" *RHL* 17:821. 1910

3360. 17 novembre 1773. J.-B. de Laborde à V. "J'ai reçu votre lettre,
mon aimable papa" *RHL* 4:37-38. 1897

3361. 18 novembre 1773. De Brosses et François Ducimetière à V.
". . . fait ou laissé faire un abus excessif" Vézinet, 51.

3362. 19 novembre 1773. V. à Meiner. "Je vous prie" *S Em M* 35:242.
1908

3363. 22 novembre 1773. V. au marquis de Florian. "Le vieux malade
perd aujourd'hui M. de Florianet" *RPL* 49,1:387. 1911

3364. 25 novembre 1773. V. à Ducrest. "Je vous prie, Monsieur, de me
pardonner si" *R XVIIIe S* 1:450-451

3365. 26 novembre 1773. Frédéric II à V. "Faut-il écrire en mauvais
vers- Au dieu qui préside au Parnasse?" K et D 3:282-283

3366. 27 novembre 1773. Mme Gallatin à Frédéric II de Hesse. ". . . Elle
est très bonne a présent" *ZFSL* 7:196-197. 1885

3367. 1er décembre 1773. V. au Conseil de Montbéliard. "Messieurs, Je
dois vous dire que j'ai écrit" *S Em M* 35:242-243. 1908

3368. 8 décembre 1773. V. à Frédéric II. "Sire, une belle dame de Paris
(dont vous ne vous souciez guère)" K et D 3:283-284

3369. 10 décembre 1773. Frédéric II à V. "Il était bien juste qu'un pays
qui avait produit" K et D 3:284-286

3370. 13 décembre 1773. V. au Conseil de Montbéliard. "Messieurs,
Quoique j'aie quatre-vingts ans" *S Em M* 35:243-244. 1908

3371. 20 décembre 1773. V. à Lekain. "Le vieux malade de Ferney,
Monsieur, a été" *Mercure* 78:452. 1909

3372. 21 décembre 1773. V. au Conseil de Montbéliard. "Messieurs, aiant
eu l'honneur de vous écrire" *S Em M* 35:244-245. 1908

3373. 22 décembre 1773. V. à Bacon. "Il m'arrive dans ce moment un
papier de Bezançon" Desnoiresterres 7:479

3374. 22 décembre 1773. Conseil de Montbéliard à V. "Nous sommes infiniment sensibles à la manière" *S Em M* 35:246. 1908

3375. [25 décembre 1773]. Marin à V. "Grand merci, Monsieur, de la pièce" *Mercure* 72:648. 1908

3376. 28 décembre 1773. Meiner à V. *Resumé S Em M* 35:246. 1908

3377. 29 décembre 1773. Mme Denis à Balleidier. ". . . Ayant offert le payement" Vézinet, 55-56.

3378. 30 décembre 1773. Balleidier à Mme Denis. ". . . Il n'a négligé aucune affaire" Vézinet, 57-58.

3379. [Décembre 1773]. V. à Frédéric II. "Sire, me voilà bien loin de mon compte" K et D 3:286-287

3380. [1773?]. V. à Gabriel Cramer. "jenvoie a mr cramer ce dernier article sur les loix" *RR* 30:145. 1939

3381. [1773?]. V. à Gabriel Cramer. "jattendais un petit mot de ctn- solation de vous" *RR* 30:144-145. 1939

3382. [1773?]. V. à Gabriel Cramer. "Caro en voicy bien d'une autre, grace aux tracasseries du tripot" *Nain Jaune*, 1er juillet 1863

1774

3383. 4 janvier 1774. Frédéric II à V. "La dame de Paris avait cer- tainement tort" K et D 3:287

3384. 4 janvier 1774. V. à Rosé. "Mes derniers arrangements" *S Em M* 35:246. 1908

3385. 4 janvier 1774. V. au Conseil de Montbéliard. "Messieurs, Aïant pris la liberté de remettre entre vos mains" *S Em M* 35:247. 1908

3386. 6 janvier 1774. V. à Panckoucke. "En qualité de lecteur" *Mercure* 84:86. 1910

3387. 8 janvier 1774. Balleidier à Mme Denis. ". . . elle lui a promis cent livres" Vézinet, 58.

3388. 10 janvier 1774. V. au marquis de Florian. "Est-il possible, mon cher ami" *RPL* 49,1:387. 1911

3389. 22 janvier 1774. V. au Conseil de Montbéliard. "Messieurs, Je suis fâché de vous importuner" *S Em M* 35:248. 1908

3390. 22 janvier 1774. V. à Rosé. "La nécessité, Monsieur, me force à vous prier" *S Em M* 35:247-248. 1908

3391. 28 janvier 1774. V. à Lekain. "Le vieux malade de Ferney fait mille tendres" *Mercure* 78:452-453. 1909

3392. Janvier 1774. V. à Frédéric II. "Sire, quoique je vous aie donné à tous les diables" K et D 3:288-289

3393. Janvier 1774. V. au marquis de Florian. "Voilà ce qui pouvait arriver" *RPL* 49,1:387-388. 1911

3394. 2 février 1774. Mme Gallatin à Frédéric II de Hesse. ". . . vôtre bontez de vouloir vous charger des fraix" *ZFSL* 7:197-198. 1885

3395. 8 février 1774. Mme Gallatin à Frédéric II de Hesse. "Nôtre ami se porte très bien, il travaille" *ZFSL* 7:198. 1885

3396. 9 février 1774. V. à Bacon. "Je ne suis pas encore mort non plus" Desnoiresterres 7:454-455

3397. 9 février 1774. V. à Bacon. ". . . Je crois ma pauvre mainmortable morte" Desnoiresterres 7:479

3398. 9 février 1774. Mme Gallatin à Frédéric II de Hesse. ". . . Voilà des vers de nôtre ami en réponse à une dame" *ZFSL* 7:198-199. 1885

3399. 10 février 1774. Frédéric II à V. "Votre *Tactique* m'a donné un bon accès de goutte" K et D 3:289-290

3400. 16 février 1774. Frédéric II à V. "Vous devez savoir que je suis Teuton de naissance" K et D 3:290-291

3401. 19 février 1774. Balleidier à Mme Denis. ". . . le 28e octobre 1762 elle lui accorda" Vézinet, 58-60.

3402. 25 février 1774. V. à Bacon. ". . . J'ai lu le quatrième Mémoire de Beaumarchais" Desnoiresterres 7:455

3403. 5 mars 1774. V. à Marin. "J'ai lu" *RHL* 17:821-822. 1910

3404. [7 mars 1774]. V. à Marin. "Vingt pensonnes m'ont envoyé" *RHL* 17:822. 1910

3405. 8 mars [1774]. V. à M. de Candolle. "je vous suis très obligé davoir bien voulu" *MP* 27:252-253. 1929

3406. [11 mars 1774]. V. à Frédéric II. "Sire, soyez bien sûr" K et D 3:291-293

3407. 12 mars [1774]. V. à François Tronchin. "J'ay recours a vous" *V aux Tronchin*

3408. 17 mars 1774. Anonyme à V. "L'académie des sciences est très effarouchée" *RHL* 4:38-39. 1897

3409. [18 mars 1774]. V. à François Tronchin. "Mémoire. Monsieur Tronchin- Labat, ayant fait il y a deux ans" *V aux Tronchin*

3410. 21 mars 1774. V. à Marin. "We live, my dear Friend, in the century of ridicule and impertinence" J M Read 2:255-256

3411. 22 mars 1774. V. à Schouvalof. "Déssillez donc" *RLC* 11:272-273. 1931

3412. 29 mars 1774. Frédéric II à V. "Votre éloquence est semblable à celle du fameux orateur" K et D 3:293-294

3413. Mars 1774. V. au marquis de Florian. "Le malade" *RPL* 49,1:388. 1911

3414. 16 avril 1774. Mémoire de Balleidier. Vézinet, 55.

3415. 24 avril 1774. V. et Mme Denis à Balleidier. "Madame Denis et M. de Voltaire envoient" Vézinet, 61-62.

3416. 24 avril 1774. V. à Rosé. "J'attends, Monsieur" *S Em M* 35:248-249. 1908

3417. 26 avril 1774. V. à Frédéric II. "Sire, permettez-moi" K et D 3:294-295

3418. [Avril 1774 ?]. V. à Gabriel Cramer. "Pour amuser" *RR* 30:145. 1939

3419. 3 mai 1774. Rosé à V. "Monsieur, J'ai l'honneur" Sakmann 53

3420. 7 mai 1774. V. à Marin. "Eh mon Dieu qu'avez-vous donc? Pourquoi n'écrivez-vous" *RHL* 17:822. 1910

3421. 15 mai 1774. Frédéric II à V. "Morival vous doit les plus grandes obligations" K et D 3:295-296

3422. 27 mai 1774. V. à Lekain. "Vous êtes à côté" *Mercure* 78:453. 1909

3423. 8 juin 1774. V. à Frédéric II de Hesse. "Quoi que l'envie soit une très vilaine passion" *ZFSL* 7:179. 1885

3424. 11 juin 1774. V. à D.-L. de Constant d'Hermenches. "Vous vous repentiriez d'avoir quitté une nation qui vous aime" *N Litt* 5 avril 1930

3425. 14 juin 1774. Mme Gallatin à Frédéric II de Hesse. "Monseigneur Je part demain" *ZFSL* 7:199. 1885

3426. 19 juin 1774. Frédéric II à V. "Aucun cheval ne m'a jeté en bas; je ne suis point" K et D 3:296-297

3427. 28 juin 1774. Frédéric II de Hesse à V. "Me Gallatin, Mlle sa fille et Mr Mallet arrivèrent avant hier" *ZFSL* 7:179-180. 1885

3428. 4 juillet [1774]. V. au chevalier de Lisle. "Si j'avais le malheur d'être roi, Monsieur" Bengesco, *Bibl* 3:343-344

3429. 19 juillet 1774. Bertin, ministre d'État, à M. de La Barberye. "Le Roy désire que, si Voltaire vient à mourir, on fasse sur le champ mettre le scellé sur ses papiers" *RHL* 12:283-288. 1905

3430. 30 juillet 1774. Frédéric II à V. "Je ne me hasarde pas" K et D 3:299-301

3431. 30 juillet 1774. V. à Mme de Bentinck. "Vous voulez donc me ressusciter, madame" *R Paris* 35:322-323. 1896

3432. Juillet 1774. Prince de Ligne à V. "Je quitte cent personnes" *R Paris* 14,2:739-740. 1907

3433. Juillet 1774. V. à Frédéric II. "Sire, il est vrai" K et D 3:298-299

3434. 6 août 1774. V. à Rosé. "Le vieux malade" *S Em M* 35:249. 1908

3435. 13 août 1774. Mme Gallatin à Fr. II de Hesse. ". . . j'en ay pris" *ZFSL* 7:199. 1885

3436. 16 août 1774. V. à Frédéric II. "Sire, j'ai enfin proposé au chancelier de France" K et D 3:302-303

3437. 17 août [1774]. V. à Gabriel Cramer. "M. Cramer sait que Chirol débite une brochure" Bengesco, *Bibl* 3:315. *Nain Jaune* 1er août 1863

3438. Août 1774. Condorcet à Turgot. ". . . Je voudrais qu'elle fût discutée dans le Conseil" Desnoiresterres 7:482

3439. 3 septembre 1774. V. à M. Bacon. "Voudrez-vous bien" Desnoiresterres 7:191-192

3440. 19 septembre 1774. Frédéric II à V. "Le chancelier de France est culbuté à ce que disent" K et D 3:303-305

3441. 24 septembre 1774. V. à Pomaret. "Vous pouvez être assuré que les prélats qui ont le goût de la persécution ne seront pas ecoutés" Paul Rabaut, *Lettres à Divers* 2:163

3442. 24 septembre 1774. Mme Gallatin à Frédéric II de Hesse. ". . . jugez Monseigneur de l'état oû j'ay été" *ZFSL* 7:199. 1885

3443. 8 octobre 1774. Frédéric II à V. "Les négociations de la paix de Westphalie n'ont pas" K et D 3:305-306

3444. 14 octobre 1774. V. à Ducrest. "Je vous aurais, Monsieur, remercié plus tôt de vos bontés" *R XVIIIe S* 1:451

3445. 19 octobre 1774. Mme Gallatin à Frédéric II de Hesse. ". . . Je
n'ay été en état d'aller voir notre ami" *ZFSL* 7:199-200. 1885

3446. 20 octobre 1774. Frédéric II à V. "L'art de vous autres grands
poëtes" K et D 3:306-308

3447. 29 octobre 1774. Mme Gallatin à Frédéric II de Hesse. ". . . Nôtre
ami se porte très bien" *ZFSL* 7:200. 1885

3448. [Octobre 1774?]. V. à Jean de Müller. "Un malade de quatre-
vingts ans a reçu avec grande consolation" Desnoiresterres 7:159

3449. 2 novembre 1774. V. à Rosé. "Ce n'est pas" *S Em M* 35:249. 1908

3450. 7 novembre 1774. Rosé à V. "Monsieur, J'ai reçu" Sakmann 54

3451. 12 novembre 1774. V. à Rosé. "Quoi que j'aie" *S Em M* 35:250.
1908

3452. 17 novembre 1774. V. à Frédéric II. "Sire, quelques petits avant-
coureurs que la nature" K et D 3:308-309

3453. 18 novembre 1774. Frédéric II à V. "Ne me parlez point" K et D
3:309-310

3454. 7 décembre 1774. Mme Gallatin à Frédéric II de Hesse. ". . . Nôtre
ami se porte très bien et l'autre jour" *ZFSL* 7:200-201. 1885

3455. 7 décembre 1774. V. à Frédéric II. "Sire, vous faites une action
bien digne de vous" K et D 3:311-312

3456. 10 décembre 1774. Frédéric II à V. "Non, vous ne mourrez pas de
sitôt; vous prenez les suites de l'âge" K et D 3:312-313

3457. 13 décembre 1774. V. à Frédéric II. "Sire, pendant que votre
officier de Ferney dessine" K et D 3:313-314

3458. 24 décembre 1774. Mme Gallatin à Frédéric II de Hesse. ". . . Nôtre
ami est" *ZFSL* 7:201. 1885

3459. 28 décembre 1774. Mme Gallatin à Frédéric II de Hesse. "Monseigneur Aprés toutes les preuves" *ZFSL* 7:201-202. 1885

3460. 28 décembre 1774. Frédéric II à V. "Non, vous ne mourrez point"
K et D 3:314-316

3461. [1774?]. J.-J. Roussetu à Mme ? "I am, Madam, so overwhelmed

3462. [1774?]. V. à Tissot. "J'aurais déjà dû" Bengesco, *Bibl* 3:352

3463. [1774?]. J.-J. Rousseau à Mme ? "I am, Madam, so overwhelmed
with an excess of visits, of letters, of packets" [Rousseau joint
à sa lettre une lettre de V.]. J M Read 1:438-439

1775

3464. 1er janvier 1775. V. au Conseil de Montbéliard. "Messieurs, Permettez que je vous souhaite" *S Em M* 35:251. 1908

3465. 2 janvier [1775]. V. à Frédéric II. "Sire, je mets aux pieds de
Votre Majesté, pour ses étrennes" K et D 3:317

3466. 5 janvier 1775. Frédéric II à V. "Tout ce qui regarde le procès"
K et D 3:318

3467. 14 janvier 1775. Mme Gallatin à Frédéric II de Hesse. ". . . Nôtre
ami se porte assez bien, mais il n'aime pas" *ZFSL* 7:202. 1885

3468. 17 janvier 1775. V. à Rosé. "Peut-être, Monsieur, y a-t-il quelque lettre" *S Em M* 35:251-252. 1908

3469. 18 janvier 1775. Mme Gallatin à Frédéric II de Hesse. "J'arrive de Fernex oû j'ay couché" *ZFSL* 7:202-203. 1885

3470. 27 janvier 1775. Frédéric II à V. "J'étais préparé à tout, excepté de recevoir par votre lettre" K et D 3:319-320

3471. [Janvier] 1775. V. à Frédéric II. "Épictète au bord du tombeau" K et D 3:323

3472. 4 février 1775. V. à Frédéric II. "Sire, pendant que" K et D 3:320-321

3473. 11 févr 1775. Mme Gallatin à Fr II de Hesse. "J'ay envoyé Vôtre lêttre" *ZFSL* 7:203. 1885

3474. 12 février 1775. Frédéric II à V. "Votre muse est dans son printemps,- Elle en a la fraîcheur, les grâces" K et D 3:323-326

3475. 15 février 1775. V. à Frédéric II. "Sire, je ne suis point étonné que le grand baron de Pollnitz" K et D 3:326-327

3476. 22 février 1775. Conseil de Montbéliard à V. *Résumé. S Em M* 35:252. 1908

3477. 23 février 1775. Frédéric II à V. "Aucun monarque de l'Europe n'est en état de me faire" K et D 3:327-328

3478. 28 février 1775. Frédéric II à V. "L'esprit républicain, l'esprit d'égalité" K et D 3:329-331

3479. [Février] 1775. V. à Frédéric II. "Sire, je reçois dans ce moment le buste de ce vieillard" K et D 3:321-322

3480. 2 mars 1775. Frédéric II à V. "Le baron de Pollnitz n'est pas le seul octogénaire" K et D 3:331-332

3481. 8 mars 1775. Mme Gallatin à Frédéric II de Hesse. ". . . Nôtre ami est un peu malade, il ne veut voir personne" *ZFSL* 7:203. 1885

3482. 11 [mars] 1775. V. à Frédéric II. "Sire, vous m'accablez des bienfaits les plus flatteurs" K et D 3:332-334

3483. 26 mars 1775. Frédéric II à V. "Non, vous n'entendrez plus les aigres sifflements- Des monstres que nourrit l'Envie" K et D 3:334-335

3484. 27 mars 1775. V. au Conseil de Montbéliard. "Messieurs, Permettez que je prenne la liberté" *S Em M* 35:253. 1908

3485. 28 mars 1775. V. à Frédéric II. "Sire, toutes les fois que j'écris à Votre Majesté sur des affaires un peu sérieuses" K et D 3:335-336

3486. 5 avril 1775. V. au duc de Wurtemberg. "Monseigneur. C'est une grande consolation pour moi" *S Em M* 35:253-254. 1908

3487. [5 avril 1775]. Conseil de Montbéliard à V. "Nous avons d'abord satisfait au premier objet" *S Em M* 35:254. 1908

3488. 8 avril 1775. Mme Gallatin à Frédéric II de Hesse. ". . . Nôtre ami est bien à présent, mais dans ce moment" *ZFSL* 7:204. 1885

3489. 11 avril 1775. V. au Conseil de Montbéliard. "Messieurs, J'ai reçu de Monseigneur le Duc de Virtemberg" *S Em M* 35:255-256. 1908

3490. 12 avril 1775. Mme Gallatin à Frédéric II de Hesse. "Monseigneur, Voila les deux autres Piéces" *ZFSL* 7:204. 1885

3491. 15 avril 1775. Mme Gallatin à Frédéric II de Hesse. "Monseigneur, Voila la Brochure de nôtre ami" *ZFSL* 7:204-205. 1885

3492. 18 avril 1775. Le duc de Wurtemberg à V. "Monsieur, Vous m'avez fait un sensible plaisir" Sakmann 57

3493. 27 avril 1775. V. à Frédéric II. "Sire, j'ai reçu aujourd'hui, par les bontés de Votre Majesté" K et D 3:336-337

3494. 29 avril 1775. Mme Gallatin à Frédéric II de Hesse. ". . . Nôtre ami est toujours en bonne santé" *ZFSL* 7:205. 1885

3495. 29 avril 1775. V. au Conseil de Montbéliard. "Messieurs, Je vous ai supliés de vouloir bien m'instruire" *S Em M* 35:256. 1908

3496. [30 avril 1775]. Conseil de Montbéliard à V. "Nous sommes très sensibles au délai d'une année" *S Em M* 35:257. 1908

3497. [Avril 1775]. V. à [Fabry]. "Comme on m'avait dit que vous étiez à Seyssel" *Arts-Lettres*, 2e année, Nᵒˢ 8-9

3498. 6 mai 1775. Mme Gallatin à Frédéric II de Hesse. ". . . si Vôtre A.S. voulait venir aux Eaux" *ZFSL* 7:205. 1885

3499. 10 mai 1775. Frédéric II à V. "Vous ne m'accusez pas de lenteur à vous envoyer" K et D 3:339-340

3500. 23 mai 1775. Hennin à Vergennes. "Nous avons eu jeudi dernier, dans le pays de Gex" Desnoiresterres 8:34-35

3501. Mai 1775. V. à Frédéric II. "Sire, c'est à Aristide que j'écris aujourd'hui" K et D 3:337-339

3502. 9 juin 1775. V. à Guéneau de Montbéliard. "Monsieur, Tous les oiseaux que nous avons reçus" *Correspondant* 244:671-672. 1911

3503. 10 juin 1775. Mme Gallatin à Fr II de Hesse. "J'alois" *ZFSL* 7:205. 1885

3504. 12 juin 1775. V. à Panckoucke. "Il n'était pas possible de laisser paraître" *Mercure* 84:86-87. 1910

3505. 17 juin 1775. Frédéric II à V. "Cinq cents milles de France que j'ai parcourus" K et D 3:340-341

3506. 18 juin 1775. V. à [Fabry]. "Un des ouvriers de la colonie de Ferney" *Arts-Lettres*, 2e année, Nᵒˢ 8-9

3507. 20 juin 1775. V. à Rosé. "J'ai, Monsieur, plus de quatorze mille francs à païer" *S Em M* 35:257. 1908

3508. 21 juin 1775. V. à Frédéric II. "Sire, tandis que Votre Majesté fait probablement manoeuvrer" K et D 3:341-343

3509. [Environ le 21 juin 1775]. V. à [Gabriel Cramer]. "Si Monsieur Cramer est revenu" *RR* 31:354. 1940

3510. [Juin 1775]. Mme Denis à François Tronchin. "Mme de luchette, Monsieur, est a fernex depuis quelque jours" *V aux Tronchin*

3511. 5 juillet 1775. V. à Denon. "Je suis, Monsieur" Bengesco, *Bibl* 3:317

3512. 6 juillet 1775. V. à François Tronchin. "Monsieur du plessis que j'ay l'honneur, monsieur, de vous présenter" *V aux Tronchin*

3513. 7 juillet 1775. V. à Frédéric II. "Sire, Morival s'occupait à mesurer le lac de Genève" K et D 3:343-344

3514. 12 juillet 1775. Frédéric II à V. "Vous croyez, mon cher patriarche, que j'ai toujours l'épée au vent?" K et D 3:344-345

3515. 24 juillet 1775. Frédéric II à V. "Je viens de voir Le Kain. Il a été obligé de me dire" K et D 3:345-348

3516. 27 juillet 1775. Frédéric II à V. "Je pars dans quinze jours pour faire la tournée de la Silésie" K et D 3:348-350

3517. 29 juillet 1775. Mme Gallatin à Frédéric II de Hesse. ". . . Nôtre ami se porte très bien, il est venû" ZFSL 7:205-206. 1885

3518. 29 juillet 1775. V. à Frédéric II. "Sire, il n'y a point de vertu" K et D 3:350-352

3519. [3 août] 1775. V. à Frédéric II. "Le Kain, dans vos jours de repos,- Vous donne une volupté pure" K et D 3:352-353

3520. 9 août 1775. V. à D.-L. de Constant d'Hermenches. "En général, je ne blâme personne, et je trouve très bon qu'on sorte de sa maison quand elle déplaît" N Litt 5 avril 1930

3521. 13 août 1775. Frédéric II à V. "C'est à vous qu'il faut" K et D 3:353-355

3522. 27 août [1775]. V. à Frédéric II. "Sire, je mets" K et D 3:356

3523. 31 août [1775]. V. à Frédéric II. "Sire, je renvoie" K et D 3:356-358

3524. 8 septembre 1775. Frédéric II à V. "Je vous suis très-obligé du plaisir que vous m'avez fait" K et D 3:359-361

3525. 29 septembre 1775. Frédéric II à V. "La meilleure" K et D 3:363-365

3526. [Septembre 1775]. V. à Frédéric II. "Sire, votre dernière lettre est un chef-d'oeuvre de raison" K et D 3:362-363

3527. 4 octobre 1775. Mme Gallatin à Frédéric II de Hesse. ". . . Il y a toujours une comedie a chateleine" ZFSL 7:206. 1885

3528. 7 octobre 1775. V. à Panckoucke. "Ne nous flattons point, mon cher Monsieur" Mercure 84:87. 1910

3529. 14 octobre 1775. V. à Marin. "Your letter of October 1, received on the 12th, my dear Friend, informs me" J M Read 2:256

3530. 18 octobre 1775. Elie de Beaumont à V. "Je vous écris, mon respectable ami, d'un de vos temples" Nouv Rev Rétr 1897:235-239

3531. 22 octobre 1775. Frédéric II à V. "La goutte m'a tenu" K et D 3:366-367

3532. 24 oct 1775. Frédéric II à V. "Ces jours passés, le hasard" K et D 3:367-368

3533. 13 novembre 1775. V. à Panckoucke. "Un vieux malade, Monsieur, vous demandait" Mercure 84:88. 1910

3534. 18 novembre 1775. Mme Gallatin à Frédéric II de Hesse. ". . . C'est un Grand Prince qui veut bien" ZFSL 7:206. 1885

3535. 4 décembre 1775. Frédéric II à V. "Aucune de vos lettres ne m'a fait autant de plaisir" K et D 3:368-371

3536. 5 décembre 1775. Frédéric II à V. "Je vous ai mille obligations" K et D 3:371-372

3537. 8 décembre 1775. V. à Turgot. "Monseigneur, il faut encore que malgré vos immenses travaux" *Grande R* 71:686. 1912

3538. 13 décembre 1775. Frédéric II à V. *"Le Courrier du Bas-Rhin"* K et D 3:372-373

3539. 16 décembre 1775. Mme Gallatin à Frédéric II de Hesse. ". . . Dieu veuille que mes voeux" *ZFSL* 7:206-207. 1885

3540. 19 décembre 1775. Hennin à Vergennes. "M. de Voltaire, qui avait lieu de croire que quelques personnes" Desnoiresterres 8:76-77

3541. 21 décembre 1775. V. à Frédéric II. "Sire, il n'y a jamais" K et D 3:373-375

3542. 23 décembre 1775. Mme Gallatin à Frédéric II de Hesse. ". . . Heureusement que nôtre ami n a pas su" *ZFSL* 7:208. 1885

3543. 25 décembre 1775. Wagnière à Rosé. "Mr de Voltaire, qui ne se porte pas bien, me charge" *S Em M* 35:258. 1908

3544. 25 décembre 1775. M. de Vaines à V. "J'ai remis sous les yeux de M. le Contrôleur général" *Grande R* 71:687. 1912

3545. 26 décembre 1775. Frédéric II de Hesse à Mme Gallatin. "M. Robert vous a prevenu par mes ordres" *ZFSL* 7:207-208. 1885

3546. 30 décembre 1775. V. au chevalier de Florian. "Votre lettre, monsieur, est aussi aimable" *RPL* 49,1:388. 1911

3547. [Ferney, 1775]. V. à Mme de Beauharnais. "Quoique vous viviez, Madame" *Dorat,* 167

3548. [1775?]. Le père Adam aux comtes de Romanzow. "Monsieur de voltaire est tombé dans un état fort triste" *V aux Tronchin*

3549. [1775?]. V. à [Moultou?]. "Je voudrais sans doute servir ces deux demoiselles et leur père" Paul Rabaut, *Lettres à Divers* 2:179

3550. [1775?]. V. à Troussel. "Le vieillard octogénaire à qui vous avez envoyé un discours très éloquent" Paul Rabaut, *Lettres à Divers* 2:79

3551. [Fin 1775]. Palissot à V. "Je n'aurois jamais" *Corr J J R* 2:231-233

3552. [Fin 1775]. V. à Palissot. "Tout malade que je suis, Monsieur, il faut que je me donne" *Corr J J R* 2:233

3553. [Après 1765, avant 1776]. Laméry à V. "I have just met with a singular incident with that scribbler Fréron" *J M Read* 2:231-233

1776

3554. 2 janvier 1776. Wagnière à Rosé. "La situation de M. de Voltaire" Sakmann 58

3555. 10 janvier. Mme Gallatin à Frédéric II de Hesse. ". . . Enfin j'alois hier" *ZFSL* 7:208-209. 1885

3556. 10 janvier 1776. Frédéric II à V. "Votre lettre m'est venue bien à propos" K et D 3:375-377

3557. 13 janvier 1776. V. au Conseil de Montbéliard. "Messieurs, Dans l'état où je suis réduit à l'age de 82 ans" *S Em M* 35:258-259. 1908

3558. 17 janvier 1776. V. à Frédéric II. "Sire, il y avait autrefois, vers le cinquante-troisième degré de latitude" K et D 3:377

3559. 20 janvier 1776. Mme Gallatin à Frédéric II de Hesse. ". . . Pour nôtre ami il faut que je lui envoye" ZFSL 7:209. 1885

3560. 24 janvier 1776. Mme Gallatin à Frédéric II de Hesse. ". . . jesperois pouvoir le charger des Questions" ZFSL 7:209. 1885

3561. [24 janvier 1776]. Conseil de Montbéliard à V. Résumé. S Em M 35:259. 1908

3562. 30 janvier 1776. V. au Conseil de Montbéliard. "Messieurs, Je reçois la lettre dont vous m'honorez" S Em M 35:259-260. 1908

3563. Janvier [1776]. V. à Frédéric II. "Sire, je reçois dans ce moment la lettre charmante" K et D 3:378-379

3564. 3 février 1776. Frédéric II de Hesse à Mme Gallatin. ". . . Je suis on ne peut pas plus" ZFSL 7:209. 1885

3565. 3 février 1776. V. à Panckoucke. "Je vous écris, monsieur, de ma main faible" Mercure 84:88-89. 1910

3566. 7 février 1776. Mme Gallatin à Frédéric II de Hesse. ". . . Nôtre ami est penêtrez de reconnoissance" ZFSL 7:209. 1885

3567. 7 février 1776. Luchet à Frédéric II de Hesse. "Monseigneur, J'aurois exécuté sur le champ" ZFSL 7:209. 1885

3568. 9 février 1776. V. à [Fabry]. "Si vous voulez nous faire l'honneur" Arts-Lettres, 2e année, Nos 8-9

3569. 13 février 1776. Frédéric II à V. "La fable du rat et de l'aigle vaut bien celle de l'âne" K et D 3:379-380

3570. 14 février 1776. Mme Gallatin à Frédéric II de Hesse. "Ce qui me rend si pressée" ZFSL 7:210. 1885

3571. 17 février 1776. Mme Gallatin à Frédéric II de Hesse. ". . . Je vous ay envoyé le premier tome" ZFSL 7:210. 1885

3572. 19 février 1776. Mme Gallatin à Frédéric II de Hesse. "Monseigneur, Monsieur de Luchet qui aura l'honneur" ZFSL 7:210. 1885

3573. 19 février 1776. V. aux ministres du duc de Wurtemberg. "Messieurs, Je vous envoie la lettre dont son Altesse" Mém Acad Stanislas 1912:192

3574. 20 février 1776. Frédéric II de Hesse à Mme Gallatin. ". . . Rien n'est plus flatteur pour moi" ZFSL 7:210. 1885

3575. 2 mars 1776. Mme Gallatin à Frédéric II de Hesse. ". . . Nôtre ami se porte toujours bien, et me charge" ZFSL 7:210. 1885

3576. 6 mars 1776. Mme Gallatin à Frédéric II de Hesse. "Monseigneur Voila les lettres Chinoises que j'envoye" ZFSL 7:211. 1885

3577. 8 mars 1776. Gal-Pomaret à V. "Monsieur, Je ne sais si vos quatre-vingt et quelques années" Bull S H Pr Fr 8:484-485. 1859

3578. 11 mars 1776. V. à Frédéric II. "Sire, l'infatigable Achille sera-t-il toujours pris par le pied?" K et D 3:380-381

3579. 12 mars 1776. Frédéric II de Hesse à Mme Gallatin. ". . . Je ne saurois assez vous temoigner ma satisfaction" ZFSL 7:210-211. 1885

3580. 13 mars 1776. Mme Gallatin à Frédéric II de Hesse. ". . . nôtre ami continue a se bien porter" *ZFSL* 7:211. 1885

3581. 15 mars 1776. V. à M. Vasselier. "Vous savez peut-être, mon cher ami, que le Parlement" *Correspondant* 244:672. 1911

3582. [15 mars 1776]. Conseil de Montbéliard à V. "Monsieur, Nous aurions déjà eu l'honneur" *S Em M* 35:260-261. 1908

3583. 16 mars 1776. V. au Conseil de Montbéliard. "Messieurs, ayant eu le bonheur, on le malheur, de fonder" *S Em M* 35:261-262. 1908

3584. 16 mars 1776. V. au duc de Wurtemberg. "Monseigneur, Dans le triste état où je me trouve" *S Em M* 35:261. 1908

3585. 19 mars 1776. Dupuis à V. "On m'a dit hier" Caussy 303

3586. 19 mars 1776. Fabry à M. de Brosses. "L'ambition actuelle de notre vieux voisin est de gouverner" Desnoiresterres 8:82-83

3587. 19 mars 1776. Frédéric II à V. "Il est vrai, comme vous le dites, que les chrétiens" K et D 3:381-382

3588. 22 mars 1776. V. à [M. de la Touraille?]. ". . . Croiriez-vous que la veuve Fréron m'a envoyé un billet d'enterrement" Desnoiresterres 8:104

3589. 22 mars 1776. V. au Conseil de Montbéliard. "Messieurs, Puisque Monseigneur le Duc de Virtemberg est à Paris" *S Em M* 35:262-263. 1908

3590. 23 mars 1776. Mme Gallatin à Frédéric II de Hesse. ". . . Je suis charmée que Mr. de Luchet ay plût a Vôtre A.S." *ZFSL* 7:211-212. 1885

3591. 27 mars 1776. V. au duc de Wurtemberg. "Monseigneur, En conséquence de la lettre" *S Em M* 35:263-264. 1908

3592. 30 mars 1776. V. à Frédéric II. "Sire, si votre camarade l'empereur Kien-Long est mort" K et D 3:382-384

3593. 30 mars 1776. V. au Conseil de Montbéliard. "Messieurs, Je suis obligé de vous donner avis" *S Em M* 35:264-265. 1908

3594. Mars 1776. V. au marquis de Florian. "Mon cher ami, j'ai toujours pensé" *RPL* 49,1:388. 1911

3595. 3 avril 1776. Mme Gallatin à Frédéric II de Hesse. "J'ay reçeu une lêttre de Mr. de Luchet" *ZFSL* 7:212. 1885

3596. [6 avril 1776]. Conseil de Montbéliard à V. "Monsieur: Nous venons de recevoir la lettre" *S Em M* 35:266. 1908

3597. 8 avril 1776. Frédéric II à V. "J'ai lu avec plaisir les *Lettres curieuses*" K et D 3:384-386

3598. 8 avril 1776. V. à Gal-Pomaret. "Il y a un mois, monsieur, que je vous dois une réponse" *Bull S H Pr Fr* 8:486. 1859

3599. 13 avril 1776. V. au Conseil de Montbéliard. "Messieurs, Votre lettre du 16 avril est pour moi" *S Em M* 35:266-267. 1908

3600. 20 avril 1776. Frédéric II de Hesse à Mme Gallatin. ". . . Je trouve toujours Mr. le marquis de Luchet" *ZFSL* 7:212. 1885

3601. 20 avril 1776. Frédéric II à V. "L'abbé Paw marque une foi sincère pour" K et D 3:386-388

3602. 29 avril 1776. D. Audibert à la marquise de Luchet. "Que je vous plains, madame" *RHL* 22:263-265. 1915

3603. 1er mai 1776. Mme Gallatin à Frédéric II de Hesse. ". . . Faites vous lire un conte qu'il a fait" *ZFSL* 7:212-213. 1885

3604. 3 mai 1776. V. au Conseil de Montbéliard. "Messieurs, J'ai reçu d'Angleterre une lettre" *S Em M* 35:267-268. 1908

3605. 4 mai 1776. Mme Gallatin à Fr II de Hesse. ". . . Nôtre ami" *ZFSL* 7:213. 1885

3606. 8 mai 1776. D. Audibert à V. "Je n'ai voulu céder à personne" *RHL* 22:265-267. 1915

3607. 15 mai 1776. V. à Mme Elie de Beaumont. "Madame, La lettre dont vous m'avez honoré, du 5 avril" *Nouv Rev Rétr* 1897:239-240

3608. 18 mai 1776. Mme Gallatin à Frédéric II de Hesse. "Monseigneur J'ay receu hier au soir un petit Livre" *ZFSL* 7:213. 1885

3609. 20 mai 1776. D. Audibert à Luchet. "J'avais déjà" *RHL* 22:267-268. 1915

3610. 21 mai 1776. V. à Frédéric II. "Sire, vous allez être étonné en jetant les yeux" K et D 3:388

3611. 22 mai 1776. D. Audibert à l'abbé Dubignon. "Si je restais plus longtemps" *RHL* 22:268-269. 1915

3612. 24 mai 1776. V. à Havé. "Vous avez envoyé, Monsieur, de la prose" Bengesco, *Bibl* 3:333. *Intermédiaire* 20:158-159. 10 mars 1887

3613. 5 juin 1776. Mme Gallatin à Frédéric II de Hesse. ". . . Nôtre ami continüe" *ZFSL* 7:213-214. 1885

3614. 10 juin 1776. D. Audibert à M. Turkeim Lame. "Il n'y a que quelques jours, monsieur" *RHL* 22:269-270. 1915

3615. 17 juin 1776. D. Audibert à V. "Je pourrais" *RHL* 22:272-273. 1915

3616. 18 juin 1776. Frédéric II à V. "Je reviens, après avoir visité mes demi-sauvages de la Prusse" K et D 3:389-390

3617. 20 juin 1776. V. au Conseil du Montbéliard. "Messieurs, Je vous remercie des ordres que vous avez donnés" *S Em M* 35:268-269. 1908

3618. 22 juin 1776. Fargès à V. "J'ai été affligé autant que vous" Caussy 308-309

3619. 26 juin 1776. Mme Gallatin à Frédéric II de Hesse. ". . . Je trouvay" *ZFSL* 7:214. 1885

3620. 30 juin [1776]. Marin à V. "Non, assurément, Monsieur, je n'ai point" *Mercure* 72:648-649. 1908

3621. Juin 1776. D. Audibert à M. Clavière. "Comment, mon cher Clavière, pas le moindre" *RHL* 22:270-272. 1915

3622 19 juillet 1776. D. Audibert à la marquise de Luchet. "Grâce, grâce, madame et chère amie" *RHL* 22:273-274. 1915

3623. [Juillet 1776?]. Mme de Saint-Julien à V. "Très adorable patron, j'ai retardé de répondre" *V Ferney* 468-469

3624. 7 août 1776. Mme Gallatin à Fr II de Hesse. "Notre" *ZFSL* 7:214.
1885

3625. 18 août 1776. V. au marquis de Florian. "Mon cher ami" *RPL*
49,1:388-389. 1911

3626. 26 août 1776. D. Audibert à Mlle de Marigny. "Quand même je
n'aurais pas reçu" *RHL* 22:274-276. 1915

3627. [Fin août 1776]. Mme Denis et l'abbé Mignot à [François] Tronchin. "Madame denis et l'abbé mignot envoient" *V Aux Tronchin*

3628. [Août 1776]. Marin à V. "Je vous remercie, Monsieur, des re-
proches" *Mercure* 72:649. 1908

3629. 4 septembre 1776. D. Audibert à V. "Il y a environ un mois" *RHL*
22:276. 1915

3630. 7 septembre 1776. V. à Théodore Tronchin. "J'ai vu, Monsieur,
une lettre charmante" *V aux Tronchin*

3631. 7 septembre 1776. Frédéric II à V. "On me fait bien de l'honneur
de parler de moi en Suisse" K et D 3:390-392

3632. 9 septembre 1776. Baron d'Espagnac à V. "J'ai l'honneur de vous
informer" Caussy 162-163

3633. 14 septembre 1776. Théodore Tronchin à V. "La rose de la repu-
tation a tant d'épines" *V aux Tronchin*

3634. 26 septembre 1776. Marin à V. "Je crains bien" *Mercure* 72:649-
650. 1908

3635. 28 septembre 1776. V. au Conseil de Montbéliard. "Messieurs,
ayant fait tout ce que j'ai pu" *S Em M* 35:270-271. 1908

3636. 6 octobre 1776. D. Audibert à V. "J'avoue que" *RHL* 22:276-277.
1915

3637. [12 octobre 1776]. Conseil de Montbéliard à V. *Résumé*. [On feint
de mal comprendre sa lettre et on le remercie d'avoir accordé
un nouveau délai]. *S Em M* 35:271. 1908

3638. 18 octobre 1776. V. au Conseil de Montbéliard. "Messieurs, Je
vous conjure de m'accorder un peu de secours" *S Em M* 35:272.
1908

3639. 22 octobre 1776. Frédéric II à V. "Voici près de deux mois
qu'aucune goutte de rosée" K et D 3:392-393

3640. 6 nov 1776. Mme Gallatin à Fr II de Hesse. "Nôtre" *ZFSL* 7:215.
1885

3641. 7 novembre 1776. V. au Conseil de Montbéliard. "Messieurs, Vous
savez que j'ai obtenu de mes créanciers" *S Em M* 35:273. 1908

3642. 8 novembre 1776. V. à Frédéric II. "Sire, vous m'avez envoyé un
ouvrage rare" K et D 3:393-395

3643. 11 novembre 1776. D. Audibert à M. de la Borde. "J'ai voulu vous
laisser le temps" *RHL* 22:278-279. 1915

3644. 11 novembre 1776. D. Audibert à M. Jacques Necker. "Je me
félicite, mon cher monsieur" *RHL* 22:277. 1915

3645. 11 novembre 1776. Dupleix à V. "Ce n'est que depuis très peu de
temps" Caussy 163-164

3646. 15 novembre 1776. V. au prince de Condé. "Monseigneur, J'habite, auprès de Genève, la dernière" *Correspondant* 195:680-681. 25 mai 1899

3647. [17 novembre 1776]. Le duc de Wurtemberg à V. "Monsieur, La lettre que vous m'avés adressée" *S Em M* 35:274. 1908

3648. [20 novembre 1776]. V. au Conseil de Montbéliard. "Messieurs, Monseigneur Le Duc m'aiant écrit qu'il ne pouvait" *S Em M* 35:275. 1908

3649. 25 novembre 1776. Frédéric II à V. "J'ai été affligé de votre lettre, et je ne saurais deviner" K et D 3:395-396

3650. 26 novembre 1776. V. à Fabry. "Monsieur, M. de Menthon et M. le syndic du clergé m'ont fait l'honneur" *Grande R* 71:691-692. 1912

3651. 26 novembre 1776. Fabry à V. "Monsieur, MM. les syndics du pays ayant écrit à M. l'intendant" *Grande R* 71:692. 1912

3652. 26 novembre 1776. Fabry à Dupleix. "Monsieur, il est très certain que M. de V. a envoyé à Berne M. de Crassier" *Grande R* 71:692-693. 1912

3653. 27 novembre 1776. V. à Rosé. "Vous avez vu" *S Em M* 35:275. 1908

3654. 28 novembre 1776. V. à Fabry. "Voici de quoi il s'agit. Touché des prières qu'on m'a faîtes" *Grande R* 71:693-694. 1912

3655. 29 novembre 1776. V. à Sinner. "Monsieur, L'honneur d'écrire à Votre Excellence et de lui demander" *Grande R* 71:694. 1912

3656. [29 novembre 1776?]. V. au Sénat de Berne. "Supplie humblement François de Voltaire, chevalier" *Grande R* 71:695-696. 1912

3657. 1er décembre 1776. Fabry à Dupleix. "Monsieur, vous auriez de la peine à croire ce dont je vais" *Grande R* 71:695-696. 1912

3658. 2 décembre 1776. V. au marquis de Florian. "Mon cher ami, je vous envoie" *RPL* 49,1:389. 1911

3659. 4 décembre 1776. Dupleix à V. "J'ai reçu, Monsieur, la lettre que vous m'avez fait l'honneur" *Grande R* 71:696-698. 1912

3660. [4 décembre 1776?]. Sinner à V. "Monsieur, C'est bien vrai que j'aime à rendre service" *Grande R* 71:698-699. 1912

3661. 7 décembre 1776. De Brosses à Lagros. "Le but de M. de Voltaire est fort clair" *Grande R* 130:38. 1929

3662. 7 décembre 1776. Conseil de Montbéliard à V. "Nous recevons en ce moment la lettre" *S Em M* 35:276. 1908

3663. 9 décembre 1776. V. à Frédéric II. "Sire, il n'est pas étonnant qu'un homme qui a passé" K et D 3:396-398

3664. 10 décembre 1776. V. à Dupleix. "Monsieur, Agréez mes remerciements de la lettre dont vous m'honorez du 4 décembre" *Grande R* 71:699-702. 1912

3665. 11 décembre 1776. V. à Rosé. "Je commence" *S Em M* 35:276. 1908

3666. 26 décembre 1776. V. au marquis de Florian. "Le ridicule procès" *RPL* 49,1:389. 1911

3667. 26 décembre 1776. Frédéric II à V. "Pour écrire à Voltaire, il faut se servir de sa langue" K et D 3:398-400

3668. 27 décembre 1776. D. Audibert à Mme de la Verpillière. "Je n'avais pas à me féliciter" *RHL* 22:279-280. 1915

3669. [Décembre 1776?]. Taboureau à Mesnard. "Je prie M. Mesnard de lire ces lettres. Il verra les singularités de la conduite de M. de Voltaire" *Grande R* 71:702. 1912

3670. 1776. Marquis de Villette à V. "A quelque chose près, mon cher Maître, la première histoire" *Oeuvres Villette* 98-101

3671. [1776?]. V. à Gabriel Cramer. "comme je ne scais pas" *RR* 30:145. 1939

1777

3672. 1er janvier 1777. D. Audibert à M. de la Tour. "Je m'empresse de vous faire agréer" *RHL* 22:280. 1915

3673. 1er janvier 1777. Marin à V. "Il est d'usage" *Mercure* 72:651. 1908

3674. 8 janvier 1777. V. à Rosé. "J'ai des maisons à payer, Monsieur" *S Em M* 35:277. 1908

3675. 9 janvier 1777. Prince de Condé à V. "Je n'ai pas répondu plus tôt, Monsieur, à votre lettre" *Correspondant* 195:681. 25 mai 1899

3676. 9 janvier 1777. Prince de Condé à M. Taboureau, contrôleur général. "Je vous envoie, Monsieur, une requête" *Correspondant* 195:682. 1899

3677. 10 janvier 1777. D. Audibert à V. "Vous serez" *RHL* 22:280-281. 1915

3678. 17 janvier 1777. V. au prince de Condé. "Monseigneur, Que V.A.S. daigne agréer" *Correspondant* 195:681-682. 1899

3679. 20 janvier 1777. Taboureau au prince de Condé. "Monseigneur, J'ai examiné le mémoire que V.A.S." *Correspondant* 195:683-684. 1899

3680. 23 janvier 1777. Prince de Condé à V. "Je vous envoie, Monsieur, la réponse que j'ai reçue" *Correspondant* 195:684. 1899

3681. 27 janvier 1777. D. Audibert à M. Cramer l'aîné. "Mon premier soin, mon cher monsieur" *RHL* 22:281-282. 1915

3682. 1er février 1777. V. au prince de Condé. "Monseigneur, L'autre grand Condé" *Correspondant* 195:684. 1899

3683. 5 février 1777. Marin à V. "Comment pouvez-vous" *Mercure* 72:651-652. 1908

3684. 10 février 1777. Frédéric II à V. "Il vaut mieux que vous ayez terminé vous-même" K et D 3:400-401

3685. 17 février 1777. V. au marquis de Florian. "Vous boirez donc du vin de Bourgogne" *RPL* 49,1:389. 1911

3686. [1er] mars 1777. D. Audibert à M. Clavière. "Si c'était tout autre que vous" *RHL* 23:270-272. 1916

3687. 5 mars 1777. Mme Gallatin à Fr II de Hesse. "Nôtre ami" *ZFSL* 7:215. 1885

3688. 10 mars 1777. D. Audibert à M. Chabanon l'aîné. "J'avais prévenu, mon cher monsieur" *RHL* 23:269-270. 1916

3689. 26 mars 1777. Frédéric II à V. "Des trois raisons qui vous ont empêché de me répondre" K et D 3:402-404

3690. 26 mars 1777. D. Audibert à M. Couturier de Saint-Servan. "Si je consultais moins, Monsieur" *RHL* 23:272. 1916

3691. 29 mars 1777. V. au marquis de Florian. "Je ne suis" *RPL* 49,1:389-390. 1911

3692. [Avril 1777]. V. à M. Quirot de Poligny. "Monsieur, une dame retirée" *Correspondant* 244:672-673. 1911

3693. 2 avril 1777. V. à Panckoucke. "Le malade, ami de monsieur Panckoucke" *Mercure* 84:90. 1910

3694. 11 avril 1777. D. Audibert à M. d'Albertas. "J'arrivai" *RHL* 23:273. 1916

3695. 19 avril 1777. Mme Gallatin à Frédéric II de Hesse. "Nôtre ami est trés bien il se lamante" *ZFSL* 7:215. 1885

3696. 19 avril 1777. D. Audibert à MM. J.A. Lamande et Cie. "Je suis honoré de votre dernière lettre" *RHL* 23:273-274. 1916

3697. 26 avril 1777. V. au marquis de Florian. "Je me hâte, mon cher ami, de vous accuser réception" *RPL* 49,1:390. 1911

3698. [Mai 1777]. V. à Frédéric II. "Quoi donc! c'est cet heureux vainqueur" K et D 3:404-406

3699. 14 mai 1777. Mme Gallatin à Frédéric II de Hesse. "L'on assure que Préville vient à Fernex" *ZFSL* 7:215. 1885

3700. 1er juin 1777. Frédéric II à V. "Le talent est un don" K et D 3:406-407

3701. 7 juin 1777. V. au Conseil de Montbéliard. "Messieurs, Son Altesse Sérénissime m'aïant fait l'honneur de m'écrire" *S Em M* 35:277. 1908

3702. 11 juin 1777. D. Audibert à V. "Dixi, ascendam in palmam" *RHL* 23:274-275. 1916

3703. 18 juin 1777. V. à Rosé. "Trouvez bon, Monsieur" *S Em M* 35:278. 1908

3704. 21 juin 1777. Mme Gallatin à Frédéric II de Hesse. ". . . Nôtre ami se porte très bien, il est Gay" *ZFSL* 7:215-216. 1885

3705. 27 juin 1777. V. au Conseil de Montbéliard. "Messieurs, Je présume que vous ne pouvez avoir le temps" *S Em M* 35:278-279. 1908

3706. 1er juillet 1777. V. à Rtsé. "Vous savez, Monsieur, que Monseigneur le duc de Virtemberg me doit" *S Em M* 35:279-280. 1908

3707. [4 juillet 1777?] Huber à Mme Jacques Necker. "Genève pédestra et Genève en carrosse assiégeait Sécheron" *V Ferney* 489-490

3708. [5 juillet 1777?]. Mme Cramer à M. de Loys. "Vous aurez demain l'Empereur, mon bon ami" *V Ferney* 489

3709. 9 juillet 1777. Frédéric II à V. "Oui, vous verrez cet empereur-Qui voyage afin de s'instruire" K et D 3:407-410

3710. 15 juillet 1777. V. à Rosé. "Il y a quinze jours, Monsieur, que j'attendais" *S Em M* 35:280. 1908

3711. 15 juillet 1777. V. au Conseil de Montbéliard. "Messieurs, J'ai plus que jamais recours à vous" *S Em M* 35:280-281. 1908

3712. 16 juillet 1777. V. à Frédéric II de Hesse. "Monseigneur, La Société économique de Berne a proposé" Bengesco, *Bibl* 3:327-328

3713. 16 juillet 1777. Ch. Bonnet à Haller. "L'empereur arriva à Sécheron, près des portes de notre ville" Desnoiresterres 8:167-168

3714. 25 juillet 1777. Suard au lieutenant de police. "Monsieur, j'ai lu le *Discours sur Shakespeare et sur M. de Voltaire*" Nisard 184-186

3715. [Août 1777]. V. à Frédéric II. "Monsieur le grand rêveur, personne n'a jamais fait" K et D 3:410-411

3716. 12 août 1777. V. au marquis de Florian. "Mon cher ami, je vois par votre lettre du 7" *RPL* 49,1:390. 1911

3717. 13 août 1777. Frédéric II à V. "Je reçois vos deux jolies lettres la veille de mon départ" K et D 3:411-412

3718. 23 août 1777. V. à Panckoucke. "Le vieux malade qui n'en peut plus remercie" *Mercure* 84:90-91. 1910

3719. 29 août 1777. V. au Conseil de Montbéliard. "Messieurs, Je vois bien que S. A. Sme a de la bonté" *S Em M* 35:281-282. 1908

3720. 2 septembre 1777. Mme Gallatin à Frédéric II de Hesse. "Supliant de me réaliser la penssion" *ZFSL* 7:216. 1885

3721. 5 septembre 1777. Frédéric II à V. "Vous aurez sûrement reçu à présent le prix" K et D 3:412-413

3722. [6 septembre 1777]. V. à Georges Keate. "I am dying, my good Sir. If I could form a wish" Bengesco, *Lettres* 42

3723. 19 septembre 1777. Grasset à V. "Sir, There was a time when you generously had the goodness to favour me" J M Read 2:184-185

3724. 24 septembre 1777. Frédéric II à V. "Si j'exécute votre commission, j'aurai opéré un miracle" K et D 3:414-415

3725. 5 octobre 1777. V. à Panckoucke. "Le vieux malade, Monsieur, sera-t-il encore" *Mercure* 84:91. 1910

3726. 6 octobre [1777]. V. à Panckoucke. "L'auteur de cet ouvrage" *Mercure* 84:92. 1910

3727. 7 octobre 1777. V. au Duc de Wurtemberg. "Monseigneur, Votre lettre du 24 septembre me consolerait" *S Em M* 35:282-283. 1908

3728. 11 octobre 1777. Frédéric II à V. "Je suis très-persuadé que si Marc-Aurèle s'était avisé" K et D 3:415-417

3729. [11 octobre 1777]. Duc de Wurtemberg à V. *Résumé. S. Em M* 35:283. 1908

3730. 19 octobre 1777. V. à Panckoucke. "J'ai reçu, Monsieur, les volumes de lAcadémie" *Mercure* 84:92-93. 1910

3731. 21 octobre 1777. V. au Conseil de Montbéliard. "Messieurs, Dans l'excèz d'abattement où je suis" *S Em M* 35:283-284. 1908

3732. 21 octobre 1777. V. à Vernes. "Le vieux malade n'a pas pu" *RHL* 19:897. 1912

3733. [Octobre 1777]. V. à Frédéric II de Hesse. "Je prends la liberté de mettre" Bengesco, *Bibl* 3:328

3734. 3 nov 1777. V. au Conseil de Montbéliard. "Messieurs, votre lettre du 23e 8bre m'a en vérité rendu la vie" *S Em M* 35:384-385. 1908

3735. 3 novembre 1777. Marquise d'Antremont à V. "J'ai reçu" *Oeuvres Villette* 129-131

3736. 6 novembre 1777. V. à Mme de Bentinck. "Deux cents lieues de distance, Madame" *R Paris* 35:323-324. 1896

3737. 9 novembre 1777. Frédéric II à V. "M. Bitaubé doit se trouver fort heureux d'avoir vu" K et D 3:417-419

3738. 18 novembre 1777. Frédéric II à V. "J'attends votre ouvrage instructif sur les abus" K et D 3:419-421

3739. 20 novembre 1777. V. à Panckoucke. "Je reçois" *Mercure* 84:93. 1910

3740. 25 novembre 1777. V. à Frédéric II. "Grand homme en tout, et sans rival, Depuis Paris jusqu'à la Mecque" K et D 3:421-422

3741. 8 décembre 1777. V. à de Launay. "Salut au brillant et solide Auteur du Panégyrique *de la Pitié*" *Oeuvres Villette* 93-94

3742. 8 décembre 1777. V. à la marquise d'Azi. "Les deux Heureux, Madame, me permettent de vous féliciter de leur bonheur" *Oeuvres Villette* 94

3743. 9 décembre 1777. V. aux ministres du duc de Wurtemberg. "Messieurs, Vous ne sauriez croire combien" *Mém Acad Stanislas* 1912:193

3744. 9 décembre 1777. Mme Denis à Vernes. "Mon oncle" *RHL* 19:897-898. 1912

3745. 17 décembre 1777. Frédéric II à V. "Il est agréable" K et D 3:422-424

3746. 17 décembre 1777. V. à Rosé. "Je vous souhaite la bonne année, Monsieur" *S Em M* 35:285. 1908

3747. 29 décembre 1777. Mme Denis à Jacob Vernes. "Monsieur le marquis de Villevieille" *RHL* 51,1:357. 1913

3748. 31 décembre 1777. V. à Rosé. "Je vous souhaite la bonne année, Monsieur, et je l'attends toujours de vous" *S Em M* 35:286. 1908.

3749. 31 décembre 1777. V. à Sahler. "J'ai reçu" *S. Em M* 35:286-287. 1908

3750. [1777]. Dupleix au prince de Condé. "Tout se réunit aujourd'hui pour donner" *Correspondant* 195:685. 1899

1778

3751. 2 janvier 1778. Mme Denis à Jacob Vernes. "Monsieur Moultou doit vous envoyer" *RPL* 51, 1:357-358. 1913

3752. 6 janvier 1778. V. à Frédéric II. "Sire, grand homme, que vous m'instruisez" K et D 3:424-426

3753. 6 janvier 1778. V. au Conseil de Montbéliard. "Messieurs, Je ne puis trop vous remercier" *S Em M* 35:287. 1908

3754. Début 1778. V. à Moultou. "Je vous remercie, mon cher ami, de la lettre" *V Ferney* 499

3755. 9 [janvier] 1778. Mme Denis à François Tronchin. "Nous sommes ici, Monsieur, au milieu des neiges" *V aux Tronchin*

3756. 11 [janvier 1778]. Thibouville aux Comédiens français. "Il est malheureusement indispensable" *R Rétrospective* 3:378. 1838

3757. 12 janvier 1778. Thibouville à Préville. "Les préparatifs d'*Irène* se trouvant suspendus" *R Rétrospective* 3:379. 1838

3758. 19 janvier 1778. D. Audibert à Mme de La Tour. "Quelque empressement que j'eusse" *RHL* 23:276-277. 1916

3759. 25 janvier 1778. Frédéric II à V. "J'ai reçu la brochure d'un sage, d'un philosophe" K et D 3:426-428

3760. 28 janvier 1778. D. Audibert à V. "J'ai l'honneur" *RHL* 23:277-278. 1916

3761. 28 janvier 1778. Mme Gallatin à Frédéric II de Hesse. ". . . Nôtre ami se porte trés bien, et est tres gay" *ZFSL* 7:216. 1885

3762. 28 janvier 1778. D. Audibert au marquis de Florian. "Il est bien temps, mon cher Monsieur" *RHL* 23:278-279. 1916

3763. 28 janvier 1778. D. Audibert au marquis de Villette. "Je suis plus encore, Monsieur, à Ferney" *RHL* 23:279-280. 1916

3764. [Janvier 1778]. Gabriel Cramer à François Tronchin. "Madame Denis me dit hier, Monsieur, que c'etoit a vous" *V aux Tronchin*

3765. [Janvier 1778]. Moultou à Meister. "Je l'ai bien pénétré, il n'ira point à Paris" *V Ferney* 500-501

3766. 2 février 1778. V. à Rosé. "Messieurs de la Régence de Montbelliard, Monsieur, m'ont flatté" *S Em M* 35:288. 1908

3767. 4 février [1778]. [Thibouville] aux Comédiens français. "M. de Voltaire mande par le courrier d'hier" *R Rétrospective* 3:379-380. 1838

3768. 4 février 1778. Hennin à son frère. "M. de Villette" *V Ferney* 502

3769 [Avant le 5 février 1778]. Mme Denis à François Tronchin. "J'ai, mon cher ami, quelque chose d'important à vous dire" *V aux Tronchin*

3770. [Avant le 5 février 1778]. Mme Denis à François Tronchin. "Voulez vous bien, Monsieur, venir diner" *V aux Tronchin*

3771. 7 février 1778. Mme Gallatin à Frédéric II de Hesse. "'Monseigneur J'ay crû devoir aprendre" *ZFSL* 7:216. 1885

3772. 11 février 1778. V. à Tardy. "Mon cher monsieur Tardy, je vous prie de me rendre" *R XVIIIe S* 1:452. 1913

3773. 15 février 1778. Théodore Tronchin à [François Tronchin?]. "Votre vieux voisin fait ici une très-grande sensation" Desnoiresterres 8:196

3774. 15 février 1778. V. à Blin de Sainmore. "Helas! monsieur, le véritable hibou est le vieillard accablé d'années" *RDM* 8-38:388. 1937

3775. 16 février 1778. D. Audibert à M. Rilliet-Fatio. "Il me serait plus aisé, mon cher Monsieur" *RHL* 23:280-281. 1916

3776. 17 février 1778. La Harpe à Georgelin du Cosquer. "Monsieur, Vos vers sont faits pour être présentés à l'Apollon" *Soc Em Côtes-du-Nord* 25:16. 1887

3777. 17 février [1778]. V. à Georgelin du Cosquer. "Le vieillard malade présente ses très sincères remerciements" *Soc Em Côtes-du-Nord* 25:16-17. 1887

3778. 18 février 1778. D'Alembert à Théodore Tronchin. "Vous avez fait, Mon cher et illustre confrere" *V aux Tronchin*

3779. 20 février 1778. Th. Tronchin au marquis de Villette. "J'aurois fort désiré de dire de bouche" Desnoiresterres 8:207

3780. 20 février 1778. L'abbé Gaultier à V. "Beaucoup de personnes, monsieur, vous admirent" Lachèvre 18-19

3781. 20 février 1778. V. à l'abbé Gaultier. "Votre lettre, monsieur, me paroit celle d'un honneste homme" Lachèvre 19-20

3782. 23 février 1778. V. à Georgelin du Cosquer. "Le vieillard très malade à qui monsieur Georgelin" *Soc Em Côtes-du-Nord* 25:17. 1887

3783. 23 février 1778. D. Audibert à M. Paris. "C'est une nouvelle obligation que j'ai" *RHL* 23:281-282. 1916

3784. 26 février 1778. V. à l'abbé Gaultier. "Vous m'avez promis, monsieur, de venir pour m'entendre" Lachèvre 25

3785. 27 février 1778. Mme Denis à l'abbé Gaultier. "Madame Denis, nièce de M. de Voltaire, prie M. l'abbé Gaultier" Lachèvre 25

3786. [Fin février 1778?]. V. à Blin de Sainmore. "M. de Voltaire remercie M. Blin de Sainmore" *RDM* 8-38:388. 15 mars 1937

3787. [Février 1778?]. M. de Beaupré à son frère. "Tu me demandais, dans ta dernière lettre" *V Ferney* 503-504

3788. [Février 1778?]. Th. Tronchin à Charles Bonnet. "Je pense tout ce que vous pensez de M. de Haller" *V Ferney* 508

3789. 1er mars 1778. V. à M. de Tersac, curé de St- Sulpice. "Je laisse par ce présent billet qui tiendra lieu de codicile" Lachèvre 30-31

3790. 2 mars 1778. V. à M. de Tersac, curé de St-Sulpice. "Je soussigné déclare qu'étant attaqué depuis quatre mois" Collini 369-370

3791. 2 mars 1778. D. Audibert à Mme Denis. "Il n'y a point de circonstance" *RHL* 23:282-283. 1916

3792. 2 mars 1778. D. Audibert à Jacques Necker. "Je suis chargé par M. Delaunay" *RHL* 23:283-284. 1916

3793. 2 mars 1778. V. à ? "Je soussigné déclare qu'étant attaqué depuis 4 jours" Lachèvre 28-29

3794. 2 mars 1778. V. à ? "M. l'abbé Gaultier mon confesseur m'ayant averti" Lachèvre 29

3795. 3 mars 1778. V. à Théodore Tronchin. "Le pauvre malade remercie tendrement M. Tronchin" *V aux Tronchin*

3796. 4 mars 1778. V. à M. de Tersac, curé de Saint-Sulpice. "M. le marquis de Villette m'a assuré, Monsieur" Lachèvre 37-38

3797. [4 mars? 1778]. M. de Tersac, curé de Saint-Sulpice à V. "Tous mes paroissiens, Monsieur, ont droit à mes soins" Lachèvre 38-40

3798. 7 mars 1778. V. à Panckoucke. "Je vous prie, monsieur, de m'envoyer le même" *Mercure* 84:94. 1910

3799. 9 mars 1778. L'abbé Yart au marquis de Villette. "Monsieur, vous ramenez dans Paris celui qui depuis" *Oeuvres Villette* 131-132

3800. 10 mars 1778. Frédéric II de Hesse à Mme Gallatin. ". . . J'ay été étonné" *ZFSL* 7:216. 1885

3801. 13 mars 1778. L'abbé Gaultier à V. "Je désire, Monsieur, sçavoir des nouvelles de votre santé" Lachèvre 32-33

3802. 16 mars 1778. D. Audibert à M. Boyer de Fonscolombe. "J'ai déja eu, Monsieur" *RHL* 23:285-286. 1916

3803. 26 mars 1778. V. à Mme Wagnière. "Ma chère Madame Wagnière, votre lettre" Bengesco, *Bibl* 3:355

3804. 30 mars 1778. L'abbé Gaultier à V. "Plusieurs de ceux qui ont par eux-mêmes l'honneur de sçavoir" Lachèvre 34-35

3805. 30 mars 1778. D. Audibert à l'abbé du Bignon. "Ce n'est pas en vérité faute d'envie" *RHL* 23:286-288. 1916

3806. [Mars 1778?]. L'abbé Yart à V. "Grand Homme! si au lieu de vous écrire" *Oeuvres Villette* 132-136

3807. 1er avril 1778. V. à Frédéric II. "Sire, le gentilhomme français qui rendra cette lettre" K et D 3:428-429

3808. 6 avril 1778. Théodore Tronchin à [François Tronchin?]. "Votre veux voisin fait ici un tapage affreux" Desnoiresterres 8:302-303

3809. 15 avril 1778. D. Audibert à M. de Vautravers. "J'ai reçu avec le plus vif intérêt" *RHL* 23:289-290. 1916.

3810. 15 avril 1778. D. Audibert à M. Boyer de Fonscolombe. "Je m'empresse, Monsieur" *RHL* 23:288-289. 1916

3811. 18 avril 1778. V. à Mme Cramer-Dellon. "Le vieux malade, madame, est bien consolé" *Correspondant* 244:673. 1911

3812. 7 mai 1778. V. à Wagnière. "Je vous embrasse, mon cher Wagnière" *V Ferney* 511-512

3813. 10 mai 1778. V. au marquis de Florian. "J'ai à peine la force d'écrire" *RPL* 49,1:390. 1911

3814. 10 mai 1778. V. à Wagnière, "Mon cher Wagnière, Je vous ai déjà mandé combien" *V Ferney* 513-515

3815. 11 mai 1778. Hennin au marquis de Florian. "Au moment où je m'y attendais le moins" *V Ferney* 524

3816. 13 mai 1778. V. à Wagnière. "J'ai reçu, mon cher ami, votre lettre du 8 mai" *V Ferney* 516-518

3817. 13 mai 1778. Mme Gallatin à Frédéric II de Hesse. ". . . Nôtre ami a achettez un hotel a Paris" *ZFSL* 7:217. 1885

3818. 14 mai 1778. V. à Wagnière. "Mon cher ami, M. de Crassier est tout étonné" *V Ferney* 518-520

3819. [Milieu de mai?] 1778. V. à Théodore Tronchin. "Le vieux malade du quai des theatins" *V aux Tronchin*

3820. 15 mai 1778. V. à Wagnière. "Je vous écrivis hier 14, mon cher Wagnière" *V Ferney* 520-523

3821. 19 mai 1778. Marquis de Florian à Hennin. "En vous perdant, monsieur, en perdant M. de Voltaire et Mme. Denis" *V Ferney* 524-525

3822. 29 mai 1778. V. à [Desplaces et Guillot?]. "Rien de plus critique que la position" Vézinet, 52.

3823. [1778]. V. à Mme. de Saint-Julien. "Un pauvre malade de quatre vingt quatre ans" *MLN* 50:216. 1935

3824. [1778]. V. à Mme de Saint-Julien. "le vieux malade ne peut" *MLN* 50:216. 1935

3825. [1778]. V. à Mme de Saint-Julien. "que le jour du saint vendredi" *MLN* 50:216. 1935

3826. [1778]. V. à M. Moultou. "Je vous remercie, mon cher ami" Bengesco, *Bibl.* 3:346

3827. [Mai 1778]. Wagnière à Rosé. "M. Voltaire fait mille tendres compliments" *S Em M* 35:288. 1908

3828. 30 mai 1778. Gaultier à V. "J'apprends, Monsieur, par la voix publique" Desnoiresterres 8:357-358. Lachèvre 59-60

3829. 30 mai [1778]. Projet de seconde rétractation de V. "Je rétracte tout ce que j'ai pu dire, faire ou écrire" Lachèvre 61-62

3830. 30 mai 1778. L'abbé Gaultier à ? "Je déclare que j'ai été appellé pour confesser M. de voltaire" Lachèvre 64

3831. 30 mai 1778. M. de Tersac, curé de St-Sulpice à ? "Je consens que le corps de M. de Voltaire soit emporté sans cérémonie" Lachèvre 64

3832. Sans date. V. à d'Alembert. "Voilà, mon cher et aimable confrère, une lettre qui vous mettra au fait" Janin 378

3833. Sans date. V. à Algarotti. "Io sono un poco casalingo e pigro, mio caro Conte" *Opere Algarotti* 16:105

3834. Sans date. V. à Algarotti. "Ecco il vostre *Du Bos*" *Opere Algarotti* 16:106

3835. 24 septembre. V. à Algarotti. "Non posso immaginare, caro mio Conte" *Opere Algarotti* 16:107-108

3836. 7 juillet. V. à Algarotti. "Ho ricevuto colla più viva gratitudine" *Opere Algarotti* 16:112-113

3837. 15 août. V. à Algarotti. "Caro, vous voulez le *pauvre diable*" *Opere Algarotti* 16:139-140

3838. Sans date. V. à Algarotti. "Nò, nò, nò, caro cigno di Padova" *Opere Algarotti* 16:141-143

3839. Sans date. V. à d'Argental. "Ma foi, mon cher ami, je ne me souviens plus dans quel endroit" Janin 374

3840. Sans date. V. au prince August Wilhelm de Prusse. "Le malade Voltaire met très humblement aux pieds" Droysen et Caussy 57-58

3841. Sans date. V. au prince August Wilhelm de Prusse. "L'éternel malingre Voltaire s'est trouvé" Droysen et Caussy 58

3842. 27 décembre. V. à Balleidier. "Nous, Fr. de Voltaire, seigneur actuel de Tournay et de Ferney" Vézinet, 5.

3843. Sans date. V. à Balleidier. "Je prie M. Balleidier de presser les opérations" Vézinet, 45.

3844. Sans date. V. à Balleidier. "A l'égard de l'affaire de Jolivet contre Bétems" Vézinet, 45.

3845. Sans date. V. à Mme de Bentinck. "At Sans-Souci there are nothing but happy thoughts" *Countess Bentinck* 1:59

3846. Sans date. V. à Mme de Bentinck. "I count on you to let no one ever know" *Countess Bentinck* 1:59

3847. Sans date. V. à Mme de Bentinck. "The stories of the Court of Berlin" *Countess Bentinck* 1:59-60

3848. Sans date. V. à madame la duchesse de Brunswick. "Madame, On m'a dit que V.A.R. avait reçu avec quelque bonté" Mangold, *Voltairiana inedita* 69-70

3849. 22 février [?]. V. à Chenevières. "Le couvent des Délices fait des prières" *R Palais* 4:516-517. 1898

3850. 13 novembre [?]. V. à Chenevières. "Mon cher correspondant, je vous suplie" *R Palais* 4:517. 1898

3851. Sans date. V. à Chenevières. "Je vous répète, mon cher monsieur" *R Palais* 4:517. 1898

3852. Sans date. V. à Cideville. "Vous avez, mon cher Cideville,— rime féconde et tour facile" *Grande R* 135:450. 1931

3853. Sans date. V. à D-L. de Constant d'Hermenches. "Auguste Sultan,-Votre hautesse veut donc être en lambrequins" *Mélanges S de Grave* 353-354

3854. Sans date. V. à D-L. de Constant d'Hermenches. "De nos hameaux, vous êtes l'enchanteur" *N Litt* 5 avril 1930

3855. Sans date. V. à Gabriel Cramer. "Avant d'aller voir des auto-da-fè, mon" *Bengesco, Bibl* 3:309. *Nain Jaune* 18 juillet 1863

3856. Mercredi au matin. V. à Gabriel Cramer. "Si Monsieur Cramer ne peut me trouver" Bengesco, *Bibl* 3:309-310. *Nain Jaune* 18 juillet 1863

3857. Sans date. V. à Gabriel Cramer. "Votre Suisse vraiment a fait une jolie faute" *Nain Jaune* 1er juillet 1863

3858. Sans date. V. à Gabriel Cramer. "Je vais lire le mémoire de M. de Chapeau Rouge" *Nain Jaune* 1er juillet 1863

3859. Sans date. V. à Gabriel Cramer. "J'ai envoyé chercher Mariane à Ferney" *Nain Jaune* 1er juillet 1863

3860. Sans date. V. à Gabriel Cramer. "Ques que c'est qu'une brochure intitulée Candide" *Nain Jaune* 1er juillet 1863

3861. Sans date. V. à Gabriel Cramer. "Eh bien donc, pourquoy ne pas envoier copie de la lettre du Marquis de Bordéon" *Nain Jaune* 1er juillet 1863

3862. Sans date. V. à Gabriel Cramer. "Puisque ce batard du chien de Diogène est malheureux, il faut lui pardonner" *Nain Jaune* 1er juillet 1863

3863. Sans date. V. à Gabriel Cramer. "Jean Jacque est le fléau des philosophes, il écrit contre eux" *Nain Jaune* 1er juillet 1863

3864. Sans date. V. à Gabriel Cramer. "Mon cher Gabriel saura que je n'ay rallenti la chose" *Nain Jaune* 1er juillet 1863

3865. Sans date. V. à Gabriel Cramer. "Je suppose 'caro' que vous avez mis les cartons dans les envois faits à Dijon" *Nain Jaune* 1er juillet 1863

3866. Sans date. V. à Gabriel Cramer. "Il est bien douloureux de ne recevoir ni A ni B du gros suisse" *Nain Jaune* 1er juillet 1863

3867. Sans date. V. à Gabriel Cramer. "Voici le petit morceau de pâste qu'il faut jeter aux cerberes" *Nain Jaune* 1er juillet 1863

3868. Ce midi jeudy. V. à Gabriel Cramer. "Je viens de lire enfin ce Candide. Je trouve cette plaisanterie dans un goust singulier" *Nain Jaune* 1er juillet 1863

3869. 3 mars. V. à Gabriel Cramer. "La lettre malhonnête" *Nain Jaune* 1er juillet 1863

3870. 14 may. V. à Gabriel Cramer. "Monsieur le Major je vous renvoye Justin et Arnobe" *Nain Jaune* 1er juillet 1863

3871. A Monrion 25e. V. à Gabriel Cramer. "Je suis sensiblement affligé que les musulmans nous traitent de chiens" *Nain Jaune* 1er juillet 1863

3872. A Monrion 18. V. à Gabriel Cramer. "Je vous assure que c'est très sérieusement que je veux et que je dois payer" *Nain Jaune* 4 juillet 1863

3873. Sans date. V. à Gabriel Cramer. "Je vous prie de vouloir bien corriger sur la fin du poème de Lisbonne" *Nain Jaune* 4 juillet 1863

3874. Sans date. V. à Gabriel Cramer. "Vous pouvez mander, Monsieur, à tous vos correspondants" *Nain Jaune* 4 juillet 1863

3875. Sans date. V. à Gabriel Cramer. "Les auteurs du Journal de Liège, qui prend beaucoup de faveur dans l'Europe" *Nain Jaune* 4 juillet 1863

3876. Sans date. V. à Gabriel Cramer. "Il y a un "Corpus poetarum" infolio imprimé à Lyon dans lequel on trouve tous nos plats poètes" *Nain Jaune* 4 juillet 1863

3877. Sans date. V. à Gabriel Cramer. "Vous êtes un Gabriel, un Caro, vous allez à la chasse aux prêtres. Dieu vous le rende" *Nain Jaune* 4 juillet 1863

3878. Sans date. V. à Gabriel Cramer. "Je commençay un nouveau chant hier matin, l'escalade m'inspirait je l'ay fini aujourd'huy" *Nain Jaune* 4 juillet 1863

3879. Sans date. V. à Gabriel Cramer. "Six fautes dans la préface de Jeanne" *Nain Jaune* 4 juillet 1863

3880. Sans date. V. à Gabriel Cramer. "Caro qui n'êtes jamais à la maison si je vous demande comment va le Corneille" *Nain Jaune* 4 juillet 1863

3881. Sans date. V. à Gabriel Cramer. "Caro, voicy les remarques pour Nicomède" *Nain Jaune* 4 juillet 1863

3882. Sans date. V. à Gabriel Cramer. "Ne doutez pas de l'entrée de cet édifiant ballot, on veut gratifier Corbi de ce privilège" *Nain Jaune* 4 juillet 1863

3883. 4 janvier au soir. V. à Gabriel Cramer. "Eh mon Dieu! a t'on toujours dans sa poche droite un vieux Mercure" *Nain Jaune* 4 juillet 1863

3884. Sans date. V. à Gabriel Cramer. "Caro, cela est désespérant, M. Damilaville jure toujours que vous vous seriez défait de tous vos exemplaires" *Nain Jaune* 11 juillet 1863

3885. Sans date. V. à Gabriel Cramer. "Caro Gabriel, vous avez plus fait que je ne feray jamais" *Nain Jaune* 11 juillet 1863

3886. Sans date. V. à Gabriel Cramer. "Non, non, non! Vous êtes des Suisses, vous dis-je!" *Nain Jaune* 11 juillet 1863

3887. Sans date. V. à Gabriel Cramer. "Rien ne pourrait être plus douloureux pour moy que le contretemps que j'éprouve" *Nain Jaune* 11 juillet 1863

3888. Sans date. V. à Gabriel Cramer. "Plus j'y songe, plus je doute qu'on ait 32 estampes en une année" *Nain Jaune* 11 juillet 1863

3889. Sans date. V. à Gabriel Cramer. "Mon cher Gabriel m'a oublié, il ne m'a pas envoyé des Horace" *Nain Jaune* 11 juillet 1863

3890. Sans date. V. à Gabriel Cramer. "J'envoye à mon cher Gabriel la lettre ci-jointe qu'on m'adresse pour lui" *Nain Jaune* 11 juillet 1863

3891. Sans date. V. à Gabriel Cramer. "Je vous jure, caro, que le dessein de Médée et de Jason par Devoges" *Nain Jaune* 11 juillet 1863

3892. Sans date. V. à Gabriel Cramer. "Caro, c'est un rude fardeau de lire une feuille de Don Sanche de Aragon" *Nain Jaune* 11 juillet 1863

3893. Sans date. V. à Gabriel Cramer. "La suite du Menteur m'ennuie horriblement; je vous prie de m'envoyer du Pompée et du Shakespear" *Nain Jaune* 11 juillet 1863

3894. Sans date. V. à Gabriel Cramer. "Je reçois dans ce moment une lettre de Mlle Vadé" *Nain Jaune* 11 juillet 1863

3895. Sans date. V. à Gabriel Cramer. "Caro, je vous renvoye cette triste feuille, la seule dont votre tipographe" *Nain Jaune* 11 juillet 1863

3896. Sans date. V. à Gabriel Cramer. "Je ne commenterai que le Comte d'Essex et Ariane" *Nain Jaune* 11 juillet 1863

3897. Sans date. V. à Gabriel Cramer. "Mon cher Gabriel, je vous prie à l'un de vos correspondants de Paris de porter 10 louis d'or" *Nain Jaune* 11 juillet 1863

3898. Sans date. V. à Gabriel Cramer. "Je viens de faire l'errata des premiers volumes" *Nain Jaune* 11 juillet 1863

3899. Sans date. V. à Gabriel Cramer. "Je vous prie instamment, mon cher Caro, de presser votre correspondant de Florence" *Nain Jaune* 11 juillet 1863

3900. Sans date V. à Gabriel Cramer. "Voici un carton nécessaire que je prie Mr. Cramer de vouloir bien faire" *Nain Jaune* 11 juillet 1863

3901. Jeudy. V. à Gabriel Cramer. "Demain j'enverrai à M. Caro le reste de l'errata" *Nain Jaune* 11 juillet 1863

3902. Samedi matin. V. à Gabriel Cramer. "Ce fils de prêtre, ce Grasset minor a bien l'air d'avoir fait beaucoup" *Nain Jaune* 11 juillet 1863

3903. Sans date. V. à Gabriel Cramer. "Cher Gabriel, n'auriez [vous] rien sur les cosaques" *Nain Jaune* 18 juillet 1863

3904. Sans date. V. à Gabriel Cramer. "J'envoie l'Eveillé avec un âne chercher les cinq volumes languedochiens" *Nain Jaune* 18 juillet 1863

3905. Sans date. V. à Gabriel Cramer. "Le livre de Spoenheim (ou il est prouvé que Simon Barjoue n'a jamais été à Rome)" *Nain Jaune* 18 juillet 1863

3906. Sans date. V. à Gabriel Cramer. "Monsieur Cramer est-il revenu? A-t-il bien réussi" *Nain Jaune* 18 juillet 1863

3907. Sans date. V. à Gabriel Cramer. "La loy naturelle est faitte. Il est vrai que c'est un peu aux dépens des lois physiques" *Nain Jaune* 18 juillet 1863

3908. Sans date. V. à Gabriel Cramer. "Je vous prie instamment, Caro, de me faire voir l'ouvrage de Kirker sur l'Egipte" *Nain Jaune* 18 juillet 1863

3909. Sans date. V. à Gabriel Cramer. "J'avais demandé le livre qui contient la vie de Charlemagne par Eginhard" *Nain Jaune* 18 juillet 1863

3910. Sans date. V. à Gabriel Cramer. "Vous ne m'avez point Caro répondu sur Duchesne" *Nain Jaune* 1er août 1863

3911. Sans date. V. à Gabriel Cramer. "Si mon cher éditeur avait dans ses énormes magasins" *Nain Jaune* 1er août 1863

3912. Sans date. V. à Gabriel Cramer. "Si la feuille où il est question d'Helvétius et de son livre n'est pas tirée" *Nain Jaune* 1er août 1863

3913. Sans date. V. à Gabriel Cramer. "Je reçois dans ce moment une Lettre du Roy de Prusse" *Nain Jaune* 1er août 1863

3914. Sans date. V. à Gabriel Cramer. "Eh bien! vous allez donc nous donner une Metaphisique," m'a dit aujourd'hui M. Constant" *Nain Jaune* 1er août 1863

3915. Sans date. V. à Gabriel Cramer. "eh bien ce manuscript de ce mémoire si interessant" *RR* 30:49. 1939

3916. Sans date. V. à Gabriel Cramer. "bravo, bravo, je vous remercie de tout mon coeur" *RR* 30:51. 1939

3917. Sans date. V. à Gabriel Cramer. "sur le partage rien que de vague sur les prisoniers" *RR* 30:143. 1939

3818. Sans date. V. à Gabriel Cramer. "je vous renvoye caro la derniere feuille qui" *RR* 30:145-146. 1939

3919. Sans date. V. à Gabriel Cramer. "vous vous portez donc mieux mon cher gabriel" *RR* 30:146. 1939

3920. Sans date. V. à Gabriel Cramer. "Allons caro courage nous avons bien de la besogne" *RR* 30:146. 1939

3921. Sans date. V. à Gabriel Cramer. "a dimanche nous causerons voicy du manuscrit" *RR* 30:146. 1939

3922. Sans date. V. à Gabriel Cramer. "vous etes un bon caro je vous remercie des trois" *RR* 30:146. 1939

3923. Sans date. V. à Gabriel Cramer. "est-il possible que je naye pas reçu" *RR* 30:146. 1939

3924. Sans date. V. à Gabriel Cramer. "il est essentiel mon cher ami que vous fassiez" *RR* 30:146. 1939

3925. Sans date. V. à Gabriel Cramer. "je vous prie de seufrir les petites corrections" *RR* 30:146. 1939

3926. Sans date V. à Gabriel Cramer. "si la premiere feuille ou est le titre est tirée" *RR* 30:146-147. 1939

3927. Sans date. V. à Gabriel Cramer. "je vous renvoye mon cher gabriel la partie" *RR* 30:147. 1939

3928. Sans date. V. à Gabriel Cramer. "on a decouvert deux enormes fautes ce sont" *RR* 30:147. 1939.

3929. Sans date. V. à Gabriel Cramer. "mr Crammer est prie denvoier chez jacobi" *RR* 30:147. 1939

3930. Sans date. V. à Gabriel Cramer. "vingt quatre ou 36 pr votre serviteur et pour" *RR* 30:147. 1939

3931. Sans date. V. à Gabriel Cramer. "je ne scais encor aucune nouvelle dans ma solitude" *RR* 30:147. 1939

3932. Sans date. V. à Gabriel Cramer. "nulle nouvelle de M gabriel" *RR* 30:147. 1939

3933. Sans date. V. à Gabriel Cramer. "il y aura un peu a remanier" *RR* 30:147. 1939

3934. Sans date. V. à Gabriel Cramer. "monsieur caro gabriele a raison, je ne pouvais" *RR* 30:148. 1939

3935. Sans date. V. à Gabriel Cramer. "jay a B c D e f" *RR* 30:148. 1939

3936. Sans date. V. à Gabriel Cramer. "Si caro gabriel s y est mepris d'autres s y meprendraient" *RR* 30:148. 1939

3937. Sans date. V. à Gabriel Cramer. "vous m aviez promis caro, livres, feuilles" *RR* 30:148. 1939

3938. Sans date. V. à Gabriel Cramer. "je vous prie d'envoyer cette lettre aux Srs Saillant" *RR* 30:148. 1939

3939. Sans date. V. à Gabriel Cramer. "On remercie Monsieur Cramer du Dion Cassius" *RR* 30:148. 1939

3940. 28 octobre. V. à Gabriel Cramer. "nous prions instamment monsieur cramer" *RR* 30:148-149. 1939

3941. Sans date. V. à Gabriel Cramer. "caro a demain tout le reste" *RR* 30:149. 1939

3942. Sans date. V. à Gabriel Cramer. "il serait bon que l'on put conferer avec Mr. Cramer" *RR* 30:149. 1939

3943. Sans date. V. à Gabriel Cramer. "voila tout ce que jay retrouve des lettres de ce fripon" *RR* 30:149. 1939

3944. Sans date. V. à Gabriel Cramer. "on avait envoie chez Jacobi un Tome 4 pour" *RR* 30:149. 1939

3945. Sans date. V. à Gabriel Cramer. "voicy mon cher caro le dernier chapitre" *RR* 30:149. 1939

3946. Sans date. V. à Gabriel Cramer. "Toute la maison des Delices prie Monsieur Cramer" *RR* 30:149. 1939

3947. Sans date. V. à Gabriel Cramer. "Je vous demande en grace, mon cher gabriel" *RR* 30:150. 1939

3948. Sans date. V. à Gabriel et à Philibert Cramer. "Chers frères, je vous prie de m'envoyer par la poste" *BBB* 1906 p. 222

3949. Sans date. V. à Gabriel et àPhilibert Cramer. "Frères très chers, Aurai-je le Warburton tout entier en anglais" *Nain Jaune* 18 juillet 1863

3950. Sans date. V. à Debrus. "Mon neveu, conseiller au grand Conseil" Bengesco, *Bibl* 3:316

3951. Sans date. V. à Mme du Deffand. "Il y a plaisir bien préfèrable à tout: c'est celui de voir verdir les vastes prairies" *Temps* 28 août 1936

3952. Sans date. V. à Duchesne. "Vous devez avoir reçu, monsieur, la souscription" Janin 383

3953. Sans date. V. à Mme Dupin. "A l'illustrissima Signora Dupin: O Dupina, ave, Venus" Bengesco, *Bibl* 3:319-320 *Portefeuille Dupin* 308

3954. Ce samedi. V. à Mme Dupin. "Monsieur de Voltaire présente ses respects à madame Dupin" *Portefeuille Dupin* 315

3955. Sans date. V. à Mme d'Epinay. "Le malade Voltaire présente ses respects à la plus aimable des convalescentes" *Temps* 28 août 1936

3956. Sans date. V. à Mme d'Epinay. "J'aime mieux Minerve qu'Euterpe" *Temps* 28 août 1936

3957. Sans date. V. à Mme d'Epinay. "Tous les philosophes devraient vivre à la campagne" *Temps* 28 août 1936

3958. Sans date. V. à Mme d'Epinay. "Pour aujourd'hui malgré mon respect pour les deux grands et beaux yeux" *Temps* 28 août 1936

3959. Sans date. V. à Mme d'Epinay. "Je demande aujourd'hui la permission de la robe de chambre à Mme d'Epinay" *Temps* 28 août 1936

3960. Sans date. V. à Mme d'Epinay. "Heureusement Mme d'Epinay ne craint pas le froid" *Temps* 28 août, 1936

3961. Sans date. V. à Mme d'Epinay et à Théodore Tronchin. "Le carosse ou le fiacre le plus doux est à leurs ordres à midi" *Temps* 28 août 1936

3962. 20 février. V. et Mme Denis à Fabry. "Mme Denis fait les plus sincèses compliments" *Arts-Lettses*, 2e année, Nos 8-9

3963. 24 juillet, V. à Fabry. "Je recommande à votre protection" *Arts-Lettres*, 2e année, Nos 8-9

3964. A Ferney, 4. V. à [Fabry]. "Je ne pus avoir l'honneur de vous répondse" *Arts-Lettres*, 2e année, Nos 8-9

3965. Ferney, 16. V. à [Fabry]. "Vous devez être bien fatigué" *Arts-Lettres*, 2e année, Nos 8-9

3966. 25 avril. V. à [Fabry]. "Vous avez eu la bonté de me faire agréer" *Arts-Lettres*, 2e année, Nos 8-9

3967. Sans date. V. à Fabry. "Allez, allez, mon cher monsieur, ne soyez point inconsolable" *Arts-Lettres*, 2e année, Nos 8-9

3868. Sans date. V. à Fabry. "Voilà les permissions de manger expirées" *Grande R* 71:677. 1912

3969. Sans date. V. et Mme Denis à [Fabry]. "Voici le moment de saigner le marais de Magny" *Arts-Lettres*, 2e année, Nos 8-9

3970. Sans date. V. à [Fabry]. "J'ai l'honneur de vous envoyer la lettre du curé de Moens" *Arts-Lettres*, 2e année, Nos 8-9

3871. Sans date. V. à [Fabry?]. "J'ai sur le champ, monsieur, fait part aux Suisses de Ferney" *Arts-Lettres*, 2e année, Nos 8-9

3972. Sans date. V. à [Fabry?]. "J'ai l'honneur de vous envoyer les papiers ci-joints" *Arts-Lettres*, 2ᵉ année, Nᵒˢ 8-9

3973. Sans date. V. à [Fabry?]. "Je suis rentré chez moi dans l'instant" *Arts-Lettres*, 2ᵉ année, Nᵒˢ 8-9

3974. Sans date. V. à Falconnet. "Vous vous plaignez de mon injustice envers Charles Coypel" Janin 218-219. (apocryphe? cf. Bengesco, *Bibl* 3:374)

3975. Sans date. V. à Mme de Fontaine. "Vivre à la campagne" *Temps* 28 août 1936

3976. Sans date. V. à [Frédéric II?]. "Sire, Je rends à Sa Majesté ce premier volume" Bengesco, *Bibl* 3:350-351

3977. Sans date. V. à Frédéric II. "Sire, cet ouvrage n'est pas le premier que j'aie" Droysen et Caussy 57

3978. Sans date. V. à Mme Gallatin. "Eh mon Dieu, Madame, tout le monde est venu crier que les guêpes" Marc Peter 11

3979. Sans date. V. à Mme Gallatin. "Il faut laisser vendanger Madame Galatin et M. le Colonel Pictet" Marc Peter 13

3980. 2 septembre. V. à Mme Gallatin. "Gabriel Grenier ayant abusé de la permission que je luy avais donné" Marc Peter 15

3981. Sans date. V. à Mme Gallatin. "Le pauvre malade remercie bien tendrement" Marc Peter 18

3982. Sans date. V. à Mme Gallatin. "Madame Denis vous est bien obligée, notre très chère voisine" Marc Peter 19-20

3983. Sans date. V. à Mme Gallatin. "Nous sommes aux ordres de Mme Galatin. Nous tâcherons d'employer" Marc Peter 20

3984. Sans date. V. à Mme Gallatin. "Je voudrais, Madame, me porter assez bien" Marc Peter 21-22

3985. Sans date. V. à Mme Gallatin. "Vous nous accablez de présents, ma chère voisine" Marc Peter 24

3986. Sans date. V. à Mme Gallatin. "Qu'il est doux de recevoir vos figues! Madame, qu'il est triste de ne les pas manger avec vous" Marc Peter 24

3987. Sans date. V. à Mme Gallatin. "Vous me donnez plus de figues, Madame, qu'il n'y en a dans le pays" Marc Peter 25. *V. Ferney* 334

3988. 18 septembre. V. à Mme Gallatin. "Nous comptions revenir tous souper à Ferney" Marc Peter 26

3989. Sans date. V. à Mme Gallatin. "Lorsque V. se présente chez sa voisine il n'a d'autre" Marc Peter 26

3990. Sans date. V. à Mme Gallatin. "M. et Mme de Villeneuve" Marc Peter 27

3991. Sans date. V. à Mme Gallatin. "N'aiant point de copiste, Madame, je vous envoie le seul manuscrit" Marc Peter 39

3992. Sans date. V. à Mme Gallatin. "Madame, étant privé depuis huit jours d'un de mes copistes" Marc Peter 40

3993. Sans date. V. à Mme Gallatin. "Ma chère voisine, j'ay deux Princesses de Babilone" Marc Peter 40

3994. Sans date. V. à Mme Gallatin. "Sitôt que je serai moins malade j'aurai l'honneur d'aller chez vous" Marc Peter 42

3995. Sans date. V. à Mme Gallatin. "Comment se porte notre chère malade, notre chère victime, notre chère fille?" *V Ferney* 88-89

3996. Sans date. V. à Mme de Graffigny. "J'ay fait bien des pertes en ma vie. La plus grande" Beaune, *V au collège* 22

3997. Sans date. V. à Francis Hastings, Earl of Huntingdon. "Si Mylord huntingdon veut venir faire l'honneur au vieux malade" *MLN* 49:181 1934

3998. Sans date. V. à Georges Keate. "Dear Sir, I am cruelly sick. Vous me guérissez comme les" Bengesco, *Lettres* 4-5

3999. Sans date. V. à Georges Keate. "Come, english Gentlemen, come, tho I am damnably sick" Bengesco, *Lettres* 43

4000. Sans date. V. à Georges Keate. "More sick than ever. More unable to go abroad to enjoy" Bengesco, *Lettres* 44

4001. Samedi. V. à Lambert. Résumé de la lettre. *RHL* 16:799. 1909

4002. Sans date. V. à Lambert. Résumé de la lettre. *RHL* 16:798-799. 1909

4003. Sans date. V. à Lambert. Résumé de la lettre. *RHL* 16:799. 1909

4004. Sans date. V. à Lambert. Résumé de la lettre. *RHL* 16:799-800. 1909

4005. Sans date. V. à Lambert. Résumé de la lettre. *RHL* 16:802. 1909

4006. Sans date. V. à Lambert. Résumé de la lettre. *RHL* 16:802. 1909

4007. Sans date. V. à Maurice Quentin de La Tour. "Mon cher Apelle, si vous devez brûler votre maison" Bengesco, *Bibl* 3:342. *MLN* 47:214. 1932

4008. Sans date. V. au lieutenant général à Gex. "La dame Denis" Vézinet, 33.

4009. 1er octobre. V. à madame de Lordelot. "Madame, Votre lettre m'a fait relire le petit article" Bengesco, *Bibl* 3:344-345

4910. Sans date. V. à M. de Luchet. "Tous ceux qui ont lu votre journal, Monsieur" Bengesco, *Bibl* 3:345

4011. Sans date. Madrigal de V. à la marquise de Montferrat. "Les malins qu'Ignace engendra,- Les raisoneurs de jansénistes" *V aux Tronchin*

4012. Sans date. V. à Pitt. "My good friend, I thank you heartily for the book" Bengesco, *Bibl* 3:349

4013. Sans date. V. à Ribaute-Charon. "Voici une relation qu'on m'a envoyée: elle amuse toute la Cour" *Acad Tarn-Garonne* 21:51. 1905

4014. Sans date. V. à Ribaute-Charon. "La prétendue histoire des amours de Bayle et de la Jurieu" *Acad Tarn-Garonne* 21:53. 1905

4015. Sans date. V. à Ribaute-Charon. "Le vieux malade, qui a reçu la prose et les vers de M. Ribaute" *Acad Tarn-Garonne* 21:53-54

4016. Sans date. V. à Ribaute-Charon. "Je vous envoie, Monsieur, le livre que vous m'avez demandé" *Acad Tarn-Garonne* 21:54-55. 1905

4017. Sans date. V. à M. Robert. ". . . . Je vous remercie, Monsieur, et je vous félicite" *V Ferney* 313-314

4018. Sans date. V. au sénateur Scheffer. "Pour le remercier d'avoir été reçu membre étranger de l'Académie fondée par la reine-mère de Suède." "Vous me faites Suédois. c'est l'honneur le plus" Bengesco, *Bibl* 3:351

4019. Sans date. V. à François Tronchin. "J'estime beaucoup jerémie. j'ay plus de bois que luy" *V aux Tronchin*

4020. Sans date. V. à François Tronchin. "J'ay reçu, Mon cher ami, mon cher confrere, le paquet" *V aux Tronchin*

4021. Sans date. V. à François Tronchin. "Mon cher amy, il est necessaire que vous ayez la bonté" *V aux Tronchin*

4022. Sans date. V. à François Tronchin. "Je n'ai point de chevaux, mais il me faut" *V aux Tronchin*

4023. Sans date. V. à François Tr. "J'ai reçu" *V. aux Tronchin*

4024. Sans date. V. à François Tr. "Vous savez" *V. aux Tronchin*

4025. Sans date. V. à Vasserot de Chateauvieux. "Mon cher Cicéron, vous êtes" *Caussy* 86-87

4026. Sans date. V. à Jacob Vernes. "Ce mauvais temps me tue, mon cher abbé" Bengesco, *Bibl* 3:353

4027. Sans date. V. à Jacob Vernes. ". . . Jean Jacques et moy, nous ne sommes" *RHL* 19:896. 1912. fragment

4028. Sans date. V. à ? "Madame Denis et moi, Monsieor, nous vous suplions de" *BBB* 1906 p. 222-223

4029. Sans date. V. à Mme? "Ma lettre était bien longue; je la traduis par deux vers" *Janin* 407

4030. Sans date. V. à Mme? "J'irais bien chez vous, si je n'avais peur de vous y rencontrer" *Janin* 408

4031. Sans date. V. à ? "I have received, Sir, everything that you have done me the honour to send me" *J M Read* 2:256-257

4032. Sans date. V. à ? "Vir supra viros, mitte mihi anglicam cartam" *V aux Tronchin*

4033. Sans date. D'Alembert à Suard. "Mille remerciements de ces charmantes lettres" *V et JJR* 545

4034. Sans date. Algarotti à V. "Niente poteva farmi più piacere" *Opere Algarotti* 16:69-71

4035. Sans date. Amélie de Prusse (Frédéric II) à V. "Quand vous fûtes ici, Voltaire,- Berlin, de l'arsenal de Mars,- Devint le temple des beaux-arts" *Grande R* 65:676. 1911

4036. 18 juillet. Audibert à V. "Je viens d'expédier" *RHL* 23:275-276. 1916

4037. Ce mercredi des Cendres. D. Audibert à M. Barthe. "J'attendais, mon bon ami, ta lettre" *RHL* 23:284-285. 1916

4038. Sans date. Mme Denis à Mme de Bentinck. ". . . Mon oncle a été très touché de sa situation" (fac-similé) *Countess Bentinck* 1:56

4039. Sans date. Madame Denis à François Tronchin. "Ne nous joindrons-nous jamais, Monsieur?" *V aux Tronchin*

4040. Sans date. Madame Denis à François Tronchin. "Je vous envoie, Monsieur, une fille qui travaille" *V aux Tronchin*

4041. Sans date. J. J. Mallet à François Tronchin. "J'ay oui dire, Cher Cousin, que M. de V. vouloit" *V aux Tronchin*

4042. 21 octobre. L'abbé Morellet à V. "Monsieur le fondateur de villes,- Je viens de passer trois jours à Montigny" *L'Am d'autogr* 1873, p. 164-165

4043. Sans date. Soufflot à V. "Dans ton lit, en rêvant, je me suis cru Poëte"
V aux Tronchin

4044. Sans date. ? à François Tronchin. "Je t'ai dit chez Me. M. que
j'étois bien aise" *V aux Tronchin*

APPENDICE

1778

4045. 2 juin [1778]. Mg₁ de Barral, évêque de Troyes, à Dom Potherat de
Corbière. "Je viens d'apprendre, Monsieur, que la famille de M.
de Voltaire" Lachèvre 80-81

4046. 3 juin 1778. Dom Potherat de Corbière à Mgr de Barral, évêque de
Troyes. "Monseigneur, Je reçois dans l'instant" Lachèvre 81-86

4047. 13 juin 1778. L'évêque d'Annecy au curé de Ferney. "J'ai reçu, monsieur, à la sortie de l'ordination, vôtre lettre" *V aux Tronchin*

4048. 14 juin [1778?]. Mgr Biord à l'abbé?. "Je n'ai reçu qu'hier matin,
Monsieur, votre lettre du 7 de ce mois" Lachèvre 78-79

4049. 27 juin 1778. Théodore Tronchin à Charles Bonnet. "Si mes principes,
mon bon ami, avoient eu besoin" Lachèvre 19-21

4050. 28 juin 1778. Mme Denis aux Comédiens Français. "Je prie MM. les
Comédiens Français de remettre" *R Rétrospective* 3:380. 1838

4051. Juin 1778. ? à ? "La mort de Voltaire doit être le sujet de toutes les
conversations" *Annales Acad Mâcon* 10:127-131. 1872

4052. 17 juillet 1778. Mme Denis à Passerat de La Chapelle. "Je suis
pénétrée de reconnaissance, monsieur" *R Universitaire* 1:163.
1898

4053. 29 juillet 1778. Mme Gallatin à Frédéric II de Hesse. ". . . vous
jugez bien Monseigneur que je n'ay pas" *ZFSL* 7:217. 1885

4054. 19 septembre 1778. Mme Gallatin à Frédéric II de Hesse. ". . . J'ay
encore eû un Grand chagrin a Vôtre occasion" *ZFSL* 7:217.
1885

4055. 15 octobre 1778. Catherine II à Mme Denis. "Je viens d'apprendre,
Madame, que vous consentez" Lewis, *H. Walpole Corr* 8:212

4056. [Fin octobre 1778?]. L'abbé de Pontigny à Dom Potherat de Corbière. "Dcm Prieur, il court un bruit que l'on a transporté"
Lachèvre 86

1779

4057. 27 février 1779. Frédéric II à d'Argental. "Knowing the esteem M.
de Voltaire had for you, and the attachment" J M Read 2:259

4058. 27 février 1779. Mme Gallatin à Frédéric II de Hesse. " . . . L'on
m'a fait prié de donner les lettres" *ZFSL* 7:217. 1885

4059. 7 avril 1779. Mme Gallatin à Frédéric II de Hesse. ". . . . A l'Égard
des lêttres de nôtre ami, je croyois" *ZFSL* 7:217-218. 1885

4060. 24 mai 1779. Mme Denis aux Comédiens français. "Messieurs, On a
dû vous présenter aujourd'hui" *R Rétrospective* 3:381. 1838

4061. [Mai 1779]. Mme Denis aux Comédiens français. "Messieurs, Je
vous envoie *Agathocle*" *R Rétrospective* 3:380-381. 1838

4062. 27 oct. 1779. Mme Gallatin à Fr II de Hesse. "Le marquis de Villette qui a acheté la terre de Fernex" *ZFSL* 7:218. 1885

1781

4063. 16 janvier 1781. Mme Denis-Duvivier à De Brosses. Transaction sur
les abus de jouissance de Voltaire à Tourney. "Par devant les
conseillers du Roy, notaires au Châtelet de Paris" Foisset 236-
244

1782

4064. 14 novembre 1782. Wagnière à Hennin. "Monsieur, Je commence par
vous remercier bien sincèrement" Hennin 180-182

1787

4065. 1787. Marquis de Villette au comte Guibert. "J'ai à peine l'honneur
d'être connu de vous, Monsieur le Comte" *Oeuvres Villette* 247-249

1790

4066. 3 janvier 1790. Wagnière, attestation. "Je soussigné déclare que M.
de Voltaire, justement irrité" Chaponnière, 127

BIBLIOGRAPHIE

1. Advielle, Victor. *Voltaire, Lettres et poésies inédites adressées à la reins de Prusse, à la Princesse Ulrique, à la Margrave de Bareuth, publiées d'après les originaux de la Bibliothèque royale de Stockholm.* Paris, Librairie des Bibliophiles, 1872.
2. Alexeyeff, M.P. "Voltaire et Schouvaloff, fragments inédits d'une correspondance franco-russe au XVIIIe siècle". *Travaux de la Bibliothèque publique de l'Etat à Odessa;* Série 5: documents inédits. Odessa, 1928.
3. Algarotti. *Opere del Conte Algarotti.* Venezia, Carlo Palese, 1794, 17 volumes.
4. Aragon, V. "Dix lettres inédites de Voltaire à son neveu de La Houlière (du 22 octobre 1770 au 24 septembre 1773)". *Académie des Sciences et Lettres de Montpellier, Mémoires de la Section des Lettres,* 7 (1886), 421-432.
5. Asse, Eugène. *Lettres de la Marquise du Châtelet réunies pour la première fois, revues sur les autographes et les éditions originales.* Paris, Charpentier, s.d.
6. Asse, Eugène. *Lettres de Mme de Graffigny.* Paris, Charpentier, 1879.
7. Asse, Eugène. *Lettres de l'abbé Galiani à Mme d'Epinay, Voltaire, Diderot, Grimm, le baron d'Holbach, Morellet, Suart, d'Alembert, Marmontel, la Vicomtesse de Belsunce, etc. . .* 2 vol. Paris, Charpentier, 1881-1882.
8. Aubry, Jean, Georges. *Voltaire. Lettres d'Alsace à sa nièce Mme Denis.* Paris, Gallimard, 1938.
9. Aulard, Alphonse. "Lettres inédites de Voltaire." *Revue de Paris,* 34, 4 (1927), 40-57.
10. Avezou, R. "Lettres de Voltaire conservées aux Archives de la Haute-Savoie". *Revue Savoisienne,* 1934, 182-187.
11. Baldensperger, F. "Voltaire et la diplomatie française". *Revue de Littérature Comparée,* 11 (1931), 583-606.
12. Baldensperger, F., Flamin et Patouillet. "Lettres inédites ou négligées de Voltaire, ayant trait à ses rapports avec l'étranger". *Revue de Littérature Comparée,* 11 (1931), 268-273.
13. Baldensperger, F. "Voltaire anglophile avant l'Angleterre". *Revue de Littérature Comparée,* 9 (1929), 25-61.
14. Barr, M.-M. *A Bibliography of Writings on Voltaire. 1825-1925.* New York, Institute of French Studies, 1929.
15. Beaune, Henri. *Voltaire au collège. Sa famille, ses études, ses premiers amis.* Paris, Amyot, 1867.
16. Beaune, Henri. "Voltaire et l'administration du pays de Gex". *Mémoires de l'Académie des Sciences, Arts et Belles-Lettres de Dijon,* série 3 (1874), 190-242.
17. Beffroy de Reigny, Louis-Abel (pseudonyme: "Le cousin Jacques"). *Dictionnaire néologique des hommes et des choses ou notice alphabétique . . .* Paris, Moutardier, an VIII (1799).

18. Bengesco, Georges. *Voltaire, Lettres et billets inédits publiés d'après les originaux du British Museum.* Paris, Librairie des Bibliophiles, 1887.

19. Bengesco, Georges. *Voltaire, Bibliographie de ses oeuvres,* Paris, Perrin, 1889, 3 volumes. ("Cent lettres de Voltaire non recueillies dans les diverses éditions de ses oeuvres": III, 283-365).

20. Benoit, Daniel. "Ribaute-Charon, Voltaire et Rousseau". *Recueil de l'Académie des Sciences, Belles-Lettres et Arts de Tarn et Garonne.* 21 (1905), 41-56.

21. Benotte, C. de la. "Une lettre de Voltaire". *L'Intermédiaire des chercheurs et curieux,* 10 novembre 1895.

22. Boislisle, A. de. *Lettres de M. de Marville, lieutenant général de police du roi, au ministre Maurepas (1742-1747), publiées d'après les originaux.* Paris, Champion, 1896-1905.

23. Bonnefon, Paul. *Correspondance de Jean-Baptiste Rousseau et de Brossette publiée d'après les originaux.* Paris, Cornély et Cie, 1910-1911, 2 vol.

24. Bonnefon, Paul. "Néricault-Destouches intime". *RHL,* 14 (1907), 633-695.

25. Bonnefon, Paul. "Un correspondant de Voltaire: Dominique Audibert, Lettres inédites". *RHL,* 22 (1915), 263-282; 23 (1916), 269-290.

26. Bonnefon, Paul. "Quelques lettres inédites de Voltaire". *Revue Universitaire,* 7, 1 (1898), 158-163.

27. Bouvy, Eugène. "Une lettre de Voltaire à l'abbé Pezzana". *RHL,* 6 (1899), 133.

28. Br. "Billets inédits de Voltaire". *Journal de Genève,* 29 octobre 1933.

29. Braybrooke, Lord. "Une soirée chez Voltaire (1772)". *Revue britannique,* 6e série, 30, 1850.

30. Broglie, duc de. *Frédéric II et Louis XV d'après des documents nouveaux. 1742-1744.* 2 vol. Paris, Calmann-Lévy, 1885.

31. Broglie, duc de. *Voltaire avant et pendant la Guerre de Sept Ans.* Paris, Calmann-Lévy, 1898.

32. Cabanès, docteur. *Les Indiscrétions de l'histoire,* 6e série. Paris, Albin Michel, 1909.

33. Calmettes, Pierre. *Choiseul et Voltaire d'après les lettres inédites du duc de Choiseul à Voltaire.* Paris, Plon, 1902.

34. Caussy, Fernand. *Voltaire seigneur de village.* Paris, Hachette, 1912.

35. Caussy, Fernand. "Une correspondance inédite de Voltaire et du président Hénault". *Le Correspondant,* 234 (1909), 590-602.

36. Caussy, Fernand. "Lettres inédites". *Le Correspondant,* 244 (1911), 650-673.

37. Caussy, Fernand. "La mission diplomatique de Voltaire d'après des documents inédits". *La Grande Revue,* 65 (1911), 547-563.

38. Caussy, Fernand. "Lettres secrètes inédites de Voltaire". *La Grande Revue,* 65, (1911), 673-696.

39. Caussy, Fernand. "La politique commerciale de Voltaire". *La Grande Revue,* 71 (1912), 673-689.

40. Caussy, Fernand. "Lettres sur le sel". *La Grande Revue*, 71 (1912), 690-702.

41. Caussy, Fernand. "Lettres de Marin à Voltaire". *Mercure de France*, 72 (1908), 637-652.

42. Caussy, Fernand. "Lettres inédites à Lekain". *Mercure de France*, 78 (1909), 443-453.

43. Caussy, Fernand. "Lettres inédites à Panckoucke". *Mercure de France*, 84 (1910), 83-94.

44. Caussy, Fernand. "Lettres de Voltaire à Maupertuis". *Revue Bleue*, 46, 1 (1908), 513-515.

45. Caussy, Fernand. "Lettres inédites à Thieriot". *Revue Bleue*, 47, 2 (1909), 417-420, 459-461.

46. Caussy, Fernand. "Lettres de Voltaire à sa nièce". *Revue Bleue*, 48, 2 (1910), 737-741, 776-780.

47. Caussy, Fernand. "Lettres de Voltaire à M. de Florian". *Revue Bleue*, 49, 1 (1911), 385-390.

48. Caussy, Fernand. "Lettres à Jacob Vernes, ministre du Saint Evangile". *Revue Bleue*, 51, 1 (1913), 289-293, 321-322, 356-358.

49. Caussy, Fernand. "Lettres inédites de Thiriot à Voltaire". *RHL*, 15 (1908), 131-161, 340-351, 705-721; 16 (1909), 160-180.

50. Caussy, Fernand. "Lettres inédites de Voltaire au libraire Lambert". *RHL*, 16 (1909), 798-819.

51. Caussy, Fernand. "Lettres inédites de Voltaire à Collini et à Marin". *RHL*, 17 (1910), 802-822.

52. Caussy, Fernand. "Lettres à Voltaire". *Revue de Paris*, 14, 2 (1907), 729-240.

53. Caussy, Fernand. "Voltaire et ses curés". *Revue de Paris*, 16 4, (1909), 254-265.

54. Caussy, Fernand. "Lettres sur les dîmes". *Revue de Paris*, 16, 4 (1909), 266-286, 619-635.

55. Cayrol et François. *Lettres inédites de Voltaire*. Paris, Didier, 1856.

56. Cervino, M. *Boletín de la Sociedad española de excursiones*, 7 (1899), 173-175.

57. Chaponnière, Paul. *Voltaire chez les Calvinistes*. Genève, 1932.

58. Chapuisat, Edouard. *Salons et Chancelleries au 18e siècle*. Lausanne, Payot, 1943.

59. Charavay fils, E. *L'amateur d'autographes*. Paris. J. Charavay aîné, 1871-1875.

60. Charlier, Gustave. *De Ronsard à Victor Hugo. Problèmes d'histoire littéraire*. Editions de la Revue de l'Université de Bruxelles, 1931.

61. Charlier, Gustave. "Voltaire à Francfort, d'après des lettres inédites". *Revue belge de philologie et d'histoire*, 4 (1925), 301-316.

62. Charrot, Charles. "Cinq lettres inédites de Voltaire trouvées à Besançon". *Revue du dix-huitième siècle*, 1 (1913), 448-453.

63. Cherbuliez, Emilie. *Mémoires d'Isaac Cornuaud sur Genève et la révolution, de 1770 à 1795*. Genève, A. Jullien, 1912.

64. Chesterfield, Earl of. *The letters of Philip Dormer Stanhope, Earl of Chesterfield, edited by Lord Mahon.* Philadelphia, Lippincott, 1892.

65. Choisy, A. "Lettres inédites de Voltaire". *Bull. soc. d'hist. et d'archéol. de Genève,* 3 (1913), 405-417.

66. Clousier, Pichard, Bailly et Desenne. *Oeuvres du marquis Charles Michel de Villette.* Edimbourg et Paris, 1788.

67. Collini, Come, Alexandre. *Mon séjour auprès de Voltaire et lettres inédites que m'écrivit cet homme célèbre jusqu'à la dernière année de sa vie.* Paris, Léopold Collin, 1807.

68. Coquerel, Athanase, fils. *Voltaire, Lettres inédites sur la tolérance.* Paris, J. Cherbuliez, 1863.

69. Coquerel, Athanase, fils. *Jean Calas et sa famille.* 2e édition. Paris, Sandoz et Fischbacher, 1869.

70. Corpechot, Lucien. "Voltaire à Ferney". *Le Correspondant,* 195 (1899), 678-685.

71. Courtat, Félix. *Les vraies lettres de Voltaire à l'abbé Moussinot, publiées pour la première fois sur les autographes de la Bibliothèque nationale.* Paris, A. Lainé, 1875.

72. Crowley, Francis J. "Some neglected letters of Voltaire". *Modern Language Notes,* 50 (1935), 215-216.

73. Crowley, Francis J. "Two unpublished letters of Voltaire". *Modern Language Notes,* 49 (1934), 181.

74. Crowley, Francis J. "New Voltaire-Gabriel Cramer letters". *Romanic Review,* 30 (1939), 39-51; 133-150.

75. Dapp, Kathryn. *George Keate, Esq, 18th century English gentleman.* Philadelphia, 1939.

76. Dardier, Charles. "Voltaire agissant en faveur des protestants en 1754". *Bulletin de la société de l'histoire du protestantisme français,* 32 (1883), 528-529.

77. Dardier, Charles. *Paul Rabaut, ses lettres à divers (1744-1794)* Paris, Grassart, 1891.

78. Dedieu, Joseph. "Un incident inédit de la vie de Voltaire". *RHL,* 42 (1935), 221-222.

79. Deffand, Mme du. *Lettres à Voltaire.* p.p. J. Trabucco. Paris, Bossard, 1922.

80. D.L.P. (De La Place). *Pièces intéressantes et peu connues pour servir à l'histoire et à la littérature.* 2 vol. Maestricht, Dufour et Roux, 1786.

81. Delaruelle, L. "Note sur une lettre de Voltaire". *RHL,* 18 (1911), 415.

82. Delattre, André. "Les lettres de Voltaire des manuscrits Tronchin". *Modern Language Notes,* 58 (1943), 441-447.

83. Delattre, André. *Voltaire, Correspondance avec les Tronchin, édition critique, établie et annotée.* Paris, Mercure de France, 1950.

84. Delattre, André. "Voltaire and the ministers of Geneva". *Church History,* 13 (1944), 1-14.

85. Dellas, E. "Mgr de Montillet et Voltaire: deux lettres de ce prélat à retrouver". *Revue de Gascogne,* 34 (1893), 72-73.

86. Delort, Joseph. *Histoire de la détention des philosophes et des gens de lettres à la Bastille et à Vincennes.* Paris, Firmin Didot, 1829.

87. Desnoiresterres, Gustave. *Voltaire et la société française au XVIIIe siècle.* 8 vol. Paris, Didier, 1875.

88. Desnoiresterres, Gustave. *Le chevalier Dorat et les poètes légers du XVIIIe siècle.* Paris, Perrin, 1887.

89. Droysen, Hans, Caussy, Fernand, und Volz, G. B. *Nachträge zu dem Briefwechsel Friedrichs des Grossen mit Maupertuis und Voltaire nebst verwandten Stücken.* Leipzig, S. Hirzel, 1917. (Publikationen aus den K. Preussischen Staatsarchiven, 90. Band.)

90. Duchemin, Marcel. "L'affaire Voltaire-Jore. Trois documents inédits." *RHL*, 8 (1901), 676-680.

91. Dufour, Th. et Plan, P.P. *Correspondance générale de J.J. Rousseau collationnée sur les originaux.* Paris, A. Colin, 1924-1934. 20 volumes.

92. Dufour, Edouard. "Lettres inédites de Voltaire à Jacob Vernes". *RHL*, 19 (1912), 895-898.

93. Dumas, J.B. *Histoire de l'Académie royale des Sciences, Belles-Lettres et Arts de Lyon.* Lyon, Biberton et Brun, 1839.

94. Dupont, P. *Lettres inédites de Voltaire*, Paris, 1826.

95. Dussieux, L. et Soulié, E. *Mémoires du duc Charles de Luynes sur la cour de Louis XV.* Paris, Didot, 1862-1863.

96. Ebert, Friedrich Adolf. *Ueberlieferungen zur Geschichte, Literatur und Kunst der Vor-und Mitwelt.* Dresden, Walther, 1826.

97. Estrée, Paul d'. "Une lettre inédite de Voltaire". *L'Intermédiaire des chercheurs et curieux*, 10 mars 1887.

98. Estrée, Paul d'. "Les surprises d'une perquisition". *RHL*, 13 (1906), 332-336.

99. Favre, Edouard et Pictet, Edmond. "Lettres inédites de Voltaire à Louis Necker de Germany et à J.-A. De Luc". *Bull. soc. d'hist. et d'archéol. de Genève*, 1 (1892-1897), 212-220.

100. Foisset, Th. *Voltaire et le Président de Brosses.* Paris, Didier, 1858.

101. Foulet, Lucien. *Correspondance de Voltaire (1726-1729). La Bastille. L'Angleterre. Le retour en France.* Paris, Hachette, 1913.

102. Frank, Grace. "Voltaire to Mazzuchelli". *Modern Language Notes*, 57 (1942), 355-356.

103. Frossard, Charles. "Affaire de Calas, une lettre inédite de Voltaire". *Bulletin de la société de l'histoire du protestantisme français*, 17 (1868), 398-399.

104. Fucilla, Joseph G. "Unedited Voltaire letters to Count di Polcenigo". *Modern Language Notes*, 54 (1939), 184-188.

105. Gagnebin, Bernard. "Voltaire à Genève". *Genava*, 23 (1945), 70-85.

106. Gal-Pomaret. "Lettre inédite de Gal-Pomaret à Voltaire et réponse de Voltaire. 1776". *Bulletin de la société de l'histoire du protestantisme français*, 8 (1859), 484-485.

107. Garrick, David. *The Private Correspondence of David Garrick with the most celebrated persons of his time".* 2 vol. London, Colburn and Bentley, 2, 1834.

108. Gastineau, B. *Voltaire en exil. Sa vie et son oeuvre en France et à l'étranger. . . avec des lettres inédites de Voltaire et de Mme du Châtelet.* Paris, Germer Baillière, 1878.

109. Gaudier, M. "Communication destinée à être lue au prochain congrès des sociétés savantes". Procès-verbal de la séance du 31 mars 1870. *Annales de l'académie de Mâcon, société des arts, sciences, belles-lettres et d'agriculture,* 10 (1870), 118-132.

110. Gauthier-Villars, Henry. "Une correspondance inédite de Voltaire". *La Revue du Palais,* 2e année, 1 (1898), 493-517.

111. Gillet Joseph. "Voltaire's original letter to Mayans about Corneille's *Héraclius". Modern Language Notes,* 45 (1930), 34-36.

112. Godet, Philippe. "Lettres à la comtesse de Bentinck". *Revue de Paris,* 35 (1896), 282-324.

113. Golowkin, comte Fédor. *Lettres diverses recueillies en Suisse.* Genève, Paris, J. J. Paschoud, 1821.

114. Gothein, Eberhard. "Briefe Voltaires". *Zeitschrift für die Geschichte des Oberrheins,* 1887, 273.

115. Grouchy, vicomte de. "Auteurs et comédiens". *Carnet historique et littéraire,* 5 (1900), 318.

116. Grouchy, victome de. "Lettres inédites de Voltaire à M. et Mme Elie de Beaumont". *Nouvelle Revue Rétrospective,* 1897, 217-240.

117. Haase, Gustav. "Die Briefe der Herzogin Luise Dorothee von Sachsen Gotha an Voltaire". *Archiv für das Studium der Neueren Sprachen und Literaturen,* 91 (1893), 405-426; 92 (1894), 1-38, 145-179, 367-410.

118. H. A. "Un document inédit". *Gand artistique,* 9 (1930), 95-96.

119. Haloche, Maurice. "Lettre de Voltaire au marquis de Thibouville". *Intermédiaire,* 20 janvier 1908.

120. Haupt, Herman. "Voltaire und Johann Erasmus v. Senckenberg. Ein ungedruckter Briefwechsel". *Deutsche Revue,* 28 (1903), 331-339.

121. Havens, George, R. "Twelve new letters of Voltaire to Gabriel Cramer". *Romanic Review,* 31 (1940), 341-354.

122. Havens, George, R. "Voltaire's letters to Pierre Pictet and his family". *Romanic Review,* 32 (1941), 244-258.

123. Hawkins, R. L. "Six unpublished letters of Voltaire". *Modern Philology,* 27 (1929), 245-253.

124. Hawkins, R. L. *Newly discovered French Letters of the Seventeenth, Eighteenth and Nineteenth Centuries.* Harvard University Press, 1933.

125. Hennin, fils. *Correspondance inédite de François Marie Arouet de Voltaire avec P. M. Hennin.* Paris, J. S. Merlin, 1825.

126. Henry, Charles. *Oeuvres et correspondance inédites de d'Alembert.* Paris, Perrin, 1887.

127. Henry, Charles. *Voltaire et le cardinal Quirini,* d'après des documents nouveaux. Paris, E. Dentu, 1887.

128. Heydt, Karl von der. "Briefwechsel Voltaires and d'Alemberts mit Professor Allamand". *Festgabe für Wilhelm Crecelius.* Elberfeld,, Sam. Lucas, 1881, 220-222.

129. Holbrook, William C. "Voltaire and Blin de Sainmore: an unpublished Voltaire letter". *Modern Language Notes*, 49 (1934), 470-472.
130. Horn, Georg. *Voltaire und die Markgrävin von Baireuth*. Berlin, Decker, 1865.
131. "Les hôtes du IVe arrondissement". *La Cité. Bulletin de la société historique et archéologique du IVe arrondissement de Paris*, 2e année, 6 (1903), 355-359.
132. Irvin, Leon P. "Unpublished letter to Père Menou". *Romanic Review*, 17 (1926), 257-260.
133. Ivernois, Francis d'. *Tableau historique et politique des Révolutions de Genève dans le 18e siècle*. Genève, 1782.
134. Jacquart, Jean. *La correspondance de l'abbé Trublet*. Paris, A. Picard, 1926.
135. Jacques, le cousin. Cf. Louis-Abel Beffroy de Reigny.
136. Jakouschkine. [Lettres de Voltaire, des archives russes, au prince Galatzine et à Catherine II]. *Revue historique*, 32 (1886), 148-149.
137. Janin, Jules. *Le dernier volume des oeuvres de Voltaire. Oeuvres inédites précédées du testament autographe de Voltaire*. Paris, Plon, 1862.
138. Kern, F. "Ein ungedruckter Brief Voltaires". *Württembergische Vierteljahreshefte für Landesgeschichte*, 11 Jahrgang, 2 (1902), 149-151.
139. Kisselef, Nicolas, "Deux lettres de la correspondance de Voltaire avec M. A. P. Schouvalof". *Rousski Arkhiv (Archives russes imprimées à la bibliothèque Tcherkov)*, Moscou, (1864), 34-41.
140. Koser, Reinhold, und Droysen, Hans. *Briefwechsel Friedrichs des Grossen mit Voltaire*. Leipzig, S. Hirzel, 1908-1911. (Publikationen aus den K. Preussischen Staatsarchiven, 81-82-86 Band). 3 volumes.
141. Lachèvre, Frédéric. *Voltaire mourant*. Paris, H. Champion, 1908.
142. Ladame, Paul-Louis. "Un épisode des relations de Voltaire avec Genève. L'esclandre du samedi 16 juin 1770 à la Porte de Cornavin". *Bull. soc. d'hist. et d'archéol. de Genève*, 3 (1913), 230-261.
143. Lanson, Gustave. "L'affaire des "*Lettres philosophiques*" de Voltaire, d'après des documents inédits". *La Revue de Paris*, 11, 4 (1904).
144. Lanson, Gustave. "Sept lettres inédites de Michel Servan à Voltaire". *RHL*, 15 (1908), 314-329.
145. La Plagne-Barris, Cyprien, et Couture, L. "Un curé de Cazaux-Pardiac". *Revue de Gascogne*, 32 (1891), 76-80.
146. Latreille, C. "Une lettre inédite de Volatire". *RHL*, 17 (1910), 616.
147. Le Blond, Mrs Aubrey. *Charlotte Sophie, Countess Bentinck. Her Life and Times 1715-1780*. 2 vol. London, Hutchinson, 1912.
148. Le Brun. *Oeuvres de Ponce Denis Le Brun*. Paris, Warée, 1811.
149. Léger, Louis. "Lettre inconnue de Voltaire". *Journal des Savants*, n.s. 10 (1912), 129-130.
150. Lekain, fils. *Mémoires de Henri Louis Lekain*. Paris, Colnet, Debray, Mongie, an IX, 1801.

151. Lenel, S. "Un ennemi de Voltaire: La Beaumelle". *RHL*, 20 (1913), 101-132.

152. Léouzon-Leduc, L. *Voltaire et la Police, dossier recueilli à Saint-Pétersbourg, parmi les manuscrits français originaux enlevés à la Bastille en 1789.* Paris, Ambroise Bray, 1867.

153. *Lettre à Mr Norberg, Chapelain du Roy de Suède Charles XII, auteur de l'histoire de ce monarque.* [Londres, 1744].

154. "Lettre à M. de Voltaire par un gentilhomme ordinaire et un de ses amis". *La Nouvelle Revue*, 21e année, 119 (1899), 131-134.

155. "Lettre de Mme d'Argental sur Voltaire". *L'Intermédiaire des chercheurs et curieux.* 10 juillet 1912.

156. "Une lettre de Voltaire". *L'Intermédiaire des chercheurs et curieux.* 30 décembre 1913.

157. "Lettres diverses relatives à Voltaire". *Revue Rétrospective*, 3e série, 3 (1838), 375-381.

158. *Lettres curieuses et intéressantes de M. de Voltaire et de plusieurs autres personnes distingués par leur rang et par leur mérite.* Dublin, Hallhead, 1781.

159. *Lettres et billets de Voltaire à l'époque de son retour de Prusse en France en 1753.* Paris, Société des Bibliophiles, 1867.

160. Lion, Henri. *Un magistrat homme de lettres au XVIIIe siècle: le Président Hénault, 1685-1770. Sa vie, ses oeuvres . . . avec un appendice des lettres inédites de Voltaire au Président Hénault.* Paris, Plon, 1903.

161. Maillefer, Paul. "Documents relatifs à un vieux procès. Grasset et Voltaire". *Revue Historique Vaudoise*, 2 (1894), 15-26.

162. Maillefer, Paul, "Voltaire et Allamand". *Revue Historique Vaudoise*, 6 (1898), 300-310, 321-332, 353-365.

163. Mangeart, J. "Deux letres de J. B. Rousseau sur la tragédie de *Zaïre* et sur Voltaire". *Catalogue descriptif et raisonné des manuscrits de la bibliothèque de Valenciennes*, Paris et Valenciennes, 1860.

164. Mangeart, J. "Lettre de Scipion Maffei à Voltaire traduite pour la première fois". *Société d'agriculture, sciences et arts de Valenciennes*, 1838.

165. Mangeot, Georges. "Une lettre inédite de Voltaire". *Le Pays Lorrain et le Pays Messin*, Nancy, 8e année, No. 4 (20 avril 1911), 193-205.

166. Mangold, Wilhelm. *Voltairiana inedita aus den königlichen Archiven zu Berlin.* Berlin, Wiegandt et Grieben, 1901.

167. Mangold, Wilhelm. *Voltaires Rechtsstreit mit dem königlichen Schutzjuden Hirschel 1751.* Berlin, Frensdorff, 1905.

168. Marie, Claude. "Voltaire. Diplomatie et cuisine littéraires. Lettres écrites à ses éditeurs les frères Cramer". *Le Nain Jaune*, 1er, 4, 18 juillet 1863; 1er août 1863.

169. Marmontel, Jean François. *Oeuvres complètes de Marmontel.* Paris, A. Belin, 1820.

170. Martin, Jean. "Voltaire et son passementier". *Journal de Genève,* 11 février 1924.

171. Marty-Laveaux. "Une lettre inconnue de Voltaire sur la prononciation". *L'Intermédiaire des chercheurs et curieux,* 20 avril 1893.

172. Matulka, Barbara. "Voltaire and the queen of Prussia, a letter recovered". *Modern Language Notes,* 42 (1927), 394-395.

173. Maugras, Gaston. *Voltaire et J. J. Rousseau.* Paris, Calmann-Lévy, 1886.

174. Meunier, Dauphin. "La Comète de Halley. Une lettre inconnue de Voltaire". *Le Figaro,* 21 mai 1910.

175. Mévil, André. "Une lettre de Voltaire". *L'Intermédiaire des chercheurs et curieux,* 20 avril 1902.

176. Meyer, E. "Voltaire contrebandier". *La Grande Revue,* 132 (1930), 94-110.

177. Meyer, E. "Voltaire seigneur en zone franche". *La Grande Revue,* 130 (1929), 19-38.

178. Meyer, E. "Billets inédits de Voltaire". *La Grande Revue,* 135 (1931), 446-452.

179. Meyer, E. "Addition à la correspondance échangée entre Voltaire et l'évêque d'Annecy". *RHL,* 43 (1936), 573-584.

180. Michon, L. "Quelques lettres inédites de Voltaire, créancier du duc de Würtemberg". *Mémoires de l'académie Stanislas,* 9 (1912), 174-230.

181. Moulin, Henri. "Voltaire et Fyot de la Marche". *Mémoires de l'académie nationale des sciences, arts et belles-lettres de Caen,* 1885, 185-250.

182. Nisard, Charles. *Mémoires et correspondances historiques et littéraires inédits. 1726 à 1816.* Paris, Michel Lévy, 1858.

183. Nolhac, Pierre de. "Sur une lettre italienne de Voltaire." *Studi Critici in onore di G. A. Cesareo,* Palermo, Gaetano Priulla, [1924].

184. Noury, J. "Voltaire inédit." *Bulletin historique et philologique du comité des travaux historiques et scientifiques,* 1894, 352-366.

185. Oulmont, Charles. "Avec Mme d'Epinay et Voltaire à Ferney. (Lettres inédites)." *Le Temps,* 28 août 1936.

186. Paquot, Marcel. "Voltaire, Rousseau et les Bentinck." *Revue de littérature comparée,* 6 (1926), 293-320.

187. Patterson, Shirley Gale. "A letter of Voltaire". *Modern Language Notes,* 27 (1912), 125-126.

188. Pélissier, Léon-Gabriel. "Lettres de divers écrivains français". *Bulletin du Bibliophile* (1906), 130-132, 222-224.

189. Perey, Lucien et Maugras, Gaston. *La vie intime de Voltaire aux Délices et à Ferney. 1754-1778.* Paris, C. Lévy, 1885.

190. Perrochon, Henri. "Voltaire et les vins vaudois". *Revue Historique Vaudoise,* 36 (1928), 345-347.

191. Perroud, Cl. "Six lettres inédites de Voltaire". *Annales de la société d'émulation et d'agriculture de l'Ain,* 6 (1873), 315-339.

192. Peter, Marc. *Une amie de Voltaire, Madame Gallatin.* Lausanne, Spes, s.d.

193. Phillimore, Robert. *Memoirs and correspondence of George, Lord Lyttelton, from 1734 to 1773,* 2 vol. London, James Ridgway, 1845.

194. Pinot, V. "A propos d'une lettre de Voltaire". *RHL,* 22 (1915), 233-235.

195. Piot, Eugène. "Voltaire et H. Gravelot". *Cabinet de l'amateur,* Paris, Firmin Didot, 1863.

196. Pitollet, Camille. "Deux lettres inédites de Voltaire à S'Gravesande". *RHL,* 14 (1907), 552-554.

197. [Pitt, William]. *Correspondence of William Pitt, Earl of Chatham,* 2 vol. London, John Murray, 1838.

198. Pommier, J. "Lettres inédites de Voltaire à M. et Mme de Monthou". *Revue de Paris,* 32, 1 (1925), 510-526.

199. Rabaud, Camille. *Sirven, Etude historique sur l'avènement de la Tolérance.* Paris, Fischbacher, 1891.

200. Read, J. M. *Historic Studies in Vaud, Berne and Savoy,* 2 vol. London, Chatto and Windus, 1897.

201. Rebord, Ch. Correspondance de Monseigneur Biord avec Voltaire". *La Revue Savoisienne,* 1922, 19-23.

202. Reddaway, W. F. *Documents of Catherine the Great. The correspondence with Voltaire and the Instruction of 1767 in the English text of 1768.* Cambridge, University Press, 1931.

203. Remak, H. H. "Voltaire à d'Argental". *Modern Language Notes,* 56 (1941), 504-507.

204. Ricci, Seymour de. "Lettres de Voltaire sur Corneille et Racine". *Revue des deux mondes,* 1937, 366-388.

205. Ritter, Eugène. "Sur la date d'une lettre de Voltaire". *RHL,* 2 (1895), 255.

206. Ritter, Eugène. "Lettres inédites de Voltaire." *RHL,* 8 (1901), 143-150.

207. Ritter, Eugène. "Une lettre de Voltaire". *RHL,* 14 (1907), 728.

208. Rivière, M. "Voltaire et Blin de Sainmore". *L'Intermédiaire des chercheurs et curieux,* 15 et 30 août 1935; 30 octobre 1935.

209. Roosbroeck, G. L. van. "The date of a letter by Voltaire to M. de Formont". *Modern Language Notes,* 39 (1924), 1-10.

210. Roosbroeck, G. L. van. "An unknown letter of Voltaire about J. J. Rousseau, addressed to de Luc". *Modern Language Notes,* 38 (1923), 205-209.

211. Roosbroeck, G. L. van. "An unpublished letter of Mme de Pompadour to Voltaire". *Neophilologus,* 20 (1935), 90-91.

212. Roosbroeck, G. L. van. "An unpublished letter of Voltaire about the acquisition of 'Les Délices'". *Neuphilologische Mitteilungen,* 36 (1935), 290-293.

213. Rossel, Frédéric. *Voltaire créancier du Wurtemberg. Correspondance inédite.* Paris, Champion, 1909.

214. Rossel, Frédéric. "Autour d'un prêt hypothécaire. Voltaire créancier du Würtemberg". *Mémoires de la société d'émulation de Montbéliard*, 35 (1908), 147-308.

215. Rouchon, Ulysse. "Un correspondant de Voltaire: le chanoine Irailh". *Journal des Débats*, 31 mars 1925.

216. Rousseau, J.-B. *Lettres de J.-B. Rousseau sur différens sujets*. Genève, Barrillot et fils, 1749.

217. Rüthning, G. von. "Ein Original Brief Voltaires an den Baron von Bielfeld". *Jahrbuch für die Geschichte des Herzogtums Oldenburg*, 32 (1908), 442-444.

218. Sainte-Claude-Deville, Paul. "Lettres inédites de Voltaire". *Arts-Lettres*, 2e année (Nos. 8-9), 29-52.

219. Sakmann, Paul. *Eine Ungedruckte Voltaire-Correspondenz*. Stuttgart, Frommanns, 1899.

220. Santerre. "Lettre de Voltaire à la princesse d'Orange". *Revue des sociétés savantes*, 5 (1858), 452.

221. Sayous, Pierre, André. *Le dix-huitième siècle à l'étranger*. 2 vol. Paris, Amyot, 1861.

222. Scott, Geoffrey. *Private Papers of James Boswell from Malahide Castle*: Vol. 4: *Boswell with Rousseau and Voltaire (1764)*. Privately printed (1926).

223. Shazmann, P. E. "Voltaire et ses voisins de Feuillasse, d'après des documents inédits". *Gazette de Lausanne*, 27 janvier 1935.

224. Sieveking, A. Forbes. "The history of an 'inédite' English letter of Voltaire". *Notes and Queries*, 12e série, 1 (1916), 329-332.

225. Snieders, F. "Une lettre inédite de Voltaire à Frédéric II". *Revue Belge de philologie et d'histoire*, 7 (1928), 1337-1344.

226. Stengel, E. "Ungedruckte Briefe Voltaires". *Zeitschrift für neufranzösische Sprache und Litteratur*, 7. Leipzig (1885), 71-96, 173-218.

227. Stevenson, W. B. "A find of unpublished Voltaire Letters in Glasgow". *Transactions of the Glasgow Archaeological Society*, New Series, 6, Part 1 (1910), 282-288.

228. Taulès, chevalier de. *L'homme au masque de fer, mémoire historique*. Paris, Gaultier-Laguionie, 1825.

229. Thomas, Louis. "Lettres inédites de Voltaire à Turgot". *Revue Bleue*, 5e série, 4 (1905).

230. Trévedy, M. "Un sénéchal de Corlay correspondant de Voltaire". *Mémoires de la société d'émulation des Côtes-du-Nord*, 25 (1887), 1-80.

231. Tronchin, Henry. *Le conseiller François Tronchin et ses amis, Voltaire, Diderot, Grimm, etc. . . . d'après des documents inédits*. Paris, Plon, 1895.

232. Tronchin, Henry. *Un médecin du XVIIIe siècle: Théodore Tronchin*. Paris, Plon, 1906.

233. Vaganay, L. "Autographes de Voltaire à la bibliothèque de l'université de Jartu". *RHL*, 44 (1937), 84-85.

234. Valkhoff, P. "Lettres inédites de Voltaire à Constant d'Hermenches". *Mélanges de philologie offerts à Jean-Jacques Salverda de Grave*, Batavia, J. B. Wolters (1933).

235. Valkhoff, P. "Une correspondance inédite de Voltaire". *Les Nouvelles Littéraires*, 5 avril 1930.

236. Vézinet, F. *Autour de Voltaire*. Paris, Champion, 1925.

237. Vézinet, F. "Quelques lignes inédites de Voltaire". *Mélanges offerts à M. G. Lanson*. Paris, Hachette (1922), 319-321.

238. Viard, Jules. "Voltaire prédicateur". *Carnet historique et littéraire*, 6 (1900), 479-480.

239. Villeneuve-Guibert, comte Gaston de. *Le portefeuille de Mme Dupin*. Paris, Calmann-Lévy, 1884.

240. Wade, Ira. "Some forgotten letters of Voltaire". *Modern Language Notes*, 47 (1932), 211-225.

241. *Horace Walpole's Correspondence, edited by W. S. Lewis*. 10 vol., New Haven, Yale University Press, 1937-.

242. Watts, George B. "Voltaire's correspondence with M. de Brus". *Modern Language Notes*, 39 (1924), 479-482.

243. Watts, George B. "Voltaire correspondence with Bollioud Mermet". *Modern Language Notes*, 39 (1924), 479-482.

244. Weiss, N. "Une lettre inédite de Voltaire à Paul Rabaut, 16 mai 1767". *Bulletin de la société de l'histoire du protestantisme français*, 40 (1891), 537-541.

245. Worp, J. A. "Lettres de Voltaire, de Buffon et de Malesherbes". *RHL*, 21 (1914), 188-191.

INDEX

TABLE DES MATIÈRES